天下文化
BELIEVE IN READING

• 黃埔陸軍軍官學校四年級的祁六新，氣宇軒昂、英姿煥發，因成績優異，有「祁第一」封號。（照片提供：祁六新）

• 建中時期的祁六新。（照片提供：祁六新）

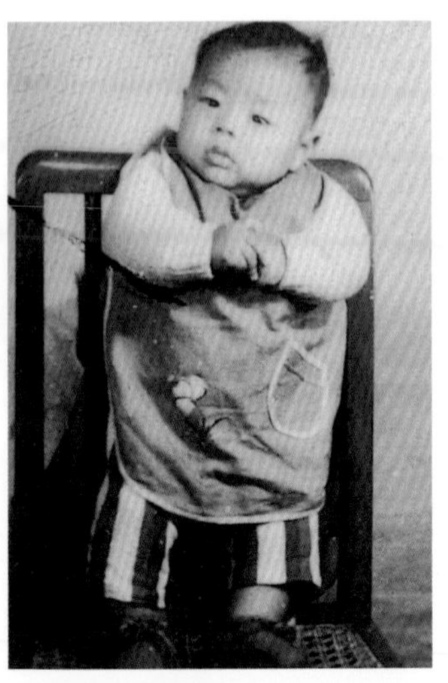

• 祁六新小時候的模樣。
（照片提供：祁六新）

• 祁六新（前排左二）與父母、伯父、叔父及弟妹。（照片提供：祁六新）

• 民國六十一年，陸軍官校畢業，祁六新同時獲教育部頒授理學士證書。（照片提供：祁六新）

• 就讀陸軍官校二年級的祁六新與父親攝於基隆河的小灣前。（照片提供：祁六新）

• 民國六十四年五月十日，祁六新與張瑞麒，在結婚筵席上向親友舉杯敬酒。
（照片提供：祁六新）

• 日月潭畔，新婚的祁六新與張瑞麒。（照片提供：祁六新）

• 民國六十九年五月，祁六新赴美留學前，妻女至桃園中正機場送行，上機前留下臨別不捨的鏡頭。（照片提供：祁六新）

• 在中山科學研究院時，祁六新（右二）與外籍教官、陳蘭鈞學長(左二)和中科院同事合影。(照片提供：祁六新)

● 自美返台，祁六新在砲兵飛彈學校擔任學生第一大隊大隊長兼任教官，在閱兵分列前與掌旗兵合影。（照片提供：祁六新）

● 在美期間，祁六新（左二）參加美國家庭的野外聚會。（照片提供：祁六新）

• 在砲校任「目標獲得組」教官的祁六新，以電動模型沙盤演練，使學生與參觀者更了解目標獲得現代化、電子化的未來構想。
（照片提供：祁六新）

• 祁六新（中立者）在宜蘭兵器實驗場做實彈射擊，驗證新式武器。圖後為「神兵利器」M110自走榴砲。（照片提供：祁六新）

走出陰霾的祁六新積極投入醫院的服務工作，並為八一七醫院成立「就診服務中心」。圖左起為祁六新的義工夥伴楊登傑、護理長劉香谷、政戰處長于建軍、祁六新、督導郭麗容、保防官郭子亮、醫勤組長胡正國。（照片提供：祁六新）

藝人王瑞至「八一七」看診，見到祁六新時，兩人歡喜擁抱。（照片提供：祁六新）

● 海軍成功艦艦長郭文中，當選國軍英雄，特地到八一七醫院探望祁六新，與他分享榮耀。圖左起為督導郭麗容、艦長郭文中、護理部主任唐義慶、副院長沈國楨、婦產科主任胡一君。（照片提供：祁六新）

● 以醫院為家的祁六新與「八一七」的官士兵、醫護人員融為一體，有如一家人。圖為醫院舉辦籃球比賽，由孫卓卿院長開球後，全體與賽人員合影留念。（照片提供：祁六新）

● 民國八十八年五月，國軍八一七醫院因「精實案」而裁撤，祁六新將轉院至國軍松山醫院。搬家前，醫護人員與家屬一起歡送祁六新。（照片提供：祁六新）

● 祁六新轉院至國軍松山醫院，很快融入這個大家庭。偶爾，他們會準備簡單的自助餐聯誼。（照片提供：祁六新）

● 同學、家人與醫護人員為祁六新在醫院裡舉行慶生會。小寶、小凱陪伴著父親。（照片提供：祁六新）

● 松山醫院的護理人員們齊聚祁六新病房，觀看「奮鬥人生」影片，並與祁六新閒話家常，相互勉勵。（照片提供：祁六新）

● 松山醫院的醫生們與祁六新合影於病房內。圖前排左起為放射科主任鄭煒東、檢驗科主任張寶琪、祁六新、內科部主任王德芳、前行政組長潘宏興。後排左起為前醫勤組長王文生、衛保組長曾國慶、水電班班長彭金瑞、曾令民醫師、直腸外科主任嚴守智、外科醫師王篤行、前勤務隊隊長盛守潔、航醫部主任陳文泰。（照片提供：祁六新）

● 親切和藹的祁伯伯，是小朋友的最愛。（照片提供：祁六新）

● 雖然祁六新受傷，長期以醫院為家，祁六新的砲校同事「PTT會員」仍不定期舉行家庭聚會。圖左起為胡元傑、葉期遵、祁六新、張瑞麒、葉期遵夫人、胡元傑夫人。（照片提供：祁六新）

• 同學們以書畫贈送祁六新，代表對祁六新的鼓勵與祝福，此批書畫現掛於祁六新的病房內。台上左起為黃可夫、曾家興、葛修邦、禚黎珠。（照片提供：祁六新）

• 走出傷痛，祁六新恢復開朗樂觀的天性，隨時給人信心、給人歡樂。（照片提供：祁六新）

• 贈送電動輪椅給祁六新的眼科主任李德孝醫師（右一），圖左為學長霍守業。（照片提供：祁六新）

• 祁六新任職砲校時的中隊輔導長潘蓬彬，現為政戰學校藝術系教授，以山水畫贈送祁六新。（照片提供：祁六新）

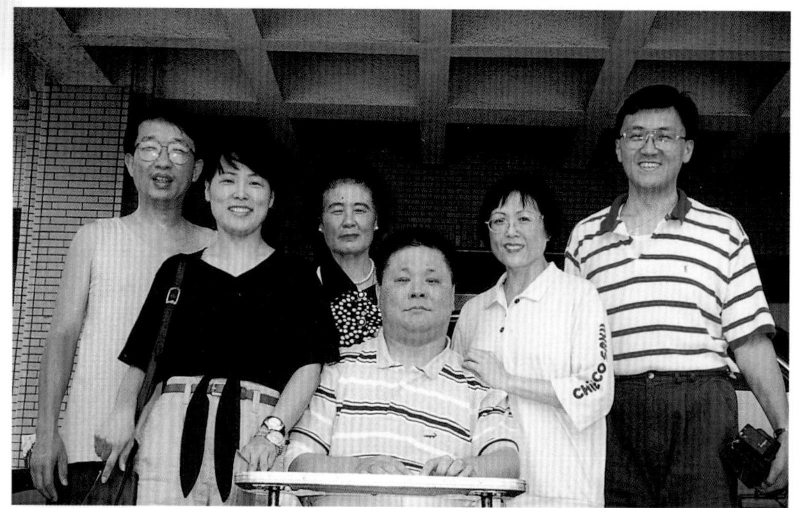

● 遠嫁美國的妹妹玉珠(左二)與妹婿倪其良(左一)返國時，特至醫院探望大哥祁六新。(照片提供：祁六新)

● 端午節，祁六新返家與家人團聚，領著妻小拈香祭拜父親。(照片提供：祁六新)

• 母親王月如（前排右三）七十大壽，祁六新與妻子、弟弟、弟媳設宴為母親慶生，感念母親的辛勞。（照片提供：祁六新）

• 祁六新受邀至同學楊國強家中作客，與臧幼俠夫婦(左一、左二)、楊國強夫婦(左三、左六)、鄭禮國夫婦(右一、右二)合影。（照片提供：祁六新）

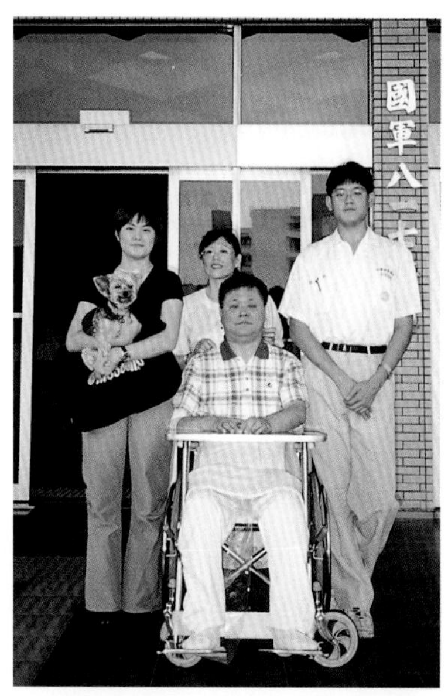

● 受傷十幾年，妻子和孩子是祁六新的精神支柱。（後排圖左至右為祁傳蕙、張瑞麒、祁傳凱）（照片提供：祁六新）

● 民國八十五年十一月，在同學的鼓勵下，祁六新走出醫院飛往金門參觀。圖右起為周建國夫婦及其幼子、吳達澎、王樹興夫婦、徐志雄夫婦、羅又新夫婦、羅又新三名子女。（照片提供：祁六新）

● 空軍大家長陳肇敏總司令，到祁六新病房親切探訪。圖右起為空軍總部政戰部主任葛光越中將、陳肇敏上將、陳夫人。（照片提供：祁六新）

● 學長晉陞中將，到醫院探望祁六新。圖後排左起為學長陳體端夫婦、趙世璋夫婦、劉湘濱。（照片提供：祁六新）

• 藝人吳奇隆（左一），對「祁大哥」有一份相知的感情。圖右為祁六新同學朱俊峰。（照片提供：祁六新）

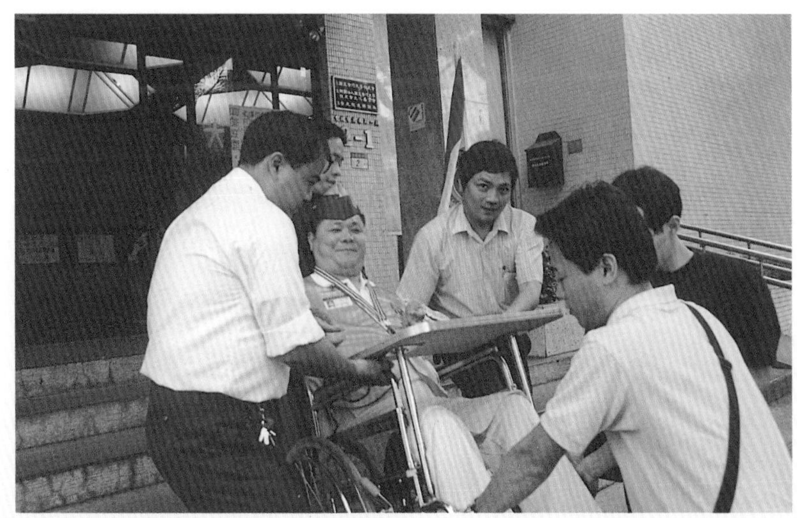

• 雖然行動不便，卻無法阻斷祁六新的熱心熱情。圖為祁六新前往台大校友會館參加國際獅子會三○○A2區會議。（照片提供：祁六新）

• 同學們為祁六新舉辦新春聯誼，邀請松山醫院院長、副院長、醫生一同至陸軍聯誼聽聚餐。圖中坐者前排左起為院長郭蓉安、學長陳蘭鈞、祁六新、同學江銘、同學臧幼俠。後排立者左起為副院長潘文中、同學胡元傑、李德孝醫生、同學劉偉琪、同學吳達澎、王篤行醫師、同學楊國強、胡一君醫生、同學鄭禮國、行政組長潘宏興。（照片提供：祁六新）

• 祁六新與同學合影於陸軍總部。圖左起為周書年、翁偉雄、陸軍副總司令安家鈺、李連生、孫景揚、周順生、李述湘。（照片提供：祁六新）

• 台北自強獅子會舉辦關懷青少年系列活動，祁六新受邀對少觀所同學演講。（照片提供：祁六新）

• 祁六新受邀至國防部陽明山青邨幹訓班，為心輔老師們舉行講座，由國防部輔導服務處處長于茂生將軍主持。（照片提供：祁六新）

祁六新受邀參加國際獅子會1999年台北國際青少年育樂營閉幕典禮，會後與獅兄、獅友們合影。圖左至右為金仲良、凌文嶔、王錫淵、羅文聖、祁六新、陳源松、謝震忠及林錦勝。（照片提供：祁六新）

祁六新受邀至國防醫學院演講。演講後與院長張聖原將軍合影。（照片提供：祁六新）

● 祁六新與陳興國將軍夫婦情如手足。喜愛文學的陳興國將軍，以「六合蘊育天下事，新知涵詠世界觀」及「六合雋詠有真愛，新居典雅滿溫情」送給祁六新。（照片提供：祁六新）

● 同學雷光旦（右一）晉陞中將，攜同妻子（左一）來到醫院，與祁六新夫婦分享喜悅與榮耀。（照片提供：祁六新）

民國六十一年八月二十二日，祁六新以第一名優異成績自陸軍軍官學校畢業，榮獲當時的行政院長蔣經國先生親自頒授績學獎章。（照片提供：祁六新）

● 民國八十九年九月二日，祁六新榮獲「全國敬軍模範」。祁六新夫婦受邀至總統府，陳水扁總統親自召見，合影留念。（照片提供：祁六新）

● 祁六新受聘於聯勤總部擔任「心輔顧問」，由當時的聯勤總司令楊德智上將親自頒發心輔顧問聘書予祁六新。（照片提供：祁六新）

● 祁六新受邀至陸軍總部演講，會後由陸軍總司令陳鎮湘上將，頒贈紀念獎牌。（照片提供：祁六新）

• 二○○○年，祁六新獲國際獅子會總會長Dr. Jean Behar 頒贈「人類服務貢獻獎」。會後與前國際理事謝震忠（左一），現任300-A2區總監顏志發（右一）合影留念。（照片提供：祁六新）

• 國防部總政治作戰部舉辦表揚茶會，主任鄧祖琳上將（左三），代表湯曜明總長頒贈祁六新「心理輔導顧問聘書」，敦請他擔任國軍心理輔導的義工。（照片提供：祁六新）

• 祁六新應邀至致理技術學院演講。圖為演講前與校長及學校老師閒話家常。（照片提供：祁六新）

• 榮總「二〇〇〇年同心緣」聯誼感恩年會，邀請祁六新蒞會演講，會場氣氛相當熱烈。會後，祁六新受到媒體記者們包圍採訪。（照片提供：祁六新）

• 民國八十九年五月，祁六新榮獲「第三屆全球華人熱愛生命獎章」，由周大觀文教基金創辦人周進華（左一）與執行長趙翠慧（右一）頒贈獎狀、獎座。（照片提供：祁六新）

• 在中日韓國際獅子會大會中，祁六新獲頒「宏揚關懷心、展現獅子情」匾額，由前任總監蘇添發頒贈。（照片提供：祁六新）

• 勵友文教基金會的青少年，是祁六新病房的常客。（照片提供：祁六新）

• 民國九十年二月，被劉俠譽為熱愛生命「五星上將」的祁六新（前排右起）、伊甸基金會創辦人劉俠、伊甸總幹事邱光明牧師及孫越（後排右起）、周聯華牧師、水晶唱片負責人任將達，舉行「向自殺說NO」緊急記者會。（照片提供：祁六新）

社會人文157

封面設計／李錦鳳

活著眞好

——輪椅巨人祁六新

宋芳綺 著

【推薦序】

壓傷的蘆葦，他不折斷；將殘的燈火，他不吹滅

參謀總長
陸軍一級上將
湯曜明

「車禍受傷，對我的人生旅程來說，是一個很重大的遺憾，現在，我願將這遺憾還諸天地。期望自己做到殘而不廢，廢物利用。」這是祁六新在華視莒光園地「奮鬥人生」系列「遺憾還天地，愛心播人間」的一段感人肺腑，激勵人心的話。

任誰也沒想到，他竟然是一位曾被死神叩門，面對生命終點了無所懼的人。祁六新——從一位留級的初中生，到考上建國中學，他放棄成功大學不念，而選擇陸軍軍官學校，而且以第一名的優異成績畢業，嗣於赴美進修後返國，成爲一位優秀的基層幹部；在求知與服務的歲月中，更培養了質樸堅毅和勇於任事的性格。或許是天妒英才，他不幸於民國七十二年一月二十一日，因演習車禍重傷，十八年的傷殘折磨，使過去意氣風發，豪情萬丈的「祁營長」，變成了一個連蚊子都趕不走的「廢人」；如今他卻成爲同學及眷屬們心目中的「精神領袖」、「緊急聯絡人」，成爲官兵、醫護人員及青少年的「心輔顧問」、「義工老師」。他常以自身爲例，安慰有輕生意念者：「我都能走過來了，你有什麼走不過來的?!」

六新的父親祁孝賓先生是一位軍人，上校退伍；他曾經在父親面前誇下海口：「我一定要好好幹，幹到上校，幹到將軍，幹到……。」但事與願違，由於車禍受傷，只能幹到中校，他自怨、自艾、自憐，甚至自棄；但由於父母親、妻子、兒女給予他親情慰藉，長官、同學、同袍給予他支持鼓勵，終能使他從長夜漫漫中，走向光明；尤其是他的母親王月如女士和妻子張瑞麒女士，更是他的精神支柱，人生的避風港灣，如果沒有這兩位偉大女性，他可能早已崩潰，離開人間了。

在車禍發生當晚，婆媳兩人對六新可能癱瘓的事實，心急如焚，淚眼相對，難以接受。而六新從三軍總醫院轉到八一七醫院時，祁母爲了買一張輪椅，下班後，遍訪了台北每一個工廠，等輪椅送到醫院時，已經是凌晨一點多，她整個晚上東奔西跑，挨餓受累，卻甘之如飴，母愛親情，表露無遺！祁父逝世後，祁母照顧六新的責任更加沈重，難怪六新會在母親七十歲生日當天，聲淚俱下地說：「十幾年來，多虧媽媽一口水、一口飯、一口藥餵我，日夜無休，陪伴我一步一步走過來，讓我有重新活過來的勇氣。媽媽我愛您！一輩子都感『恩』您！」

六新出車禍時，其妻張女士才三十一歲，多少人勸她改嫁，甚至連六新也以自我了斷的方式，逼她離開，但她心意不變，這一輩子是跟定了六新。每日除了上班，還要扶養兩個孩子，而且每兩天要用手爲六新摳出糞便，十八年如一日，夫妻恩愛，夫復何尋！有時候六新還會把心中的悶氣，宣洩在她身上，可謂極盡難堪之能事，但她都忍下來了。六新也曾爲無數次對妻子無理的謾罵感到愧疚地說：「我眞的很感謝老天，讓我娶到這麼一位善良、賢慧的好妻子，不論過去、現在、未來，張瑞麒都是我永遠的『唯一』。」

《聖經》以賽亞書第四十二章第三節：「壓傷的蘆葦，他不折斷；將殘的燈火，他不吹滅，他憑眞實將公理傳開。」十八年來，六新從一位悲觀自閉的傷殘者，蛻變成一位樂觀進取的心輔官；從一位坐困愁城的病人，走出醫院，回到社會，他應邀分赴各學校、醫院、監獄、社團……等機關演講；他以己之苦，解人之憂，他告訴別人：「人不怕遭遇挫折，就怕失去面對挫折的勇氣和信心。」又說：「雖然我無法把握生命的長度，但我總可以掌握生命的寬度與亮度。」這不正是「燃燒自己，照亮別人」，服務人生，樂在工作的最佳寫照嗎？！

值此新世紀歲序更替之際，除了滿心祝福六新及其家人平安、喜樂之外，也祝福曾扶持、陪伴他走過死蔭幽谷的每一個人，更祝福曾爲這個國家、社會付出眞愛的每一分子。因爲「流淚撒種的必歡呼收割」，因爲平安就是福；因爲「活著眞好」，活著就有希望！活著就是力量！

湯曜明　謹序

中華民國九十年二月一日

於國防部忠愛樓

【推薦序】我眼中的「五星上將」

杏林子

「活著眞好！」

這句話即使一個身體健康、生活一無所缺的人也未必說得出來，何況是一個全身癱瘓的人？

幾年前，我曾收到一位讀者自美國寫來的信。她告訴我，她有一位體貼愛她的丈夫，三個聰明可愛的孩子，好幾棟房產，每年尙有餘裕出國度假，可是她卻活得不快樂，常想結束自己的生命。她問我怎麼辦？

一個樣樣都不缺的人卻問一個樣樣都沒有的人快樂之道，豈不荒謬可笑？這也讓我常常思索，到底幸福的定義是什麼，生命的價值又在哪裡？

嘗過饑餓滋味的人才體會得出粗茶淡飯的香甜，走過離亂歲月的人才知道平安就是福氣。或許有時候就是因爲日子過得太平順、太富足，以致於失去奮鬥的目標，因爲擁有的太多而不知珍惜，生命沒有經過洗鍊而變得脆弱，一點小小的挫折或壓力都有可能使我們崩潰，放棄自己。

面對愈來愈高的自殺指數，除了心痛惋惜外，也讓人憤怒不解，生命眞的賤如草芥嗎？只爲了爸爸不准他騎摩托車，只爲了掉了一本課外書，只爲了一次考試不理想……這種芝麻蒜皮的小事，竟而輕生。更離譜的是一對雙胞兄弟，哥哥怕去當兵，結果弟弟陪著他一起跳樓，問題是根本還沒去呀！就先自己嚇自己，把生命當兒戲，實在愚蠢得可憐。

然而，就在我們周遭，還有許多歷經大劫，忍受著百般痛苦磨難卻仍然堅持不肯妥協、不肯向命運低頭的生命勇士，例如祁六新先生。

祁先生曾是一位優秀的軍官，不但蒙故總統經國先生召見，且保送赴美深造，前途無可限量。他曾誇口說，總有一天他的肩膀上會戴上三顆星（上將），然而，正當他躊躇滿志時，一場演習中的意外車禍粉碎了他所有的夢想。

頸椎三、四、五節斷裂，造成自頸部以下全身癱瘓，曾經那樣意氣風發的人，如今卻連自己的大小便都要依靠別人。身體上的病痛猶可忍受，心理上的難堪和屈辱卻使他幾近瘋狂，足足有七年的時間，他像一頭咆哮的獅子，不斷傷害他四周所有的人，而受傷最重的是他自己。

想自殺，卻連跳樓的能力都沒有；想吞安眠藥，也無人肯幫忙；最後他決定咬舌自盡，誰知舌頭沒咬斷，卻咬斷了門牙，那一刹那彷彿當頭棒喝，讓他突然淸醒過來，上天既有好生之德，留他一條命在，他爲什麼還要苦苦的作踐自己。一念之間，由死入生，他坦然接受癱瘓的事實，並且發揮軍人堅毅的本色，開始努力做復健，積極地面對命運的挑戰。

如今，他是國軍松山醫院的心輔義工，經常坐著他的電動輪椅到病房現身說法，安慰並鼓勵那些罹患絕症或心情低落的病人，從幫助他人當中，他重拾信心與生命的意義。

雖然祁六新沒能當成陸軍上將，戴上他夢寐以求的三顆星，然而單就他一生與病魔搏鬥、屢戰不屈的英雄本色，應該封他「五星上將」才對。

每個人都可能成爲生命的勇士，如果你能像祁六新一樣，任何挫折打擊之下，都不放棄自己，活得積極喜樂，那麼，你一定也能體會得出「活著眞好」！

【傳主的話】

走出自己的路

祁六新

茫茫人海中，你許自己一個什麼樣的未來？

生命是自己的，要有怎麼樣的未來，全都要靠自己掌握、負責、承擔。爲自己設定什麼目標，就會有什麼樣的未來；怎麼看待自己，就會造就什麼樣的人生。

假如當初我沒有受傷，我的生活絕對跟現在不一樣，我會循著國家培養的模式，一步一步往上攀升。但是，在我的人生旅程中，突然來了一個急轉彎，換了一個截然不同的跑道，我從原來平坦寬闊的人生大道，突然掉落到布滿荊棘的谷底，一個我完全陌生的境地。我在憤怒、恐懼、怨嘆中，慢慢摸索到另一條羊腸小徑，匍匐、掙扎、攀越，終於爬出谷底，見到了另一片天地。

車禍所造成的全身癱瘓，對一個人來說，是身心重大的摧殘。我面臨著殘酷的厄運，曾經不甘，曾經悲傷，曾經憎恨，那種痛不欲生的辛酸歷程，非箇中人難以理解。

透過殘障的啓示，讓我體會到人生的無常；在血淚交織的歲月裡，我開始重新探索生命的眞義。我殘廢了，軍旅生涯結束了，我的生命就不再有利用價値了嗎？該如何讓殘障的生命一樣可以發光發熱？這是我深深思索的問題。

既然，在未來的歲月裡，我必須與殘障「白頭偕老」，我何必怨恨、詛咒它？我何不欣然接受，面對現實，學習如何「善待」它，想出一個和平的共處之道？

人生三百六十五行，沒有「殘障」這一行。既然我已經跨入這一行，我就要做個稱職的專業「殘障人士」，做到殘而不廢，廢物總可以利用吧！

我要重新學習駕馭這個殘障的身軀，走出自己的路。

我很感謝老天，讓我經歷這麼大的淬煉。在順境中，我的眼光永遠向上，志得意滿，不曾留意身邊這麼多可親、可敬、可愛的人事物。如果不是因爲車禍受傷，我就不知道家人對我的愛是如此堅定不移，同學對我的情是如此眞摯永恆，人間的一切是如此溫馨可愛，也感受不到生命的珍惜與尊重。

雖然，我失去了行動的自由，卻獲得了更多的關懷與支持；雖然，我經歷了傷痛的折磨，卻因此更加的成長與堅強。我知道世界上的事情，沒有不勞而獲的。只要有信心、有毅力，只要不斷努力奮鬥、再接再厲，相信任何困難都難不倒我。

重新提起勇氣，我走出病房，對其他的病人付出我的關懷與眞情；我被推到講台上，與台下的朋友們分享我坎坷人生的心路歷程。從大家熱情的掌聲和感動的眼神中，我領受到愛，了解到生命眞正的價值。

當上帝關上了一扇門，必定也會爲我們開啓另一扇窗，問題是，我們必須去把那扇窗找出來。

去年，天下遠見出版公司邀請我出書，以自己的坎坷經歷現身說法。起初，我很惶恐，我並不是名人，也沒有豐功偉業，我有什麼値得一提的？後來，在親友、同學的鼓勵下，我懷著忐忑的心情，將自己的生命故事，化爲文字，分享於讀者。

出書的目的，不是爲了讓別人可憐我，製造悲情、博取同情，而是希望藉著分享我的血淚經驗、奮鬥成長，給社會上許多身心受到傷害，歷經挫折的人一點鼓勵，甚至能激勵身體健全而內心有障礙的人。

對任何一個受傷成殘的人來說，這一切都是生命中最殘酷的考驗，剛開始，一定是完全否定自己。受傷的我，也曾經自怨自卑、自暴自棄，覺得輪椅是我的障礙，是隔開我與世界接觸的一道牆。

慢慢地，我發現，幾乎沒有人會在意我的輪椅，他們注意到的是我這個人。

從否定到肯定，從不能接受到接受，從前途茫茫到對生命充滿希望。這過程需要時間的調適，需要感同身受的理解，需要親友的愛和鼓勵。峰迴路轉，走出死胡同，我終於發現：生命中沒有絕對的遺憾，沒有永遠的痛苦，沒有必然的絕望。只要我們願意轉個彎，向前看，人生的道路仍是無限寬廣，幸福人生在不遠處等待我們去開展。

我的故事，是小人物的平凡故事，在小人物的悲慘經歷中，如果讀者能從中獲得一點點啓發，一點點安慰，一點點鼓勵，我就會感到非常的喜悅與滿足。

人生在世，最美的就是能夠從別人的身上汲取經驗，克服困難，懷著理想與堅定的步伐往前邁進。經由幫助別人進而幫助自己成長，讓自己吸收更多的知識，使生命更加飽滿、充實。

不會永遠是暗夜，只要我們願意打開窗戶，迎接陽光，生命必能走過陰霾，過得積極、充實。

「愛我所愛，做我當做，活在當下，活在現在」。即使坐在輪椅上，我仍然覺得，生命充滿意義，充滿無限喜樂。雖然是坐著，甚至於躺著，我一樣可以唱出生命的樂章。

【採訪手記】

感恩！祝福！

宋芳綺

新世紀之初，一個寒流來臨的夜晚，凌晨三時，當我寫完《活著眞好》最後一章最後一句話，我內心充滿感恩！充滿祝福！

認識祁六新，是在「全球華人熱愛生命獎章」頒獎前的記者會上。記得那天，我趕到圓山飯店時，已稍遲到，並未聽到祁先生完整的演說。只是，當他喊著口令：「敬禮！」那顫抖的右手，平舉齊耳，全場響起一陣熱烈掌聲，許多人跟我一樣，眼眸中閃著感動、敬佩的淚光。對平常人來說，那麼輕而易舉的動作，是他花了十幾年的時間，努力做復健，才能做到的。

決定採訪祁六新。六月與他聯絡，他抱歉地說：「六、七月的演講都排滿了，沒有辦法抽空詳談。」

約好八月初的某一天，於國軍松山醫院見面。一向對醫院敏感的我，走進四樓的心理輔導室，眼睛乍然一亮，多麼整齊、潔淨、明亮、清爽的「病房」。四面牆壁擺滿了獎章、獎狀、感謝狀、聘書，一張張到各處演講，同學來訪的照片，深具紀念意義，記錄著祁六新這受傷十幾年來的生活經歷。

未與祁大哥深談之前，我的心理多少有些罣礙，面對這樣一位「重殘」的受訪者，我應該小心翼翼地說些安撫、慰問、鼓勵的話，免得引觸他傷心的過往。

與祁大哥交談幾次之後，發現自己的顧慮是多餘的，祁大哥除了身體有某些程度的不方便之外，他的心理比任何人還要開朗、健康。在談話間，他積極熱情、幽默風趣，使我卸下了面對陌生人時的拘謹、生澀，可以像是認識多年的好朋友，無所不談。

最初幾次，我們天馬行空地雜談，任何一段往事，從他口裡說出，都讓我感受到眼前有一個畫面，活靈活現，生動有趣。聽到他自曝童年時期的糗事，讓人不禁捧腹大笑。他的記憶力很好，每一段時期的回憶，都如此清晰。

八月底，我列出了全書十個章節，交給祁大哥。然後帶著他事先爲我準備的資料，飛往大陸探親。這兩個月，我們各自做功課，據說，祁大哥的兩個月閉關，常常是桌上、床上、沙發上、地板上鋪滿紙張、剪報，將十個章節的資料，有條不紊地分袋歸納。每一章，他又分成幾個小節，來幫助自己掌握重點，釐清回憶。

十一月初，我們進入正式訪談與寫作。談第一章時，從下午三點談到夜晚十點。當夜，走在回家的路上，心裡不斷迴盪著方才談話的內容，我心情非常飽滿而篤定，我知道，這將會是一個很豐富、很順利、很有意義的寫作。

祁大哥常常強調，他自己的故事是一個平凡的故事，可能發生在周遭任何人的身上。但是，像這樣一個「平凡」的意外所造成的災難，卻需要有不平凡的勇氣、毅力、耐力，才承受得住，走得過來。

祁大哥不但走過來了，還走出一條健康、樂觀的人生大道。

一個人，跌落幽谷，最重要的是有人陪伴、鼓勵，使他在自舔傷口時，不致因爲孤單、恐懼、無助，而一蹶不振。幸運的祁大哥，身邊有那麼多人陪伴，母親的慈愛、妻子的情義、長官的關懷、同袍的摯情，是這些力量共同支持著他，走出黑暗谷底，迎向光明燦爛的陽光。

有一回，邀請了幾位祁先生陸軍官校四十一期的同學做訪談，大家談著「祁六」受傷期間的痛苦經歷，一個個雄壯威武的大男人，竟都不禁哽咽，紅了眼眶。使我這坐在一旁聽故事的小女子，也跟著感動地落淚。

當然，寫祁大哥的故事，最令我敬佩的是那位忍受辛酸、痛苦、折磨，無怨無悔、相依相伴的祁大嫂——張瑞麒女士。

第一次見到故事裡的女主人翁，那麼清瘦、素樸，感到好心疼、好敬佩，敬佩眼前這位瘦弱的女人，竟有如此堅定的毅力，默默承受著種種苦難，而不在丈夫面前落下一滴淚。祁大嫂務實、質樸的個性，使她面對困難時，安分、如實地活在當下，不回憶過去的甜美歲月，也不擔憂不可知的未來。

祁大哥常說：「過去，總覺得瑞麒太過木訥、內向、守分。現在才知道，那曾經以爲的『缺點』，全是『優點』。如果她是一個活潑、外向、事業心強的女人，面對我這樣一個殘障的拖累，可能早就離開我，而另闢天地了。」

看著祁六新和張瑞麒，我總會想到，什麼是「天造地設」、「天生一對」。上天要以苦難來淬煉祁六新的同時，必定也要派個守護神在他身邊，給他安慰、鼓勵的力量。當然，那環繞在周圍的關愛，更滋潤他的生命，使他得以重新萌發生命的枝芽。美妙的生命旋律，是在每一次的撲跌之間，能適時轉化成輕靈的步履，讓生命重新起舞。

我很幸運，有機會認識祁大哥，書寫他的生命故事。從他身上，我學習到面對挫折的勇氣，樂觀進取的精神，積極生活的態度。

每當自己情緒低落時，總會想起祁大哥的話：「人生挫折難免，要知福、惜福，感恩、報恩，一切的低潮將會過去，當生命重現光彩時，你會發現，活著眞好！」

【妻子的話】

無悔的選擇

張瑞麒

從我認識祁六新那一天起，我就把身爲軍人之妻可能遭遇的情形，認認眞眞地在心中想過了一遍。軍人之妻，除了必須忍受夫妻聚少離多的孤獨寂寞，還必須承受著「因公殉職」、「因公受傷」的擔心受怕。當我認淸自己有勇氣去面對、接受種種無法預測的變數，我決定嫁給他。

民國七十二年，噩夢般的不幸事故發生了。在醫院看到祁六新剃著光頭做頭顱牽引，那一剎那，我害怕、惶恐、無助。我親愛的丈夫、堅強的丈夫，生命垂危躺在病床上，怎麼辦？我該怎麼樣才能幫助他，度過生命最黑暗的歲月。

當醫生告訴我，祁六新將會全身癱瘓，連吃飯、大小便都不能自主。我決定了，我一定會守在他身邊，無論遭遇任何的磨難和考驗，我都會陪他一起走過。

在他受傷的最初幾年，眞是一段苦不堪言的日子。因爲他自己的心理無法調適，怨天尤人，總是以憤怒來宣洩悲憤情緒，家人自然成了他的出氣筒，無緣無故地發怒、吼罵，常鬧得我們不知所措。兩個孩子更是嚇得不敢到醫院來。

這時，當然有許多勸告的聲音，提醒我要想想自己的未來。說眞話，我從不去想未來，眼前的一切，已經夠我忙得昏頭轉向。我只能想著每一天：一早去上班，下了班到醫院，醫院忙完後回家。

也有不少人勸我離開他，我怎麼能夠？天有不測風雲，祁六新是因公受傷躺在醫院，並不是感情出軌或是背叛家庭。他承受的痛苦遠遠大過我們每一個人，他發脾氣，實在是因爲心情太過苦悶，我們只要忍一忍，不理他，讓他發洩發洩，也就過去了。

有時，六新也會告訴我：「瑞麒，如果離開我，妳會找到新的幸福。說實在的，我沒有能力，更沒有資格阻攔妳，我會成全妳、祝福妳。」我告訴他：「擇我所愛，愛我所擇。夫妻之間不僅要有福同享，更重要的是有難同當。或許，別人看你現在一無所有，但是，你有一顆善良的心和堅強的毅力。我相信，你會重新『站起來』。我在意的不是你能給我什麼樣的地位、財富，我看重的是你美好的人格和眞摯的情感。」

十八年的歲月，雖然漫長，卻也轉眼即逝，想起那一段不堪回首的經歷，眞是無語問蒼天。現在，看到祁六新這麼樂觀、勇敢，充滿活力，我感到很欣慰，所有的辛酸淚水都化爲甘甜蜜汁。

我終於又看到原來的祁六新，一個不被命運擊倒的勇者，輪椅上的英雄——我心目中的巨人。我爲我的丈夫感到驕傲，發自內心地尊重他、敬愛他。

走過布滿荊棘的幽谷，更能體會光明的眞義。

頸髓神經受傷、全身癱瘓的祁六新先生，從身軀最大的囚禁中掙脫出來，將不幸的苦澀膽汁釀成鼓舞人心的芬芳醇酒，滋養許多徬徨的心靈。

這種痛苦歷程，作爲同樣遭受脊髓神經傷害的我，感同身受；這種不向命運低頭，讓殘缺生命同樣精彩的堅強意志，更令人動容。

「將缺憾還諸天地，是創格完人」這是我細細讀過《活著眞好》這本書後的深刻感受，也期待各位能從閱讀祁六新先生的奮鬥歷程中，重新找到屬於自己生命裡的希望火光。

陳總統夫人　吳淑珍

生命的眞義，是要把自己的力量，直接或間接的貢獻給社會大眾，讓愈多的人受益，自己也就愈快樂。最快樂的人不一定擁有最好的，他們祇是把握和珍惜他們得到的。《活著眞好》是祁六新中校歷經十七年歲月的痛苦與煎熬，所孕育出來的點點滴滴。從書中可以感受到作者在每一經歷下的喜怒哀樂。

祁中校在求學階段就是品學兼優的好學生，棄文從武，歷練軍中職務，表現傑出，成爲軍中培育計劃的將才。無奈，一場演習意外，改變今後的一生。十多年來，因殘癱臥床和復健的辛酸，曾萌念輕生，認爲是天地同悲，草木變色。結果，未從人願，天地依樣運行，刹那間，他領悟到生活的意義，和生命的價値，從此打開心扉，勇敢迎向人群。首先祁中校以一顆助人之心從服務身邊的人做起，成爲國軍「八一七」醫院和國軍松山醫院聯合服務中心的義工，幫人掛號、心輔諮詢等……，從幫助別人當中，獲得了尊重，也獲得了鼓勵自己的力量，深切體會出受傷的生命也有可以發揮的空間。

「做我當做」祁中校的生命歷程，給許多不幸的人是一種激勵，從分赴各地講演中，讓他們分享，並鼓勵他們能知福、惜福，保重自己，尊重生命。也由於自己的親身感受，給服役的官兵更是最好的心輔教材，讓官兵們更瞭解到生命全新的樂章，體會出生命的眞諦。

行政院退輔會
主任委員
楊德智

生命的可貴在於自珍自重，《活著眞好》書中的主人翁祁六新先生，雖然重傷成殘，卻能殘而不廢，自助助人，走出醫院，應邀演講，教化社會，啓迪人心，讓人見到了生命最美的光輝。值得人們敬重、學習。

中國人權協會
理事長
柴松林

腦能幫我們思考，成爲思想家；心能讓我們發揮愛心，成爲慈善家；手能讓我們執行工作而成爲實踐者。祁六新中校雖癱瘓成殘，仍能手、腦、心三者並用，而成爲實實在在的好人與有用的志工者，激勵人心向上，對於人在福中不知福的常人，毋寧是苦海中一盞明燈。

國際獅子會
前國際理事 謝震忠

一次意想不到的車禍意外，竟讓祁六新的生命際遇，剎那間從燦爛的雲天，墜落到頸椎以下全身癱瘓的荊棘幽谷。

雲泥之別的境遇，是多麼的令人情何以堪。然而，靠著堅強的意志，加上家人、同學、袍澤的扶持，祁六新克服了生理及心理的障礙，找到一絲希望的小徑，不但使他自己終於攀爬出幽暗的谷底，重見到生命的另一片天光，更讓他「殘而不廢」地扮演起心理輔導師的角色，以現身說法，勸導年輕人珍惜生命、關懷社會，並鼓舞其他命運坎坷者繼續點燃生命的希望之燈。

祁六新奮鬥的心路歷程，讀來不僅可以讓人感動得掉淚，也讓人更體驗到「生命就是永不放棄」這句話的眞正意涵。

世新大學
校　長

六新交給我一冊他的新書《活著眞好》的草稿，囑我利用時間幫他看一看。

原想利用春節在校留守的空閒，分段拜讀，沒想到一翻就停不了，從早上十一點到下午三點一口氣看完，期間傳令送來便當，亦不知何時令其收走。

隨著翻頁情緒彷彿跟著六新不斷翻騰，字裡行間有著太多熟悉的認知、感受，激動之情久久不能停歇。見著六新心中的悲、苦，不禁數度哽咽，看到六新經過淬煉走出陰霾，以充滿大愛的心胸服務人群，迎向光明人生，愈感敬佩。

六新是我們的同學，我們的老師，我們的榜樣，十多年來，大家攜手同度患難與榮耀，早就不分彼此。我要說——能有您這一位同學眞的很榮耀。

長夜將盡，活著眞好，迎向光明，做我當做。

祝福六新，也誠摯地願「諸神」眷顧六新全家。

國防大學
教育長
楊天嘯

認識祁老師近十四年，很幸運有機會照顧他，但是我從未將他當作病人，反而大多數時間，他更像位解決疑難的心理醫師。我們常談起，再有名的醫生，終其一生所救人數終究有限，唯有藉著書籍的傳播，才能治療更多心理的病痛。一年多前，當他榮獲「熱愛生命」獎章，我曾建議他出書，當時他婉拒，原因有二：一是他的演講行程排滿，另一個原因是，他認爲自己平凡，沒什麼好寫的，我卻認爲他一點也不平凡，不是因爲他有什麼豐功偉業，而是他的身體太異於平凡的你我，頸椎第三、四節骨折的病人，只有頭部有知覺能活動，他竟能靠著毅力站起來，進而去幫助別人，這是一件非凡事蹟。

半年前，他跟我提起要出書，我一方面替他慶幸，一方面也詫異，不知道什麼緣故，促使他改變，今年一月，新書《活著眞好》完成，他請我寫序，我非常惶恐，雖然我們相知多年，他的生平事跡我也耳熟能詳，但是在一口氣念完大作後，仍然被宋老師妙筆生花的文字感動的熱淚盈眶，我才深深體會祁老師出書的目的。記得行天宮玄空師父曾說：「有生命就有希望，有希望就有力量。」我相信祁老師是用他坎坷曲折的生命化成力量，去改善當下社會一些殘害自己或他人生命的病態，進而達到關懷生命的祥和風氣。在此預祝他願望早日實現，新書暢銷。

生生整型外科醫院

院長

重傷成殘、全身癱瘓的祁六新，花了十八年時間，從只有頭部能轉動，連被蚊子叮都無力反擊的人，到可以操作電動輪椅，靠肩胛力量舉手敬禮，四處演講，成爲醫院義工和心理輔導師；從劫難初始，埋怨老天：「爲什麼是我？」到如今眞心慶幸：「活著眞好！」

十八年來的心路歷程，其間的苦痛、怨憤、反省、頓悟，讀來令人鼻酸與感佩。

祁六新，一名眷村長大的軍人子弟，建中畢業後，放棄了成大入學的機會，轉進陸軍官校，是什麼樣的思考，讓他做這樣的抉擇？陸軍官校第一名畢業，又赴美研習軍事學，曾任職中科院，正準備外派南非的優秀軍官，前途突然中斷，祁六新如何面對自己？受傷後，進食、排泄不能自理，開刀、燙傷不需上麻藥，自喻是個「活死人、死活人」的他，如何克服心理障礙、由悲觀到樂觀？

在他的書中，字字珠璣，直率而發人深省。

天下遠見出版股份有限公司
發行人 王力行

活著真好

輪椅巨人祁六新

第一章

死神曾經叩門

每一個人在經歷災難時，
都會埋怨老天，為什麼是我。
但是，能夠劫後餘生，總會慶幸自己；
活著真好！

死神曾經叩門

●民國七十年十一月，祁六新調任宜蘭302師105榴砲砲兵營任中校營長，攝於宜蘭龜山島。（照片提供：祁六新）

意外發生至今十八年了，如果不是那場致命的車禍，當年的國軍英雄祁六新，今天該是軍中最閃亮的一顆星吧！

當時，祁六新已把他的軍人生涯都規劃好了，一切都是如此的完美，一切都在掌握之中。三十二歲的他，已是砲兵中校營長，並且即將派赴南非擔任武官，南非回來就計劃進入三軍大學陸軍學院（現爲國防大學軍事學院陸軍學部）進修，畢業後接任上校主官；然後再到三軍大學戰爭學院（現爲國防大學軍事學院戰略學部）深造，之後派任師級主官。接著就是閃亮的一顆星、兩顆星，三顆星……。

這樣的未來，對成績優異、積極進取的祁六新來說，絕不會是一個遙不可及的「摘星夢」，他相信，只要腳踏實地、努力實幹，就能按部就班，一步步走向個人最高的理想目標。

生命中，一場突來的暴風雨，將祁六新推入了無邊無際的痛苦深淵，他精心設計的生涯規劃整個被打碎了，生命版圖從此改寫。高遠的理想、美好的願景，如夢幻泡影般消失得無影無踪……。

「到現在爲止，我仍然會想，爲什麼會是我？爲什麼同樣是車禍，有人安然無恙，有人只受輕傷，而我卻重傷成殘、全身癱瘓。夜深人靜時，我常想：如果不是當年那一場風雨中的致命車禍，現在的祁六新，又該是怎麼樣的一個人？」祁六新無語問蒼天。

無情的風雨

民國七十二年一月中旬，北台灣陰雨濛濛，在細雨紛飛的日子裡，年節的氣氛逐漸濃郁。

雖然，祁六新已被通知入選派駐南非，他手邊卻仍忙著準備師指揮所的實兵戰術演習。忙碌歸忙碌，他內心正擘畫著未來，等演習結束後，就著手準備把營長職務交出，並赴南非接任新職。

師指揮所區分爲戰術指揮所、主指揮所、後方指揮所及預備指揮所。那一次的師指揮所演習，全師動員，屬於戰鬥部隊的步兵、裝甲兵；戰鬥支援部隊的砲兵、工兵、通信兵、化學兵；勤務支援部隊的保修、補給、衛生、運輸等，全都加入演習序列。

一月二十日午間，演習正式開始，全師各個部隊分別進入戰術位置。

二十一日下午一時，祁六新率領營作戰官、營情報官、營部連長，乘坐營長指揮車從羅東北城營區出發，進入宜蘭金六結師指揮所受命。

當天，風雨交加，指揮車行經蘭陽大橋，駕駛兵爲了閃避路上的一輛摩托車，猛然轉方向盤，以致車輪打滑，一瞬間全車翻落到蘭陽大橋下。當時，坐在駕駛旁邊的祁六新正轉身回頭與作戰官、情報官交代演習任務，對於突來的狀況，根本毫無警覺。因此，當車禍發生時，他只聽到一陣刺耳的煞車聲，還來不及反應，一陣天旋地轉，人被拋出車外，便毫無知覺了。

突來的噩耗

那是一個黑色的星期五。

或許是母子連心，這天，祁六新的母親王月如女士一直覺得心神不寧，心口悶得慌，眼皮也跳個不停，彷彿有事情要發生。

下午三點多，在聯勤總部上班的王月如突然接到丈夫打來的電話，說是祁六新在宜蘭演習途中發生車禍，救護車正將他們送往三軍總醫院。她一接到電話，馬上向單位請了假，直奔三總。

「請問，有沒有從宜蘭送來的車禍傷患？」王月如急得在櫃檯詢問。

「不知道，妳去急診室看看吧！」

王月如又跑到急診室，護士小姐說救護車還沒到。

陰雨濛濛，濕寒的空氣，浸透了王月如焦慮的心，她不禁打起了冷顫。

醫院裡，病人進進出出，王月如站在大門口翹首凝望，等待救護車出現。看著救護車來了一輛又去了一輛，就是看不到自己的兒子，她內心不斷向上帝禱告，希望祁六新只是受一點小傷，化險爲夷。

下午五點多，一輛救護車刺耳的聲音從遠處傳來，王月如和其他幾位受傷官兵的家屬，立即衝到救護車旁，車門一開，只見裡面三四個穿著草綠野戰服的傷患，個個頭破血流，有人斷手，有人斷腳，呻吟哀號，眞是慘不忍睹。

「祁六新呢？」見不到兒子，王月如著急地問。

等擔架將受傷的軍人一個個抬出，這才看到祁六新，躺在救護車的底板上，渾身濕泥、昏迷不醒，看不出有什麼外傷。

「六新，六新，你怎麼樣了？」母親一見到兒子，著急地喊著。

「千萬不要動他。快拿擔架來。」醫護人員緊張地喊著。

祁六新被小心翼翼用擔架抬出車外，送往急診室。醫生見他全無外傷，卻昏迷不醒，判斷是頸椎受傷，立即進行一連串的檢查。

另一邊，祁六新的妻子張瑞麒，在公司接到部隊打來電話，告知祁六新車禍的消息，也匆匆忙忙從基隆搭車趕到醫院。

婆媳倆在醫院碰面，淚眼相對。守候在手術室外，等待急救的過程，彷彿經歷了好幾個世紀一樣漫長。張瑞麒焦慮地走來走去，祈求手術室門趕快打開，她要知道丈夫現在怎麼了。

王月如則坐在一旁，心裡不停地呼喊著：「主耶穌！聖母瑪利亞！救救我的兒子啊！」

等到深夜，終於，手術室門打開了，祁六新被推出來，樣子好嚇人啊！臉上罩著氧氣，頭髮被剃光，頭顱左右兩側的顱骨外板上，打入骨鈕的短釘，一條繩子穿過短釘，再穿過床頭的滑車，滑車的另一頭繫著沙包。

醫生解釋，「因爲祁中校的頸椎挫傷非常厲害，必須做『顱骨牽引』（圖一），藉由沙包的重力，將脫臼錯開的頸椎拉直，恢復到正常位置。這樣的手術通常需要三個月，才能使頸椎自然癒合，然後才能開始作復健治療。」

雖然醫生解釋得很詳細，但祁媽媽和張瑞麒仍聽得一頭霧水，她們關心的是祁六新的傷勢到底嚴不嚴重，是不是能夠完全康復。

醫生拿著X光片，面色相當凝重：「你們要有心理準備，日子還是要過下去，還是要正常地生活。」

「醫生，你說這話是……」瑞麒不明白醫生的話意。

「妳先生的頸髓神經受傷非常嚴重，恐怕會全身癱瘓，這一輩子可能都要躺在床上，連坐起來都沒辦法。」

全身癱瘓？一輩子躺在床上？一連串的問號出現在張瑞麒腦子裡。

•頭顱牽引圖（圖一）•

頭骨牽引從頭骨外版打入骨鉗之短釘，短釘加上重物以產生直接骨骼牽引的效果。

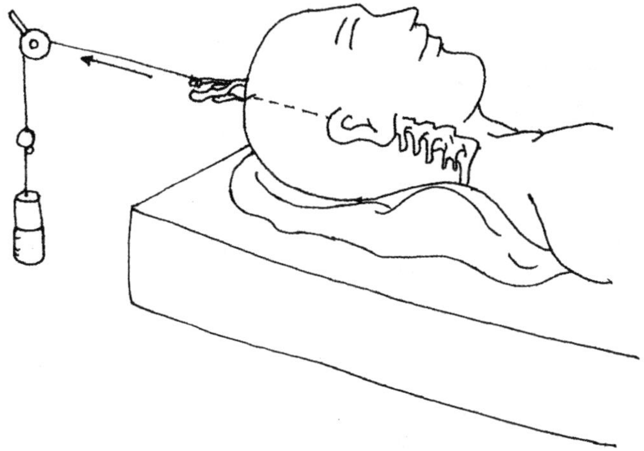

「不會吧！他只是頸椎受傷，牽引治療一段時間，一定會好起來，或許無法像正常人那樣手腳俐落，可是，總能站、能走吧！」瑞麒自己爲祁六新的傷，下這樣的結論。

「病人醒來後，暫時不要告訴他眞實情況，否則，怕他會無法接受。」醫生的眼光中充滿憐憫與無奈：「你們一定要堅強，未來的日子還很漫長，病人需要你們的照顧和陪伴。」

聽到醫生宣布了丈夫的「無期徒刑」，張瑞麒整個人愣住了，一旁的祁媽媽早已經傷心欲絕、泣不成聲。

第一次住院

祁六新從昏迷中淸醒過來時，人已躺在三軍總醫院的病床上，距離車禍發生已過了兩天。

「唉……」祁六新迷迷糊糊地醒來，因爲全身被固定，不禁發出呻吟的聲音。

「六新，你醒了！」守候了一天一夜的母親和妻子高興地喊著，立刻奔上前。

祁六新睜開眼睛，看到母親和瑞麒臉上那種疲憊、憔悴、無助、焦慮的神情，不明就裡：「媽，瑞麒，妳們怎麼會在這裡？我不是在軍事演習嗎？」祁六新神智還有些迷糊，他根本不知道發生了什麼事。

「你在演習途中發生車禍，被送回台北三軍總醫院來動手術。你已經昏迷一天一夜了。」祁媽媽說。

「是嗎？」祁六新說話氣若游絲，全身被固定如僵屍一般，只剩眼珠子能轉，嘴巴能動，家人講話必須趴在他面前。

祁六新的神智回到現實，他惦記起軍事演習的事。「哎呀！我還在演習，我躺在這裡怎麼行？我全營的弟兄還等著我回去下達命令。」

「你都傷成這樣了，還想那麼多幹什麼？營裡的事部隊都安排好了，你現在什麼都不要想，好好休息，把傷養好了再回部隊。」母親說著，淚水再度湧出眼眶。

見母親傷心難過的樣子，祁六新內心起了疑惑，母親一向是堅強的人，不會輕易掉淚啊！難道是我的傷勢很嚴重？

「媽，我到底怎麼了？」祁六新問母親，只見母親低頭不語。

「瑞麒，妳告訴我，我是不是傷得很嚴重？」

「沒有啦！」瑞麒表現得非常堅強，她安慰著祁六新：「醫生說你頸椎受傷，做了顱骨牽引手術，要固定三個月，三個月後，等你的頸椎癒合，就可以做復健，復健個半年，就會好了。」

「對了，我車上的那幾個軍官，他們的狀況如何？」祁六新突然想起指揮車上的其他人。

「他們都受了皮肉外傷，也都住在三總，不過還好，都沒有生命危險。」

「喔！」祁六新聽說弟兄們的傷勢沒有大礙，也就放心了。

俗語常說：「傷筋動骨一百天」，祁六新想，自己一向身強體壯，從來不曾生病住院，這次的偶然意外，大概不礙事，休養個一百天也就會復原了。

這時，正好醫生來查房，醫生拿出安全針輕輕地戳他的手部和大腿，「有什麼感覺嗎？祁中校。」

「沒有。」祁六新覺得頭部以下的身體都不是自己的，那種感覺很恐怖，好像頭與身體是分開的。

「醫生，請你清楚地告訴我，我的傷究竟有多嚴重？」

「祁中校，你的頸椎脫位骨折，頸髓第三、四、五節受傷，現在，你身體的很多器官都沒有反應，不能使用，你要好好做復健，將來才有希望。」醫生說。

「醫生，我現在全身都不能動，到底要躺多久啊？我馬上就要出國了，怎麼辦？我什麼時候才會好啊？」祁六新心繫著不久就要派駐南非之事。

「什麼時候好，很難說，你只要好好努力，會有好的一天。」

「很難說？」祁六新轉而質問妻子：「瑞麒，妳不是說醫生告訴妳半年就會好嗎？」

「是、是。」醫生見他情緒有些激動，趕緊鼓勵他：「有些病人很努力做復健，半年就可以離開醫院了，祁中校，一切要靠你自己啊！」

醫生模糊的答案，讓祁六新陷入一片茫然。看著母親和妻子的臉龐，一片愁雲慘霧，聽著窗外淅淅瀝瀝的風雨聲，祁六新不知道自己何時才能度過這一場生命中的暴風雨。

悲慘的九十天

受傷後的最初三個月，頭部做牽引手術被固定，躺在床上的身體不聽使喚，祁六新完全活在不知晝夜的昏昧狀態。只知道有許多人來探望他，長官、同學、部隊裡的弟兄、親戚朋友，病房內總有人進進出出，說一些安慰、鼓勵的話。如果來探病的人不把臉湊到他的眼前，他根本不知道來者何人，因爲他的全身動彈不得，只剩下眼珠子能轉動。所以，每當有人來看他，他都會跟對方說：「對不起！可不可以請你站到我面前，因爲我看不到你。」

受傷的祁六新，像一具活的木乃伊躺在床上。肉體痛苦的折磨他能忍受，不能忍受的是，他完全失去自主能力，他的生活完全要靠別人打理，吃飯要別人餵，小便要插導尿管，還要包著尿片，因爲大便失禁的他，無法控制自己的排便。

從前的祁六新，意氣煥發，事業前途完全掌握在自己手裡；如今的他，事事都要靠別人照顧，對他來說簡直是人格與尊嚴的踐踏。

這段時間，雖然有部隊的看護人員，母親和妻子還是輪班到醫院照顧他，母親照顧下午到晚上，妻子則是下班後直奔醫院，陪他到深夜才回家。

每次讓妻子或是母親一口一口地餵飯，他總是和著悲傷的淚往肚子裡吞。尤其是被處理大小便，一點隱私都沒有，這是他無法忍受的。

有一回，他拉肚子把床單弄得又髒又臭，母親和妻子正幫他擦洗身體，換床單、被單、尿片，一位護士小姐敲門進來。

「祁中校，我來打針了喔！」

祁六新一見護士小姐進來，緊張地喊著：「趕快拿被單幫我把身體蓋好。」

「護士小姐有什麼關係？你都受傷成這樣了，還在意這些幹什麼。」母親說。

「媽，妳怎麼這樣說。」祁六新一聽，憤怒地吼著：「張瑞麒，幫我把身體蓋好，聽到沒有？」

「祁中校，我等一下再來好了。」護士小姐見到場面尷尬，識趣地離開病房。

護士小姐走後，他突然悲從中來，好想大哭一場，眞的好怨、好恨哪！

「不是說善有善報、惡有惡報嗎？我從小到大又沒有做過什麼傷天害理的事，爲什麼一場車禍就變成今天這個樣子？爲什麼？」

世界完全變了樣，他覺得自己跌入了一個無底的黑暗深淵，憤怒、傷心、痛苦、沮喪、怨恨的情緒全湧上心頭，他怨天尤人、痛不欲生：「天啊！爲什麼是我？爲什麼是我？」

那段日子裡，迷迷糊糊、渾渾噩噩，恐懼和幻想像魔鬼的影子，一直纏繞著祁六新，他已失去了看待事情應有的理性與客觀。

有一位「氣功師父」，自稱有陰陽眼，說他被一位穿白衣的女鬼壓住，所以才會全身癱瘓。他竟也相信，認爲自己一定是在那一場車禍中撞見鬼，三魂七魄被鬼壓住了，才會這樣動彈不得。爲此，張瑞麒還特地拿著他的衣物跟隨那位「師父」，到蘭陽大橋下的出事地點燒香，祭拜孤魂野鬼，爲他收魂。

香燒了，魂也收了，身體卻不見絲毫起色。這時，他又擔心，萬一好不起來怎麼辦？家裡的孩子還那麼小，父母年紀大了，妻子瑞麒一個人怎麼承擔得起這麼重的擔子。「爲什麼不乾脆讓我死掉算了，活著自己受罪，還要拖累家人。老天，你爲什麼要這樣折磨我……」想著，想著，湧出的淚水沾濕了枕巾。

夜深人靜時，他無助地望著天花板，四下一片死寂，沒有人了解他心中的恐懼與無助。有時，他會在內心默禱，祈求老天爺：「讓我的傷趕快好起來。」有時又不禁發怒，對著上天嘶吼：「讓我死掉吧！我不要這樣不死不活地躺著……」

現在，坐在電動輪椅上的祁六新，看著電視報導新航失事、象神颱風來襲成災、奥地利纜車在隧道內爆炸起火，一連串的災難事件發生，他心有所感地說：「每一個人在經歷災難時，都會埋怨老天，爲什麼是我？但是，經歷這一次劫後餘生，我仍要慶幸：活著眞好！如果十八年前，在那一場車禍中，我眞的走了，我也沒有機會跟大家『分享』這一路走來的心路歷程。」

從謊言中獲得希望

祁六新一直不知道自己的傷勢多麼嚴重，因爲沒有人敢對他說實話。醫生、母親、妻子、來探病的長官、同學、朋友，每個人都開朗樂觀地對他說：「你一定沒問題，會好起來的，休養半年後，保證又是生龍活虎。」

置身於善意的謊言中，祁六新也就相信了謊言。他不斷告訴自己：「我體格這麼壯，又是田徑隊、跆拳道的代表，一點小小的外傷算什麼？醫生說了，三個月的牽引手術結束後，我就可以開始做復健了。」

思想往光明的一面想，心情開朗許多，日子也感覺過得快一些。

整整九十天的牽引手術終於結束。頭上的沙包、鋼釘、頸圈取下之後，祁六新如釋重負。

那天，醫生拿著X光片到病房。「嗯！很順利、很順利，祁中校，你的頸椎已經長好了，你看，當時挫得多厲害啊！」

醫生拿了兩張X光片做比較，祁六新怕醫生騙他，特地看看片子，上面確實是自己的名字和兵籍號碼。

「祁中校，把頭轉向我這邊看看。」

祁六新照著醫生的指示，試著將頭轉向右邊，這對平常人來說輕而易舉的動作，他卻是戰戰兢兢。當他將頭輕輕轉過，看到站在床邊的醫生，剎那間，他心裡一陣狂喜：「我能動了，眞的能動了，我的頸椎癒合了。」

「再轉過去那邊看看。」

他完全按照醫生的指示動作，頭可以左右轉了，甚至可以微微低頭，不再像前三個月只能看到眼前的事物。他的視野擴大了，天地也爲之開闊起來，他開始對自己充滿信心。

「祁中校，你的頸椎骨完全長好了，從明天起你的病歷會轉到復健科，可以做復健了，做完復健就可以出院了。」

「我可以開始做復健了？」祁六新又驚又喜，非常期待復健的來臨。

● 因車禍造成全身癱瘓的祁六新，在三總做傾斜床復健。（照片提供：祁六新）

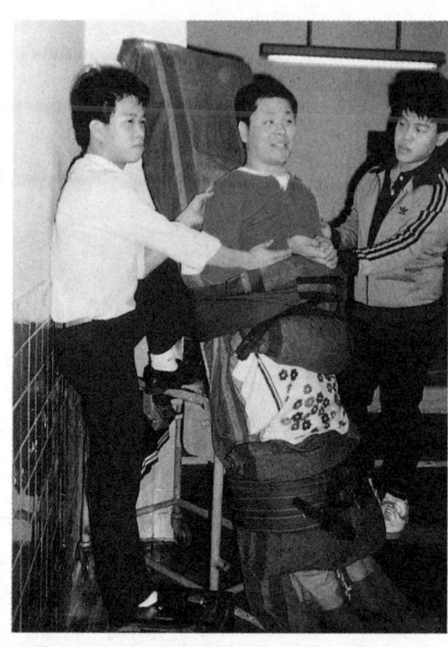

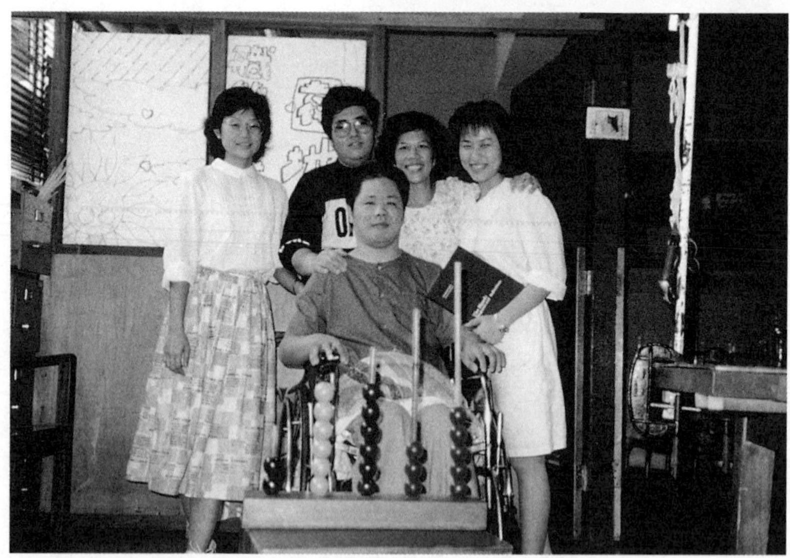

● 祁六新與三總的復健老師，圖右一為林晶，左二為張舜能。（照片提供：祁六新）

他眼前有一幅美景，看到自己透過復健，慢慢地站起來，腳步緩緩地跨出一步，有點搖晃、顫抖，但他究竟站穩了。妻子和母親激動得喜極而泣，高興地抱著他，爲他祝福……。

祁六新是復健科最合作的病人，每次看護人員推著他到復健室，他都精神奕奕地和醫生、復健師們打招呼。

「一、二、三。」

雖然是被動式的做復健，他還是努力、積極地喊著口令配合動作，展現出軍人的一身傲氣。他記得醫生告訴過他的一句話：「一切要靠自己。」

剛開始做傾斜床時，因爲長期臥床，血液流不上大腦，他頭冒冷汗、頭暈目眩，緊張得大叫：「老師啊！我頭暈得很厲害啊！」

「正常的、正常的。」復健老師總是如此回答。

慢慢地，他也就適應了。他可以忍受身體的痛楚和不適，他可以加長復健的時間，他相信，憑自己的毅力和決心，一定會很快復原。

「對一般頸椎受傷的病人，在醫生的立場不會直接明講。一開始講清楚了，病人沒有辦法接受。最好的是時間治療。醫生可能告訴你三個月或幾個月會有起色，但是時間過了，發現身體還是沒有什麼進展，讓病人自己去體會。這是一種心靈上的治療，剛開始給你希望，慢慢讓病人從自己身體的狀況，去意識到事實的眞相，從希望轉變成失望，再從失望到接受，這個從谷底再度回升的過程，最需要的是時間。如果一開始就講明，未來的三十年、四十年都要躺在病床上，病人可能連求生的意願都沒有了。」松山醫院王德芳醫生說。

努力做復健

這段期間，祁六新過得相當積極，他努力做復健，有空還會跟神經外科、復健科的醫生聊天，向他們請教有關脊椎、脊髓神經的問題。過去，他對身體這方面的常識所知無幾，經過醫生的詳細分析，他慢慢有了較清楚的概念。

脊髓神經位於人體的背部，存在於頭和臀部間，一節一節脊椎骨所形成的環狀管腔中。它是一種灰色細長圓柱狀的組織，由腦部垂到腰部，直徑約一指頭寬，長約五十公分，柔軟且稍具伸縮性，約每隔半公分，左右兩側各分出一條神經，分布全身。脊髓的功用就像雙向的電話，是腦部與四肢的信號交換站，溝通著腦部與周圍神經，傳達腦部的訊息到四肢及內臟，同時也傳達四肢及內臟的感覺到腦部，使腦部了解現在全身是在什麼樣的狀況。

一般脊髓損傷的原因有兩種，一是外傷，如車禍、自高處跌下、被重物壓傷、刀槍傷、運動傷害等。另一種是非外傷，包括血管瘤、神經腫瘤、血管畸形、腦脊髓炎及結核性脊椎病變的併發症等，對脊髓神經造成壓迫，而使其功能漸漸喪失。

意外造成的脊髓受傷，隨著損傷部位的高低和完全、不完全受損型，而有截然不同的差別（圖二）。最嚴重的頸髓受傷是在第一、二節高頸位的部分，通常會迅速致死；頸髓第三、四節受傷，傷者會四肢癱瘓、大小便失禁、性功能失常、自主神經失調，嚴重的時候，呼吸會有麻痺的現象，需依靠呼吸器才能生存。

祁六新的傷是屬於第三、四、五節高頸位、脊髓神經完全受損。因此，他雖然能夠自行呼吸，但氣若游絲、上氣不接下氣，肩部以下完全癱瘓。他知道自己脊髓受損的位置，會造成目前機能上的障礙，卻不知道自己是屬於完全受損型，幾乎完全沒有復原的希望。

他對復健抱著極大的希望，希望受損的脊髓有一天能復原。

「在做復健的那段日子，我是積極、樂觀的，和醫生、復健師們相處融洽。我特別感謝神經外科醫生劉敏英、林欣榮兩位醫師，他們告訴我許多頸椎、頸髓神經方面的常識，讓我對自己的身體有更清楚的認識。我也非常感謝復健科主任李世培、曾堯人、劉復康，他們很有耐心地教導我許多復健的方法和技巧，對我日後的復健工作有很大的助益。還有復健老師林晶，她對我要求嚴格，但我知道她完全是爲我好；孫怡人、張舜

•人體脊髓神經支配及影響功能位置圖（圖二）•

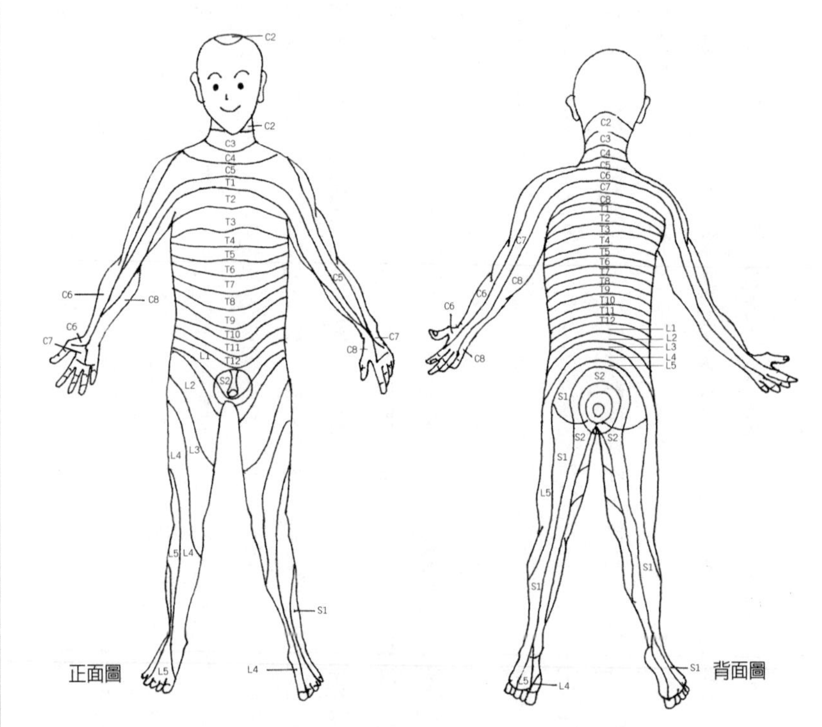

•脊髓損傷的部位即指該位置以下的功能均受影響•

- •C1.C2（第1、2頸髓）—通常會迅速致死
- •C3（第3頸髓）—呼吸困難、四肢痲痹癱瘓
- •C4（第4頸髓）—横膈膜、肋間肌
- •C5（第5頸髓）—臂三角肌
- •C6（第6頸髓）—腕伸張肌
- •C7（第7頸髓）—軸伸張肌
- •C8～T1（第8頸髓至第1胸髓）—手指運動
- •T2～T8（第2胸髓至第8胸髓）—胸肌
- •T6～T12（第6胸髓至第12胸髓）—腹肌
- •L1～L5（第1腰髓至第5腰髓）—腿肌
- •S1、S2（第1、2薦髓）以下—大小便功能、性功能

能、陳信志、曾士娟，他們都是非常有愛心的復健老師。有一回，我在復健室做傾斜床時，突然瀉肚子，把整個復健室弄得臭氣沖天，復健老師們不但幫忙我清理污穢的糞便，沒有任何人嫌我臭、責怪我，反倒是安慰我、鼓勵我，我眞的很慚愧，也很感激，是他們陪我走過那一段身心備受煎熬的歲月，我由衷感謝他們。」祁六新感動地說。

致命的二度傷害

「一般人對脊椎受傷的急救與處理常識相當缺乏，如果病人是在昏迷，任人拉抬擺弄的情況下，很容易造成二度傷害，本來的受傷是不完全型，經過錯誤的搶救，反而造成致命的傷害。或許，我就是這樣的案例。」祁六新談起脊髓受傷的情形，不禁慨嘆。

據同事回溯當時車禍的情形：車子一翻落蘭陽大橋，沒多久，就有好心的鄉民報警。因爲見到跌落車外的軍人頭破血流、手斷腳斷，情況危急，又見警方和救護車還未到達，幾個熱心的鄉民便爬到橋下去救人。

鄉民們把那些看起來傷勢嚴重的軍人小心翼翼地抬到路旁。

「還有一個躺在那裡，看起來沒什麼傷，可能摔昏了！」有人指著祁六新說。又幾個鄉民下來，他們像抬豬一樣抬起祁六新的雙手雙腳，卻任由一顆腦袋搖來晃去，沒有人護住他的頭部和頸部。經歷這番致命的晃動，可能使他原本就已受傷的脊髓神經完全斷裂了。

這致命的二度傷害，對祁六新來說是無可彌補的終身遺憾。但是，他能怪誰？意外事故發生時，現場通常是緊張而凌亂，人人都想救人，卻因缺乏急救常識，做出不當的動作，常會讓患者傷勢加劇，反而因此幫了倒忙。

因爲自己是頸椎二度傷害的受害者，祁六新特別會注意這方面的急救常識，有同學或朋友來探望他，詢問他的傷勢時，他都會對來訪者強調說明。乃至他在往後的演講裡，他也會藉機宣導這些重要的觀念。因爲，意外事故可能會發生在任何一個人身上，如果大家有這方面的急救常識，可讓傷害減輕到最低程度。

「沒有外傷的傷，往往掩藏著嚴重的危險性。像我同車的其他四人，他們有的斷腿，有的斷手，有的肋骨挫傷，頭破血流，看起來傷勢頗爲嚴重，令人憂心。不過經過開刀、治療、調養，他們都已痊癒出院。我替他們感到高興，卻也爲自己感傷。我這個沒有任何外傷的傷患，看似傷勢不重，最終卻是全身癱瘓，一輩子與輪椅爲伴。」祁六新感慨地說。

不要動我

祁六新如此努力地宣傳，阻止了另一場不幸的發生。

祁六新的同學劉鴻高，在祁六新車禍之後來探望，曾聽祁六新敘述了脊髓神經受傷的急救常識。有一回，劉鴻高開車撞上了安全島，人卡在車內，當時，他意識清醒，感覺自己手腳非常麻，立刻想到祁六新。

許多熱心的路人趕緊過來救他，劉鴻高大叫：「不要動我，趕快幫我叫救護車。我脊椎有問題了，不能動我。」

劉鴻高這麼一喊，路人頓時安靜下來。他擔心路人熱心的急救，反而加劇自己的傷勢。因此，他坐在車內不動，堅持等到救護車來。

劉鴻高藉著祁六新的經驗，處理自己的車禍，使腰椎受傷的他，獲得了適當的急救與治療，很快就康復了。

「我們在搶救傷患時，不論他是清醒還是昏迷，都要替傷者考慮到頸椎受傷的問題，除非有適當的工具，否則不要隨意移動傷患。當移動傷患時，要特別注意脊椎是否得到固定，頭、頸、肩膀、腰部要成一直線，絕不能有彎曲、左右擺動或扭轉的動作。整個人是一個固定的整體，要像滾動一根圓木般的移動，以維持良好的頭、頸與身軀的相對位置。送醫途中，也要注意保持傷患的平躺姿勢，不能讓他坐起，以確保舒適與安全。否則，我們的好心，將可能造成傷患的終身傷害。這不僅害了一個人，還害了一個家庭，社會、國家要付出重大的成本。所以，急救常識實在太重要了。」祁六新語重心長地說。

身體如此脆弱

過去，從沒有生過大病的祁六新，總覺得自己是鐵打金剛，耐磨耐操。眞正受了傷，躺在醫院的病床上時，他才會體會到，原來人的身體是如此脆弱，一個小小機能出現狀況，都可能會要人命。

那一天，白天還挺正常的，到了晚上，他就感覺身體不對勁，額頭不斷冒冷汗，頭也越來越痛。

「瑞麒，你去告訴護士小姐，我頭很痛。」

瑞麒急急忙忙到護理站，找來護士小姐。護士小姐幫祁六新量體溫，有些發燒；再量血壓，血壓偏高。

「祁中校可能感冒了，給他多喝些熱開水，等一下再看看情況。」

一個小時過去，祁六新頭痛的症狀沒有減輕，反而更加劇烈。瑞麒又去找來護士，來了另一位護士，她還是量體溫，量血壓，血壓升得更高。

「怎麼會這樣呢？」護士檢查一下尿袋，「怎麼尿袋裡都沒有尿液呢？祁中校，你從早上到現在都沒有排尿啊？」

「我不知道啊！」祁六新根本毫無知覺。「我的頭好痛啊！像針刺一樣，快找醫生來，我受不了了。」

護士小姐找來實習醫生，實習醫生看看，發現尿袋空空的，一定是尿路阻塞，實習醫生在導尿管弄了半天，弄不出個所以然。

「怎麼辦哪！怎麼會這樣？」實習醫生和護士小姐緊張了起來。

這時，祁六新滿臉漲紅，冷汗如豆大，一顆顆自額頭冒了出來，已經痛得神智不清的他大吼大叫：「我頭好痛啊！張瑞麒，讓我死吧！我不要活了。」

實習醫生嚇壞了，趕緊找泌尿科的醫生來，泌尿科的醫生一到，輕輕一撥，把堵住導尿管的小球撥開，頓時，尿液如水柱般直洩而下，將近一千西西。

泌尿科醫生告訴實習醫生：「你們以後要小心，檢查尿液、尿量，發現有不正常的現象，就要特別注意，像今天這種情形是很危險的，也許再過幾分鐘病人的膀胱就會漲破，萬一尿液回流到腎臟，將來要洗腎，那就不可挽救了。」

尿液排出後，祁六新整個人虛脫了，無力地癱在床上。這時，他才意識到，人的身體竟然如此脆弱，以前在軍中帶兵出操，總以爲自己體格強健，是無敵鐵金剛。「英雄就怕病來磨」，沒想到，導尿管的一顆小球，就差點要了他的命。

人生何處不相逢

祁六新在三總做復健的這段期間，竟意外地與同學「四大寇」在醫院相逢。

「四大寇」是祁六新在美國兵工技術研究中心進修時的死黨，楊國強、宮旦生、俞志高。四人在美期間，時常同進同出，感情深厚。後來，四人陸續結訓，自美返台，各自投入工作崗位，反而因爲忙於軍務，疏於連繫，「四大寇」沒有機會再相聚一堂。

有一天，祁六新在地下一樓復健室做電療，突然聽到非常耳熟的聲音。忙叫看護把簾子拉開一看：「哎呀！是楊國強和俞志高。」

「喂！你們兩個怎麼也在這裡？」祁六新又驚又喜。

「祁六新，怎麼是你？」楊國強和俞志高一見到祁六新，也大吃一驚。

原來，楊國強因爲打球受傷，俞志高因爲脊髓神經病變，都到三總住院做復健。

「哎呀！人生何處不相逢？相逢在醫院。」祁六新不勝感慨。

三人一聊起，很自然就想起「四大寇」之一的宮旦生。

「宮旦生現在不知道怎麼樣？」祁六新問。

「多巧，我剛剛才在急診室碰到他，他急性腸胃炎，在急診室留觀。」俞志高說。

「眞的啊？那就叫他辦理住院吧！」祁六新一時興起說：「咱們『四大寇』回國之

後各忙各的，也沒時間碰面，今天難得相逢在醫院，晚上到我那裡，大家可以好好聊一聊。」

俞志高先做完復健：「那我現在就到一樓急診室去告訴他。」過了一會兒，只見俞志高一個人回到復健室。

「宮旦生說，相逢在醫院不是一件好事，他還是趕緊辦出院，等將來大家身體好了，再找個時間聚一聚。」俞志高說。

祁六新與楊國強互望一眼，苦笑了一下。確實，相逢在醫院是多麼無奈又可悲的事啊！

同袍之愛

祁六新從進入軍校，到畢業後的軍旅生涯，一直受到長官的關愛，是個風雲人物，身上充滿光環，人生旅程正像是旭日東升。突然，一個意外發生，生命跌到了谷底。母親為此，曾經後悔、自責：「如果當初不讓他去讀軍校，或許就不會發生這樣的事。」

父親總是安慰母親：「人的際遇很難預料，會發生什麼事誰知道呢？萬般皆是命，半點不由人，人算不如天算，只有盡人事聽天命了。現在說這些後悔的話已經沒有用，還是面對現實，看怎麼治療比較好。」

祁六新自己則對當年的「投筆從戎」，不曾有絲毫的後悔。他想，如果命該如此，就是不當軍人也還是可能發生其他的災禍。今天，自己因公受傷，國家負擔了全部的醫療費用，還派看護人員協助照顧，無形中爲家庭減輕不少壓力。更重要的是，軍校四年培養出來的袍澤情誼，更不是一般學校的同窗之情可以比擬的。

祁六新受傷的第三天，他的同期同學談台成一聽到消息，軍服未脫就立刻趕到醫院，一見祁六新頭髮剃光，打著鋼釘做牽引手術，心裡難過不已。他故意跟祁六新開玩笑說：「你好跩啊！祁六（是祁六新的外號，同學們故意少叫一個新字，以表親切之意），躺在那裡，看也不看人一眼，來一根煙怎麼樣！」

祁六新有氣無力地說：「談胖，對不起啦！我現在連動都不能動，你可不可以站到我面前來。你看，我現在說話上氣不接下氣，哪敢再抽煙啊！唉！我連手掌都翻不過來，什麼時候能好，誰知道呢？」

談台成一聽，好心酸哪！祁六新是同學心目中的「祁第一」，對什麼事情都相當有自信、有把握，現在竟然連翻個手掌都沒有辦法，可以想見他心中多麼無奈與痛苦。談台成安慰他說：「祁六，你知道我也受過傷，還不是慢慢復原，所以你一定會好。」

祁六新受傷的消息傳出後，同學們紛紛趕來探望他，爲他打氣。

那天，鄭大平和其他幾位同學相約來看祁六新，大家看到一向活潑、開朗的祁六新，病懨懨地躺在床上，身上插滿管子，不勝唏噓，一時不知道該說什麼話來安慰他。

祁六新見一群昔日同窗圍在病床邊，卻是沉默不語，氣氛凝重，他開口打破沉默：「大平，你把我的手放到肚子上。」

鄭大平幫祁六新把手放好，卻不知道他要做什麼。只見，祁六新渾身使力，臉都漲紅了，卻沒什麼動靜。掙扎了老半天，右手突然從肚子上滑了下來，祁六新苦笑著：「各位同學，你們看見沒有？我手能動了。」

「祁六新，你好厲害啊！能動了，好好努力，很快就會好。」

同學們見狀，趁勢鼓勵他。鄭大平見到這樣的場面，內心在滴血，他暗自傷心：「祁六新，你實在太好強了。」

離開時，同學們安慰著祁媽媽：「祁媽媽，您放心！有什麼需要我們的地方，儘管吩咐，我們跟祁六新就像親兄弟一樣。」

同學們強忍心中的傷感，一走出病房，眼淚立刻奪眶而出。

血的教訓

除了同學，各級長官也來探望他。祁六新一見長官，立刻想起軍事演習的事。「演習已經結束了，你好好養傷，不要擔心太多。」長官告訴他：「祁中校，你因爲沒有繫安全帶，才會傷得這麼嚴重。經過你的案例，部隊開會決議，四分之一指揮車前座都加裝安全帶，希望減少不幸的事情發生。」

祁六新聽了感到很安慰，雖然自己是車禍的受害者，如果經由自己「血的教訓」，能使軍中的行車安全更受到重視，也是一件好事。

不久，軍團司令羅本立中將也到醫院慰問祁六新，羅司令是官校四十一期畢業學生部隊指揮官，對四十一期同學有一份特殊的感情。臨走時，羅長官勉勵他：「國家在，你就在。放心！好好養病。國家培養你、需要你，不能就這樣輕易地倒下去。」

一聽到長官的嘉勉與期許，祁六新對未來頓時充滿希望。

從同學、長官身上，祁六新感受到袍澤的深摯情誼，如果不是這股力量支撐著他，未來的路，他將走得仆仆跌跌、迷迷茫茫。

有一天，他在復健室專心做復健，「一、二、三」，口令喊得震天價響。復健告一段落，祁六新瞥見一位身著大禮服的軍人，正注視著他。他轉頭一看，驚喜地喊著：「學長好！」

原來，是駐美的李珽學長，他返國辦事，一聽說祁六新出車禍，立刻趕到醫院探望，見他正專心做復健，便安靜地坐在一旁，一直等到他做完復健。

李珽學長拍拍祁六新的肩，很鄭重地說：「老弟啊！沒話說。我在這裡，看到你做復健的那種精神和毅力，心裡眞的很佩服。我這次回國時間不多，明天一早就得回美國，我沒有辦法給你什麼實質的幫助，希望下次回來，你已經能夠坐在輪椅，打理自己的生活。」

想到李學長在美國時對自己的照顧，又聽到他這一番眞誠的祝福，祁六新有一股欲哭的衝動，對祁六新來說，什麼是實質的幫助?祝福與鼓勵就是莫大的幫助。

在醫院，除了同學、長官來探視，也有同是住院的同袍、長官，大家互訴心聲，彼此鼓勵。前海軍上校高德明，因視察海軍演習，搭乘的軍機著火，造成重度燒傷，顏面毀損。但是他積極、樂觀，時常到病房探望祁六新，相互安慰、打氣。

前陸軍總司令于豪章，也因演習視察時，直昇機墜機摔傷了腰椎，在三總治療。有一回，于豪章在復健室裡見到祁六新，語重心長地告訴他：「復健，是一條漫長的路，不只需要毅力更需要耐力。像我們這樣年紀大的人，只要能維持現況就好了，你還年輕，要不斷進步，再進步。」

獲頒忠勤勳章

住在三總的第六個月，祁六新的直屬長官師砲兵指揮官傅應川上校，親自帶著「忠勤勳章」到醫院，頒贈給祁六新。所謂「忠勤勳章」是頒發給志願役的國軍幹部，服役滿十年，其中有六年考績獲得甲等以上，國家就會頒贈「忠勤勳章」以茲獎勵。

傅上校站在祁六新床前，大聲念著：

「茲以陸軍中校祁六新，忠誠勤敏，卓著勳勞，特頒忠勤勳章，以昭懋賞此證。總統蔣經國。行政院長孫運璿。國防部部長宋長志。中華民國七十一年十二月三十一日。典璽官劉垕。勳章號碼二三三二七九。」

這份榮耀，帶給病中的祁六新無限的鼓舞，不禁感激、感動又感慨：「唉！我竟然是躺在病床上獲頒『忠勤勳章』。不過，還不錯啦！我只是受傷，在醫院受獎，至少不是在告別式上，聊表安慰。」

因爲醫生、護士、父母、妻子、長官、同學，所有人的「善意謊言」，祁六新在受傷最初的六個月，對自己的傷勢復原有絕對的信心，對未來仍是充滿希望。雖然，偶爾也有情緒低落的時候，但是，想到半年後可以走出醫院，他很快就會度過低潮期，積極迎接每一天的到來。

隨著時間的拉長，復建後的祁六新，慢慢地從床上坐了起來，全身穿上鐵甲武士，有了這種包裹著軟鋼片的束腰胸護架，他已經可以短暫地坐在輪椅上。這樣的進步，不僅家人高興，自己更感到安慰，彷彿離復原的時日越來越近。

在醫院，他不僅是個合作的病人，還是醫護人員的好朋友。他的脊髓神經與復健常識，不僅幫助他自己了解身體狀況，同時還能充當「臨時講師」，爲實習醫生們開講。有一次，復健科主任開會，請祁六新來介紹復健的功能與方法，祁六新講得頭頭是道。

會後，一位國防醫學院實習生田超亞跑來問他：「報告學長，請問您是國防醫學院第幾期？」祁六新一聽，笑一笑：「對不起！我不是國防醫學院學生，我是陸軍官校四十一期。」

田超亞瞪大眼睛，一副不可置信的樣子：「眞的嗎？可是您講得那麼清楚、明白，好像是這方面的專家。」

「是嗎？」祁六新心裡有些得意，卻也無奈，其實，自己是「久病成良醫」。

揭開病情真相

此外，有一位護士小姐，計劃到美國留學，聽說祁六新曾經留美，特地跑到病房，請教他有關留美的事宜，祁六新知無不言地提供她許多經驗。

這些小小事件，多少給了祁六新一點心理上的成就感，幫他建立更堅定的信心。「我會好，我一定會好，我一定會很快就好起來。」這聲音，一而再地自他心底響起。

突然有一天，一位實習醫生來查房，不經意地告訴他：「祁中校啊！你可能再過一兩個禮拜就要轉院了。」

「我爲什麼要轉院？」

「你的情況已經穩定，三總對你已經沒有什麼治療價值。所以，你可能要準備轉院到國軍八一七醫院。」

祁六新一聽，整個人都怔住了：「什麼叫做情況穩定？我手啊腳啊都還不能動，怎麼可以說治療告一段落，沒有治療價值？」

「頸髓受傷的復原，大概就是目前這樣的狀況了。」醫生說。

「目前這樣？」祁六新憤怒地說：「我連坐輪椅都得靠著『鐵甲武士』把全身綁緊，肩膀以下全身一點感覺都沒有，怎麼會就是這樣？醫生不是說，我努力做復健就會好嗎？我還沒有好啊！爲什麼就要叫我轉院？」

醫生見他情緒激動，一時不知如何解釋，只好轉對家屬：「還是由妳們跟他好好解釋吧！」

醫生一離開病房，祁六新像瘋了似地狂吼：「張瑞麒，妳過來，告訴我，到底怎麼回事？妳不是說我復健個半年就會好嗎？」

瑞麒見他如此暴怒，嚇得臉色發白，不知所措。

祁六新見妻子慌張不語，轉而質問母親：「媽，媽，妳說，我到底會不會好？還是就是這樣了？」母親也不知道該怎麼回答，只是一股勁兒地流淚。

祁六新看到母親和妻子的神情，心裡大概有數了：「妳們一直都在騙我，對不對？我根本就不會好，對不對？」祁六新難抑激動的情緒，大吼大叫：「妳們再不跟我說實話，我現在就去死，我不要活了。」

瑞麒見事情到了這步田地，已經瞞不下去，只好告訴他一切的事實眞相。

祁六新原本還存著一絲幻想，他希望母親或妻子繼續狡辯、隱瞞，告訴他：「我們沒有騙你啊！再繼續做復健，你眞的會好。」

沒想到，妻子據實以告：「醫生說你的頸髓神經受傷是屬於完全受損型，頸部以下全身癱瘓。就算復健，大概也是好到現在這樣的地步。因爲一開始怕你無法接受事實，所以大家都瞞著你，不敢說實話。」

祁六新聽完妻子的話，整個人安靜下來，完全跌入一個死寂、黑暗、冷酷、無聲的地獄深淵，沒有掙扎，也無力掙扎。絕望，絕望，絕望，完全絕望了……。

幽谷布滿荊棘

第二章

幽谷布滿荊棘

上天要折磨一個人，不是讓他死，
而是讓他身不由己，連排尿排便都不能作主。
那種毫無尊嚴地任人擺布，
那滋味，真是生不如死。

●三十七歲生日，在醫院度過，與兒子小凱合影。（照片提供：祁六新）

儘管祁六新心裡千萬個不願意，他還是得接受這個殘酷的事實，因爲連他的主治醫師，甚至神經外科主任都已證實，他是屬於脊髓完全受損型，在三總的治療確實已經告一段落，必須轉到國軍八一七醫院，繼續做復健、療養。

面對突來的晴天霹靂，祁六新簡直不知如何自處。他像瘋子一樣，逢人就問：「我眞的沒希望了嗎？你們不是都說我會好嗎？你們現在放棄我了，不是等於宣判我的死刑嗎？」

「你們醫生不是以救人爲天職嗎？爲什麼不救我？我都還沒好，你們就不再給我治療，你們醫生都不管我了，我還有什麼希望啊！」

醫生和護理人員面對他的糾纏和質問，不知該如何回答，大家只好避著他。

「我沒希望了，我要癱一輩子了。」他口中時常喃喃自語，那是一種近乎悲哀、絕望的自我告白。

「啊……」有時，他會突然像是一頭發了狂的野獸，仰天長嘯，嚇得大家都不敢接近他，遠遠見他來了，就趕緊閃躲。

「妳們爲什麼要欺騙我？」一回到病房內，見到母親或妻子，便怒火中燒：「我已經這麼可憐了，妳們還聯合起來騙我，早知道沒有希望，我還那麼辛苦、努力做復健，有什麼意義啊？」

「你不要這樣子嘛！醫生說只要好好調適自己的心境，還是可以生活得很好。」妻子安慰他，反而更加激怒他。

「妳說什麼屁話，我一輩子都得這樣癱了，還能活得好嗎？滾開，妳這個大騙子，虛偽的王八蛋……」

他的憤怒，嚇得家人不知如何應對，安慰他也不是，不理他也不是。

陷入生命低潮

三總已正式通知，再過一個星期轉院。祁六新一副無所謂的樣子，對他來說，反正轉到哪裡都是等死。

他的個性完全變了，不再開朗、樂觀，臉上隨時蒙著一層陰霾，好像跟誰都有仇似的。見到人愛理不理，不像過去那樣熱情、有禮貌地跟人打招呼。對待妻子和母親則是一不高興就斥責、怒吼。他也不再主動做復健，有時勉強被推到復健室，他也像死人一般任人擺布。

此際，他的心中充滿嫉恨，他嫉妒那些身強體壯、四肢健全、行動自如的人；他怨恨那些隱瞞事實眞相，告訴他會有希望的人。他覺得全世界沒有一個人可以信任，每一個人都對不起他，自己是這個世界最可憐、最孤獨的人。

轉到「八一七」醫院

民國七十二年八月十日，祁六新正式轉院到位於台北市基隆路的國軍八一七醫院。「當天的心情，我至今都還記得。從三總到八一七，雖然短短的路程，對我來說卻是生命的一個重大轉折，我即將被送到一個絕望境地，像是被沉到一個深不可測的海底，沒有聲音、沒有光亮，一片幽暗死寂。母親和妻子雖然陪在我身邊，也靜默不發一語。」祁六新回憶說：「一到了八一七醫院，我躺在擔架上任人抬著下車，轉頭向東邊一看，哇！醫院側面的山坡地淨是墳墓，大大小小的墳頭聳立在荒煙蔓草間。當時，我心頭打個寒顫，難道這意謂著我將一步步接近死亡嗎？我一想，心情更加沮喪，果然是來這裡等死的，很近，也很快了。」

「八一七」醫院是一個慢性疾病的療養醫院，雖然環境清幽，花木扶疏，卻仍掩不住其「克難」的形象。醫院的房舍非常老舊，除了一棟專門收容癌症病患的博愛大樓是比較新的兩層樓建築，其餘的病房都是木造鐵皮屋頂的簡陋建築。

院方對祁六新頗爲照顧，特別安排他住在軍官病房的最末一間，比較幽靜，並且，讓他獨自住著雙人房，方便家屬來照顧時有個床鋪可以休息。

一到醫院，祁媽媽立刻了解八一七醫院的四周環境和設備。祁媽媽向醫院借輪椅，因爲祁六新已經能夠在輪椅上坐一小段時間了。但是，祁六新需要的是一種可以調整椅背傾斜度的輪椅，因爲他的心肺功能不佳，無法一直坐在輪椅上，一旦呼吸急促，血液流不到大腦，就得立刻躺下，所以需要特製的傾斜輪椅。

八一七醫院的醫療設備不像三總那麼齊全，沒有那種特殊的輪椅。祁媽媽知道這情況，當天下午立刻搭車去買輪椅。祁媽媽向人詢問，聽說台北縣有幾家工廠專門製造輪椅，她跑了一整晚，跑遍了三重、板橋、永和的一些工廠，總找不到合適的，最後到了新莊才買到。

當夜，祁媽媽隨著送貨員的車將輪椅送到祁六新病房，已經是凌晨一點多。一整個晚上東奔西跑，忙得沒時間吃飯的祁媽媽，雖然又餓又累，卻滿心歡喜，訴說著她是如何如何才買到輪椅的。

望著母親疲憊的面容，祁六新說不出感激的話，心裡卻是慚愧又自責，「自己這樣沒用的廢人，卻拖累了母親和家人，唉！這樣的日子將無止盡地過下去嗎？我要這樣過一輩子嗎？」

祁六新一轉到「八一七」，就連續發高燒一個禮拜。因爲以前在三總是中央空調，即使是炎熱高溫的盛暑也無所謂。而「八一七」的老舊房舍，屋頂爲鐵皮，炙熱的八月天，簡直就是一大片吸熱板，一到下午，病房裡就像是一個大烤箱，正常人都受不了，何況是無法自行調節體溫的祁六新。

他的神經系統受損，身體的汗腺失去功能，不能自行散熱。在這悶熱的病房裡，雖然電扇整天轉個不停，仍然無法消除暑熱。連續一個禮拜高燒到四十幾度，祁六新又被送到三總急救。

病情穩定之後，祁六新被送回「八一七」。回到「八一七」，發現病房裡多了一個方形的大塑膠桶，原來是祁媽媽想出來的克難點子，她專程去買來給祁六新泡澡散熱用的。

每天下午一兩點，看護人員便去提冷水，倒進大塑膠桶裡，再將衣服脫光了的祁六新抬進桶裡，讓他泡在涼水裡。因爲身體積蓄太多熱氣，冷水一下子就變溫了，祁媽媽和看護人員還得不停換水，以保持水的涼度。

祁六新就靠著母親的愛心及克難辦法，度過了漫長而炎熱的夏天。

一隻蚊子停在臉上

「八一七」因爲房舍老舊，四周的環境接近山邊，悶熱的夏天裡蚊子特別多，雖然病房裡蚊香燒得煙霧瀰漫，氤氳繚繞，但是，已經對蚊香有免疫力的蚊子，仍是鼓著翅膀在病房裡肆無忌憚地飛舞。

祁六新常覺得生命的可悲，在於無力抵抗任何外來的攻擊，連一隻蚊子停在臉上，都沒有辦法把牠趕走。

常常，夜深人靜，大家都已沉睡之際，那是蚊子出來攻擊人的最佳時刻。「嗡、嗡、嗡」的聲音，是一種預警，同時也是示威。

一般人聽到蚊子在耳邊的鳴聲，很自然會伸手去揮趕，如果蚊子停在臉上，「啪！」毫不思索就是一巴掌。但是，祁六新面對蚊子的「叫囂」、「攻擊」，眞是無可奈何，他頂多搖搖頭來驅趕蚊子，或是用嘴巴吹氣，想把停在鼻頭上的蚊子吹走。他的雙手根本不聽使喚，連趕走一隻蚊子都做不到。

有時，一早起床，臉上被叮了好幾個包，又紅又腫又癢，還得麻煩別人爲他擦藥、抓癢。而蚊子似乎也知道他是個無力還擊的攻擊對象，特別喜歡欺負他，連白天都來叮咬他。

眼睜睜地看著又黑又大的蚊子，在眼前晃動，然後緩緩停在面頰上，感受到那細細的針，扎進皮膚裡。他搖頭晃腦，蚊子根本無所畏懼，繼續吸吮著鮮美的血液。一種癢、微麻的難受，讓他實在受不了了。

「護士小姐，快幫我打掉臉上的蚊子。」他已顧不得形象、尊嚴，見到護士小姐來，像見到救星一樣地大喊。

「啪！」一個巴掌，那隻飽餐的蚊子噴出許多鮮血。

「祁中校，這隻蚊子吸你的血吸得好飽，都飛不動了。」護士小姐驚叫，並且幫他擦點消炎藥膏。

「唉！人活到這樣的地步，是不是很悲哀啊！連蚊子都來欺負我。」他苦笑，心裡是無奈、無助、無望的酸澀。

生死一瞬間

死神，雖然在那一場車禍中放了祁六新一馬，卻仍不時來恐嚇他、戲謔他。

祁六新漸漸能坐輪椅，而且時間慢慢加長，這對脊髓受傷的他來說，是一個好現象。因此，白天，在看護人員的幫忙下，他會被五花大綁固定在輪椅上，如此一來，他就可以請看護人員推他到醫院的庭院看看花木，呼吸新鮮空氣。星期假日，瑞麒帶著兩個孩子來看他時，也可以坐著和家人聊聊天。

一天下午，母親說要出去辦事情，先行離開醫院。祁六新想看晚報，便請看護人員出去買報紙。他想，自己獨自坐一下子應該沒問題。

他坐在輪椅上，輕輕地搖動，試著將身體往前傾。平常，做這些動作都是在別人的協助下完成，當他身體前傾時，看護會再把他的身體推向後，讓他鍛鍊上身肌肉的力氣。

他以為只是一個簡單的動作，沒想到差點要了他的命。當他把身體前傾，胸部靠到了輪椅的小桌面。他試著將前傾的身體扳回，卻怎麼使力也無法做到。突然，身體不自主地釋放能量，一陣痙攣，整個人又往前方滑，心臟壓到了小桌板。

他感到心肺壓迫，呼吸逐漸困難，心情開始緊張。「人跑哪兒去了?買份報紙怎麼去那麼久?」

其實，才一兩分鐘時間，對祁六新來說彷彿溺水之人，一秒鐘都覺得漫長。

他一緊張，身體再一次抖動了起來，人又往前傾斜了一點，這下子整個人壓向桌面，心臟的血液被壓得上不來，頭開始發昏、冒冷汗。

「不要緊張，不能緊張。」他把軍校訓練出來的那一套實務經驗用來提醒自己：「定、靜、安、慮、得，一定不能緊張。」雖說如此，呼吸卻越來越困難，感到眼前一片暈眩。

「救—命—啊—」他吐出這幾個字，卻是那麼虛弱無力。病房又離護理站那麼遠，誰會聽到他的呼救聲呢?

「難道我就這樣死了嗎?」他心裡一陣恐懼，覺得死神離他很近很近，已在他面前張牙舞爪了。

突然，他隱隱約約聽到一陣「喀啦！喀啦！」，知道那是護士小姐推著那台壞了一個輪子的換藥車，要到隔壁病房換藥。當那聲音接近他病房的時候，他用盡全身最後一口氣，大聲喊出：「救命啊！」

護士小姐聽到聲音，急急衝進他的病房。「祁中校，你怎麼了？怎麼臉色都發紫了？」

「趕快把我推回來。」他無力地叫著。

護士小姐用手輕輕一推，把他的身子推回椅背，他才緩了一口氣。護士小姐趕緊幫他拍拍背、揉揉胸口，把床邊急救用的氧氣罩套在他的臉上，他的一條命才算撿了回來。

另一次的瀕死經驗

「八一七」的夏天像烤箱，冬天像冰窖。冬天一到，木板搭建的病房，總有一些縫隙，刺骨的寒風冷咻咻地鑽進病房。

因爲不能調節體溫，一到冬天，祁六新的身體就像冰棍一樣，唯一的感覺器官在頭部，卻常常冷得頭痛不已。所以，一入夜，他得喝許多的熱開水，全身按摩，把頭、耳朵、脖子都包起來，再蓋上兩三床棉被，才能保暖。

平時，他睡覺時必須用約束帶把手腳綁起來，固定在床上，以防止手腳因為不自主神經反射而突然彈了起來。雖然手腳被綑綁，但是，肌肉痙攣抖動的時候，就像地震一樣釋放累積的能量，整個身體還是會產生劇烈震動。

有一天清晨，他請看護去買東西，給了死神再一次偷襲的機會。

他醒來，突然想要吃燒餅油條，他讓看護去幫忙買。雖然有了上次的恐怖經驗，但是，他想：「我現在躺在床上應該沒有問題，何況他只去個三五分鐘。」

他獨自一個人躺在床上，突然天花板一陣騷動，一隻老鼠「咚咚」地跑過。心裡被突來的聲響驚嚇了，身體對誘發的信號有了反應，手腳一陣痙攣，劇烈震動，被子一彈，蓋住了他的臉。冬天的被子又厚又重，一蒙住臉，簡直就不能呼吸。

「怎麼還不回來啊！」他蒙在被子裡，呼吸越來越難。

「我不能再動了，否則，再來一陣痙攣，把另一床被子也震到臉上，那我真是非悶死不可了。」他告訴自己：「要冷靜，要冷靜。」

時間一秒一秒地慢慢熬過去，那被角就像是死神巨大的手掌在祁六新的臉上逐漸加壓，他快承受不了了，似乎看到了生死之間的界線。

他內心甚是惶恐，但仍理智地告訴自己：「不要慌，要靜靜躺在床上。」

大約過了四、五分鐘時間，終於聽到開門聲。

「快來啊！幫我把被子掀開。」他大聲一吼。

看護趕緊幫他把被子掀開，才從死神手中把他拉回來。

「常說生死一線間、一瞬間、一念間，經過這兩次的死亡經歷，我才認清事實，我的生命是多麼脆弱！我每天都得跟死亡搏鬥，一個呼吸上不來就可能死掉了；一個被角蓋在臉上就可能窒息而亡，我這一生，事事都得依賴別人，別人的手指輕輕一撥，或是別人把被角一掀，就決定了我的生死，我還有什麼好神氣？我還有什麼指望？」祁六新說，「當時，我的信心徹底瓦解了。」

開始血尿

頸髓神經受傷的病人，因爲身體的自主神經失調，血管張力降低，橫隔膜、肋間肌的功能喪失，病人只能靠頭頸部的副肌肉群呼吸，因此，常有呼吸困難的現象。照顧病人的家屬或看護，必須隨時協助病人做胸部護理，輕叩及震動背部，使蓄積的痰液鬆動，而順利地由呼吸道排出。有時，家屬可以將手置於病人的肚臍、腹部上加壓，配合病人的呼吸運動，深呼吸再吐氣，如此，可增加病人的肺活量，並可以有效地清除呼吸道的分泌物，以減少肺炎的感染機率。

這些護理常識，對身體健康的人而言，或許不會太重視，對頸髓受傷的病患和家屬，卻必須了解並且學習。祁六新的傷，使家人必須從學習中慢慢摸索與適應照顧他的方式。

住到「八一七」沒多久，祁六新就發生血尿的現象。

當時，祁六新對自己的身體已不再那麼在意，不用心做復健，也不注意飲食、喝水。在三總時期，醫生曾經交代，每天必須喝三千西西的水，以幫助腎臟、膀胱、尿道的排尿功能，避免細菌的感染。

因爲祁六新無法自己解尿，排尿必須將尿袋綁在陰莖上，一開始家人不知道怎麼綁，綁鬆了，尿液會外洩，弄得床單濕淋淋的，整個房間都是尿騷味。綁緊了，陰莖紅腫、發炎、破皮，眞是令人傷腦筋。爲此，祁六新索性不喝水，免得老是爲了排尿的事情麻煩。

結果，一段時間不太喝水的祁六新，開始血尿，尿液排出來都是紅色的血腥液體。一尿血，他就覺得頭痛欲裂，像是針刺一般。

醫生爲他檢查，照膀胱鏡、靜脈腎盂攝影，發現他的膀胱壁變厚，已經感染細菌，趕緊爲他治療。

「祁中校，你以後要多喝水啊！否則，將來膀胱壞掉，要換人造膀胱。萬一影響到腎臟，還要洗腎，很麻煩的。」泌尿科李之微醫生愼重地告訴他。

祁六新心想：「躺在這裡已經夠可憐了，如果還要換人工膀胱，要洗腎，那不是更悲慘了嗎？」以後，他就聽話，乖乖喝水了。

褥瘡發生

除了血尿，褥瘡也開始發生。

因爲脊髓受傷，會造成身體的一些部位失去知覺與痛覺，而皮膚與肌肉在長期壓迫下，血液循環不良，容易發生壞死的現象，就是所謂的「褥瘡」。長期臥病的人，最怕的就是褥瘡，表面上看起來是一個小傷口，其實傷口底下可能是一大片爛肉，如果沒有即時挖除爛肉，淸理治療，容易引起敗血症，造成病人死亡。

祁六新因爲身體皮膚的感覺神經壞死，所以有了褥瘡也不知道痛。有一次，看護爲他拍打屁股做復健，發現一個小小褥瘡，趕緊通知護士小姐來敷藥。

「祁中校，您長褥瘡了，要特別注意喔！要注意翻身，身體的每一個部位還是要拍打、按摩，讓血液循環流暢。」護士小姐好心提醒他。

他卻沒好氣地回答：「褥瘡就褥瘡，怕什麼，反正又不會痛。」

「可是，一旦長了褥瘡，腐爛的部位擴散很快，到時候要花很長時間治療。」

「有什麼關係？大不了死掉算了。」祁六新愛理不理的。

後來褥瘡越來越大，只好挖掉爛肉，每天消毒、換藥、燈烤。

「祁中校，你不能這樣啊！有褥瘡還是要小心，要不然很快就會得敗血症。要是細菌侵蝕到骨頭，還得截肢，那就很慘了。」外科主任王篤行耐心地勸告他。

「哎呀！好人不長命啦！我爲國家、社會付出那麼多，又得到什麼？最後就是癱瘓、褥瘡、敗血症、還要截肢，我怎麼這麼倒楣、這麼可憐啊！」祁六新滿腹的牢騷，對著醫生、護士大吐苦水。

醫生、護士最怕遇到的就是這樣「不合作」的病人，不愛惜自己的身體，對治療、保健都不在意，等於是放棄自己了。而且憤世嫉俗，一見到人就是抱怨、發牢騷，冷嘲熱諷，很多醫療人員遇到這類病號，都盡量不去招惹爲妙。

王主任每次爲祁六新治療褥瘡，都得聽他倒「垃圾」，王主任總是耐心地聽他傾訴，跟他聊天。慢慢地，祁六新對這位醫生有了不一樣的看法，他覺得王主任很有愛心、耐心，也值得信任。漸漸地，祁六新和王主任培養出一種朋友情誼的醫病關係。

王主任並告訴祁媽媽和張瑞麒一些預防褥瘡的常識。

預防褥瘡要注意皮膚的清潔乾爽，可以多攝取蛋白質和維他命。最好是使用氣墊床，可使壓力分布平均，免得身體某一部位承受太大、太久的壓力，造成肌肉壞死。還有，坐在輪椅上，每隔一段時間要將他的身體撐起，如果無法撐起，也要讓身體重心移動，間歇減少壓力的集中。

雖然祁六新自己不在意，家人卻很注意。祁媽媽一聽需要氣墊床，二話不說，立刻去買。瑞麒在照顧他時，也特別注意爲他翻身、按摩、拍打和皮膚的清潔擦洗，以防止褥瘡再次發生。

用手摳大便

「上天要折磨一個人，不是讓他死，而是讓他身不由己，連排尿排便都不能自主。毫無人格、毫無尊嚴地任人擺佈，那滋味，眞是生不如死。」祁六新說。

受傷初期，因爲排便功能失調，所以每隔兩三天就要灌腸或使用瀉劑，刺激肛門，幫助排便。

每次灌腸，對祁六新來說都是一種羞辱與折磨，不僅毫無隱私，更因爲灌腸後造成的腹瀉，把整個病房弄得又髒又臭。看到妻子和母親默默地清理自己的排泄物，他就恨不得立刻死去，以免活著折磨自己，折磨家人。

後來，醫生告訴張瑞麒，「最好學習戴手套以手指伸到肛門摳大便，以免長期灌腸會造成肛門收縮功能喪失。」從此，張瑞麒開始學著爲祁六新摳大便。

剛開始，沒有經驗，也不知道如何摳，總是摳了半天，把肛門壁的血管都摳破了，一手是血，卻不見糞便出來。後來，慢慢摸索，終於掌握到竅門。

摳大便的時機，最好是飯後的半小時，開始先按摩腹部，順著大腸的走向按摩，然後再戴手套，以手指在肛門外括約肌做環狀刺激，再配合腹部加壓，使糞便可以順利掏出。

「其實，排便是一種舒適的生理活動，病人只要有心，都會找出屬於自己的排便訊號，不但使排便更自然，生活品質亦能提高。現在，我固定兩天排便一次，都是靠瑞麒幫我挖大便。有時，我的兒子、女兒也會幫忙。如果沒有這麼愛我的家人，我眞不知道自己的日子怎麼過下去。」祁六新說。

不須麻醉的植皮手術

在「八一七」醫院的前六年，可說是祁六新生命中最黑暗的一段時期，也是多災多難的一段時期。

那年冬天，天氣特別冷，因此，祁六新也沒法子常常洗澡。一個假日，出現了暖暖的冬陽，氣溫也稍稍回升，於是，他告訴妻子：「瑞麒，妳去護理站跟他們借個浴室，我想好好洗個澡，全身臭死了。」

澡。

於是，瑞麒去借了浴室，浴缸裡注滿熱水，在看護的協助下把祁六新放到浴缸洗澡。

祁六新在妻子的伺候下，徹底地洗了一個乾淨、舒服的澡。洗完澡，當瑞麒幫他擦乾身體時，抬到床上，才驚覺：「你的腳背怎麼起了那麼大一個水泡？」

「有嗎？我沒感覺啊！」祁六新根本沒有絲毫感覺。

原來，洗完澡時，熱水龍頭沒有關緊，滾燙的熱水一滴滴地落在他的腳背上，他沒有知覺，不知道痛，所以燙出了一個大水泡。

瑞麒趕緊找護士來爲他敷藥，隔幾天，傷口越來越深。

「祁中校，你燙傷的情形很嚴重，恐怕要植皮。」王主任說。

「我怎麼那麼命苦啊！一下子褥瘡要挖爛肉，一下子又燙傷要植皮。」一見到王主任，祁六新又不禁抱怨了。

安排好時間，將他送到三總去動手術。在手術室裡，不知情的護士要準備麻醉針，祁六新卻說：「不用麻醉，我根本就沒知覺，你們要割哪裡就割哪裡，不會痛的。」

「眞的嗎？」醫護人員不相信，拿著安全針東扎西扎，果然一點反應都沒有。

就這樣，他做了一場不用麻醉的植皮手術，祁六新當時的感覺很奇怪，在強烈的手術燈下，親眼看著醫生從自己大腿上割下一塊皮，血流出來，用紗布止血、敷藥、包紮，卻是不痛不癢，好像那一條腿不是自己的。

他這才明白，原來自己的神經已經壞死到這樣的地步，果然是沒有復原的希望了。

「我除了大便、小便、褥瘡、燙傷種種的麻煩、困擾，還有永無休止神經根的酸、麻、痛，如影隨形伴著我。我手臂的酸麻、刺痛，就像有千萬隻螞蟻在叮咬，那種痛苦眞不知如何形容，連打止痛針都沒用。經歷了這麼多年，我終於學會與疼痛共存，把它當成離不開的朋友，一痛起來我就轉移注意力，看報、看書和朋友聊天，不去抵抗它、排斥它，反而不覺得它是那麼可恨。有時，我把疼痛當成激勵我的老師，讓我學會更多的醫療知識。」祁六新帶著安慰自己，更有點無奈的口氣說。

六三水災

民國七十六年六月三日，台北地區發生「六三水災」。整個大台北地區都泡在水裡，成了一片水鄉澤國。「八一七」醫院因爲地勢低窪，水淹到了一層樓高，祁六新和其他幾位住院的病患被緊急移到博愛大樓二樓避難，也因此遊歷了一趟「人間地獄」。

淹大水的那一天，正是端午節，醫院大部分輕病患者都回家過節了，只有留守的醫護人員和少數幾個重症、癱瘓的病人還留在醫院，祁六新是其中之一。

端午節，母親和瑞麒在家裡忙著包粽子，做一些祁六新喜歡吃的菜，準備中午帶著孩子一起到醫院，陪著祁六新一起過節。

前一天夜裡，傾盆大雨就落個不停。因爲「八一七」是老式建築，地勢特別低，四周都是新蓋的建築，地勢較高，所以，「八一七」像是個小盆地，四周雨水全匯集到醫院裡。

當天清晨，雨越下越大，雨水越積越深，祁六新躺在床上，看著湍急的雨水流進病房，水位漸漸升高，看護人員趕緊將他的床鋪墊高。

病房外一片嘈雜聲響，聽到有人喊著：「水越淹越高了，怎麼辦？要趕緊將一樓的病患撤離到博愛大樓二樓。」

「打電話請警察局來幫忙，否則會來不及。」

房裡的積水已經有一尺多高，水流很急，看護們很緊張，寸步不離地守著祁六新，等候醫院的安排。沒多久，消防隊員到了，大夥兒一起將祁六新的床鋪整個抬起，搬到博愛大樓二樓。

中午，祁媽媽和張瑞麒趕到醫院，發現整個醫院泡在水裡了，無法進去。祁六新在病房裡不知是死是活，她們著急得不得了，站在醫院門口大喊：「祁六新，祁六新……」

「病人都已經移到二樓去了，很安全。你們先回去，等水退了再來。」聽到醫院裡有護士隔空喊話，祁媽媽和瑞麒才稍微安了心。

夜裡，祁六新和其他幾個重症病患被安排在一間大廳。雨聲淅瀝，長夜漫漫，不知何時天明，他覺得無聊，請看護推著他到各個病房看看。這一看，才知道什麼叫「人間地獄」。

悲慘世界

他到一個病房裡，看見一位久病臥床的老先生，屁股上長了褥瘡，哼哼哎哎地呻吟。醫生正好要爲他換藥，祁六新一時好奇，便留下來看。只見那紗布掀開，傷口一剪，天啊！那個洞就像個碗一樣大，裡面流著膿血。

醫生把褥瘡的爛肉挖掉後，將整瓶優碘直接倒進那血肉糢糊的大傷口消毒，包紮起來。病人呼天搶地地哀嚎，誰也無法幫他減輕痛楚。

「爲什麼倒整瓶優碘到傷口裡？」祁六新不解地問。

「沒見他傷口已經爛成那樣？不倒整瓶夠嗎？」護士小姐回答說。

祁六新心口一陣作嘔。他嚇壞了，警覺地告訴自己：「原來褥瘡那麼可怕，我不要像他那樣，太悲慘了，太嚇人了！」

祁六新又到其他癌症病房，看到有人鼻咽癌，鼻子都爛掉了；還有整個脖子長了一個球大的腫瘤；有吃檳榔的口腔癌，整個牙床、嘴巴都腫脹、潰爛；有的人是胃癌，四肢瘦如竹竿；有的腹水，肚子大如水桶……。

還有，中風、脊髓受傷的病人，因爲沒有做復健，所以全身關節都變形了，肌肉萎縮、關節硬化，整個人攣縮，像是鐘樓怪人一樣。

這次的「六三水災」，讓祁六新看到了人生最悲慘的一幕。看到那些可憐的人們受病魔的折磨、摧殘，如在地獄一般受苦受難、生不如死，眞的是慘不忍睹。

「唉！我自己受了傷，就自艾自怨、恨天怨地，其實，比我悲慘的人還多著呢！比上不足，比下有餘，至少我還沒那麼慘，爲什麼還不知足。」祁六新突然有所領悟。

父親病逝

「我這一生最後悔的事，是曾經對父親出言不遜，我頂撞父親沒多久，就發生了車禍，自此陷入一片愁雲慘霧中。這期間，我只想到自己的悲苦、不幸，沒有考慮家人的心傷與苦痛，尤其是父親。他是一個含蓄内斂的人，每次到醫院看我，總是對我說一些鼓勵、打氣的話，希望我重拾信心。我對父親有一份說不出的敬意，我也很想爲自己當年的年輕氣盛、傲慢無禮向父親道歉，但是，話到喉頭就哽咽了。父親彷彿知道我想說什麼，總是拍拍我的肩膀，告訴我，好好養病，什麼都不用說。

「直到那晚，突然接到母親的電話，說父親去世，我整個人愣住了。整個夜裡，眼前一再浮現父親的身影，淚水不斷自眼角湧出，我的歉疚，我的感恩，再也沒有機會說出口了……。」

民國七十六年，眞是台北多水患的一年，端午節剛來一個「六三水災」，光復節又來了「琳恩颱風」造成南港、松山地區淹大水。

光復節當天，一早，瑞麒就帶著兩個孩子先到醫院，祁媽媽則在家做些好吃的飯菜，準備一會兒跟祁爸爸到醫院陪祁六新一起過節。

沒想到，那天的雨下得實在太大，南港地區開始淹水，水勢來得又急又猛，沒多久就快淹到了一樓高。祁家因爲加蓋了二樓，被困在家裡的二老，準備爬鐵梯上二樓避難。祁爸爸年紀七十，身體又不太硬朗，在情急之下滑了一跤，雖然祁媽媽及時拉他一把，還是被水嗆了。

老年人不經摔，那一跤把祁爸爸摔出病來，又因爲嗆了水，一直高燒不退。臥病在床一個禮拜，祁爸爸就過世了。

因爲怕祁六新擔心，家人沒有告訴他父親跌倒生病的事，直到那天夜晚，祁六新接到母親打來的電話，說是父親去世了，他眞是嚇呆了。

「怎麼會?爸爸那麼好的人怎麼會就這樣走了?」

一整個夜裡，祁六新無法闔眼，從小到大，與父親相處的點點滴滴，如走馬燈一般在腦海打轉。父親一直是祁六新心目中的榜樣，雖然個性木訥，不善逢迎拍馬，但是他腳踏實地、苦幹實幹的精神卻深深影響著祁六新。即使，祁六新在事業一帆風順的時候，曾經頂撞過父親，但是，他的內心一直非常尊敬父親。

「如今，父親走了，誰來教導我一些待人處事的道理？誰能在我徬徨無助的時候指引我，給我安定的力量？……」想著想著，淚水浸濕了枕巾。

父親的告別式在第一殯儀館舉行，骨灰安放於台北縣中和圓通寺的國軍軍人靈骨塔。

當天，許多父親的同事、長官及祁六新的同學、朋友，都到場參加公祭，長子祁六新坐著輪椅參加告別式時，內心有著失怙的茫然與悲痛。

當見父親最後一面時，祁六新默默向父親祝禱：「爸爸，我是個不孝的兒子，這些年讓您傷心、牽掛了。您安心地走吧！我一定會好好振作，無論遇到什麼困難，都不會被擊倒，希望您的在天之靈可以安息。」

「樹欲靜而風不止，子欲養而親不待。社會有太多人跟我一樣，父母在時總不知道要珍惜、孝順，等到父母走了，再來懊惱、悲傷，都爲時已晚，後悔莫及。」祁六新悲慟地說。

吃香灰喝神水治病

爲了治療祁六新的傷，祁媽媽眞是煞費苦心。

當時，在三總治療時，醫院規定住院病人不能看中醫、吃中藥，祁媽媽總是利用空檔，帶著中醫師、氣功師父，僞裝成探病的親友，到病房爲祁六新把脈、針灸、推拿、發氣功。

她聽說雲南白藥的紅色小藥丸能治百病，她買了一大堆，餵祁六新吃下那救命「仙丹」；一聽說哪裡有偏方，都會買來熬成藥汁，偷偷帶進病房，讓祁六新喝下。

「媽，我不要再喝那些中藥了。」面對那又黑又濃又苦的藥汁，祁六新實在喝怕了。

「喝了吧！六新，良藥苦口，如果萬一有效呢？你不喝不是白白喪失了一次機會。」祁媽媽總是苦口婆心地勸他。

看到母親疲憊的臉龐，泛著血絲的眼眸，再苦再難喝，他都會勉強把藥喝下。

「我總覺得那一碗一碗的藥，是媽媽的心血、淚水，是媽媽的愛。爲了我的傷，媽媽耗盡積蓄，遍尋名醫。信仰天主的她，爲了治我的傷，也亂了方寸，到處求神問卜，爲我消災解厄。面對我這樣一個殘廢，沒有用的孩子，媽媽還是這麼疼我、愛護我、照顧我，這份恩情，我就是幾輩子也報答不盡啊！如果沒有媽媽和瑞麒這樣無怨無悔的愛心，我眞的不知道日子該怎麼過下去。」祁六新說著，紅了眼眶。

後來，祁六新轉到「八一七」療養醫院，祁媽媽更積極尋求祕方。不只是正統的中醫治療，連道教的神醫治療、民俗療法都一一嘗試。

雖然祁六新自己本身接受過高等教育，又是學科學的，但是，在西醫束手無策，又「求好心切」的心境下，他也只能將死馬當活馬醫，期待不可思議的「奇蹟」出現。所以，從他出事不久，他的枕頭底下就有符咒壓床，以免惡鬼再來糾纏。

有一回，祁媽媽聽人說內湖有一個「兔神」，治過無數的疑難雜症，祁媽媽就趕緊到內湖求「兔神」救治祁六新。「兔神」原本是不「出診」的，只是見到祁媽媽的虔誠，不斷磕頭跪拜，其心可憫，決定到醫院爲祁六新治病。

「兔神」是一個小女孩，不會說話，有什麼情況均由女孩的媽媽代言。「兔神」說祁六新不是「因果病」，所以能治癒，讓祁媽媽每天到神壇去求「神水」給祁六新喝。祁六新果然老老實實地喝「神水」，喝了半年，不見起色，才放棄不喝。

這期間，祁媽媽又找來道士到醫院作法驅鬼，道士左手搖著鈴，右手拿著桃木劍在病房裡又跳又舞，然後燒了香灰調水讓祁六新喝，祁六新也照喝不誤。

又聽說有陰陽眼的，會通靈，只要聽說哪裡有神力可以治病，祁媽媽就會去請來。

只要有一點希望，都不願意放棄。

嘗試各種民俗療法

除了神醫，祁六新還試過各式各樣的民俗療法。

有人說，田螺泡沫可以治病。祁媽媽到處請人去田裡溝邊找，找來的田螺養在水裡，等牠吐出泡沫，再將泡沫收集起來，讓祁六新和水喝下。

又聽說，野生泥鰍的唾液可以治病。祁媽媽又託人到處抓野生泥鰍，將泥鰍抓來，用米酒悶暈，等泥鰍口吐白沫，又是將這些白沫調米酒讓祁六新喝下。

當時，祁六新也想反正自己是「死馬當活馬醫」，所以母親怎麼弄，他就怎麼吃。

有一次是用黃土炒蔥、蒜、辣椒，趁熱敷肚臍，用紗布蓋住。他也乖乖敷了七十二小時，結果黃土取下來，肚皮都燙爛了。

此外，針灸、拔罐、推拿、氣功、整椎、泡草藥浴、用藥膏封住全身七十二個穴道，什麼方法都試過了。無數的藥丸、無數噁心的偏方，他都吃下；無數奇怪的療法，他也都嘗試過。無非是感動於母親的愛心，當然也希望自己能好起來。

除了神道療法、民俗療法，祁六新還請過「碟仙」。那是同住院的一個病人告訴他的，或許可以請「碟仙」來告訴他要的答案。

於是，半夜十二點，祁六新在病房裡點滿了白色蠟燭，在燈光忽明忽滅、神祕、陰森、詭異的氣氛中，將「碟仙」請來了，「碟仙」指示祁六新，他的病會好，幾年之後就能站起來。

結果，十八年過去了，祁六新依舊坐在輪椅上。

「現在我才明白，什麼叫『病急亂投醫』。在正規的醫療機制裡，當我的病情沒有進步，而西醫又已宣布病情穩定、終止治療，找不到答案時，家人一聽到哪裡有祖傳秘方，哪裡有民俗療法，哪裡有仙術神丹，就會帶著一絲希望去尋找。當初的那些神道治療、民俗療法，甚至玩碟仙，現在回想起來，眞是荒謬至極。可是，在當時那種無助、無望、無力的心境下，任何的神奇療法，都是溺水者的一根稻草，緊緊抓住它，儘管不能救命，至少可以安心。但是，等所有的偏方都試過了，金錢耗殆、苦頭嘗盡，還是得接受現實，回到原點，接受復健治療。」

「朱明清旋風」

民國七十八年八月，許多民衆從電視中看到大陸中醫師朱明清在美國治療中風癱瘓的報導，認爲可能爲癱瘓臥床的病患提供痊癒的生機。

同年九月，朱明清應中華民國紅十字會邀請來台，立即在國內造成一股「朱明清旋風」，病患和家屬蜂擁而至，要求他進行馳名世界的頭皮針治療。

祁六新躬逢其盛，祁媽媽當然不會放過這千載難逢的機會，她排了十幾個小時的隊，終於為祁六新掛了號，安排在朱醫師投宿的飯店接受治療。

祁六新雖然多次從滿懷希望中遭受失望與挫敗，但是，這次的新聞報導很大，又是比較有醫學根據的治療，他內心重新燃起希望：「難道眞是上天派他來救我的？」

那天下午，祁媽媽準備好救護車，並向醫院商借幾位服役的阿兵哥幫忙，將祁六新送到朱醫師下榻的飯店。一到飯店，哇！人山人海，都是來求醫看診的，原來重病癱瘓的人這麼多。

幾個阿兵哥幫忙將祁六新抬到朱明清的房間，朱醫師為祁六新把脈、按摩，然後叫人把祁六新架起，讓他直立起來。朱醫師站在椅子上，在祁六新頭皮扎進十三根銀針，然後開始捻針。「好，三天之後再來拔針。」

在那捻針的當下，祁六新感覺身上有一股熱熱的電流，所以，內心充滿希望。帶著十三根頭皮針回到醫院，祁六新很興奮，他相信自己一定會好。

「媽，瑞麒，我就要好起來了，這幾年眞是辛苦妳們了，等我病好了，我一定好好報答妳們。」他高興地對母親和妻子說。

三天後，祁六新又來找朱醫師，拔掉針之後，身體依然一點感覺都沒有。朱醫師也很坦白地說：「頭皮針對腦血管阻塞的中風病患，有極高的治癒療效，但是對脊髓神經受傷，或腦神經受傷造成的癱瘓，有多少療效就不能肯定了。」

「朱明清旋風」來了，挑起祁六新無比的信心；旋風離開之後，祁六新依然坐著輪椅，肩膀以下還是沒有知覺。他又再次從希望的雲端，跌落到失望的谷底。

「沒關係，要有信心，一定有希望的。」祁媽媽總是這樣鼓勵兒子，也不放棄尋找神醫和偏方。

面對極大的羞辱

旋風過後，祁六新消沉過一陣子，祁媽媽又爲他找來一位老中醫。

老中醫七十多歲，臉色紅潤，說起話來中氣十足，氣勢上很能讓人信服。

「什麼病我沒治過，你這點傷還是小意思，不算什麼。沒問題，只要按時服用我的藥，保證你一定能跑能跳。」

祁六新見老中醫信心滿滿，他又燃起一絲希望。老醫師看診費用非常貴，一次出診要六千元，再配上他的藥粉，大概都要八、九千。兩天看診一次，一個月下來花掉十幾萬。十幾年前的十幾萬，不是一筆小數目，但是，爲了病能好，祁媽媽和瑞麒還是咬著牙，讓老中醫來治病。兩三個月下來，原本準備買房子的積蓄很快就耗盡了。

祁六新問家人：「妳們看看我有沒有好一點？」祁媽媽和瑞麒東看西看，除了臉浮腫了一點，看不出有什麼大變化。

有一天，祁六新跟老中醫抱怨，怎麼都沒什麼起色。老中醫一聽，惱羞成怒：「你不相信我是不是？如果不相信就算了，我也不想幫你了。」

祁六新被他的氣勢震住了，忍氣吞聲，趕緊道歉：「對不起啦！我不是不相信你。」

「想好，就要相信我，繼續吃藥一定會好。」老中醫訓斥他。「是你運氣好，遇到我這個貴人，要不然你就得一輩子癱著。」

祁六新一聽，又繼續乖乖吃藥。又一個月過去，還是沒什麼感覺。瑞麒告訴祁六新：「我們的錢都花完了，也不見有什麼起色，他會不會是騙人的。」

那一天，老中醫又來看診，剛好張瑞麒也在，他打量一下張瑞麒，問祁六新：「她是你什麼人？」「我太太。」祁六新說。

看診完，祁六新鼓起勇氣跟老中醫商量：「醫生啊！我這樣看了三四個月，錢都花完了，我是軍人，薪水又不高，實在是沒有辦法啊！」

「哪有看病不付錢的，想好當然得花錢。」

「我知道啊！只是，我們眞的沒錢了，您可不可以打個折扣？」祁六新低聲下氣地求他。

「沒錢？」老中醫很不屑地看了祁六新一眼。「沒錢，不會叫你太太去賺啊！」

「我太太有工作啊！可是她在公家機關服務，收入也不高啊！」

「收入不高。」老中醫又看了張瑞麒一眼：「妳太太長得不錯啊！不會叫她去賣啊！」

祁六新一聽，悲憤交集、怒火中燒，大聲吼著：「滾！你給我滾！我就是寧願死，也不願意接受這種羞辱，滾……」

趕走老中醫之後，祁六新徹底絕望了，也從絕望中清醒過來。他告訴母親和妻子：「從今以後，妳們再也不要幫我找醫生、找偏方，我知道自己沒有痊癒的希望，我只能靠復健了。」

「人最大的悲哀，就是因爲自己的病、自己的傷，讓家人受累、受委屈、受侮辱。所以，每次我看見那些飆車，拿自己生命開玩笑的年輕人，心中都十分沉痛。他們自以爲年輕，沒什麼不可以，但是，萬一有一天，意外發生了，傷心、受累的是他的家人。難道，他願意他的家人，爲了他的傷，去做她們不想做、不願做、不能做的事？那是多麼可憐、可悲啊！」祁六新說。

今生無悔

自從嫁給祁六新，張瑞麒就不曾對這樁婚姻後悔過。軍人之妻，早已習慣了聚少離多的日子，連懷孕生產時丈夫都無法陪伴在旁，必須獨自奮戰，換成是別的女人，肯定會有所怨言，但是張瑞麒始終是默默承擔。

祁六新受傷時，張瑞麒才三十一歲，年輕的生命就此陷入無止盡的操勞與磨難中。祁六新重傷癱瘓，她隨伺在旁為他餵食、洗澡、甚至用手為他摳大便，長期下來，她的手關節都纖維化了，但是，她忍著痛，還是盡她做妻子的責任，無怨無悔。她對祁六新深情不移，總以同情和諒解來化解祁六新的無理與折磨。

親人、朋友不忍見張瑞麒受苦，都勸她說：「妳不會眞的跟他一輩子吧？妳要知道，這不但是守寡，而且是『守活寡』耶！」「離婚吧！守著一個沒有希望的人，有什麼意義？妳還年輕，應該找尋自己的幸福。」張瑞麒聽了，總是苦笑：「他已經夠可憐了，如果連我都不要他，他一定活不下去。」

「可是，他脾氣那麼壞，一點也不心疼妳為他的犧牲，一點也不感激妳對他的照顧，這樣的人，有什麼值得同情？」

「他是個病人，心情當然不好。何況過去，他那麼傑出、優秀，如今全身癱瘓、一籌莫展，所有的理想、抱負都破滅了，難怪他傷心、怨恨、發脾氣。我一個正常人怎麼跟他計較呢？想想他的苦，也就不忍心再責怪他了。」

善良的瑞麒，總想著六新的苦，想著六新的無奈，想著六新的悲慘境遇。她無法只考慮自己的幸福、快樂，而眼睜睜地看他在黑暗中，無人拉拔、扶持。

有時，在醫院裡，祁六新亂發脾氣，用惡毒的字眼罵她、趕她、羞辱她，她驚慌、害怕、傷心，回到家裡暗自流淚。心想：「不理你了，再也不要去看你了。」

第二天下班，她又不由自主地搭車到醫院。

張瑞麒，注定是祁六新的妻子，才能有如此的度量忍受著一切孤單、痛苦、傷心與折磨。

祁六新，注定是張瑞麒的丈夫，才能有那樣的福分承受著她的寬容、諒解、呵護與關愛。

是人還是魔鬼？

身心備受煎熬的祁六新，變得情緒不穩定，常常動不動就發脾氣。再加上被人羞辱，他更是怒火難熄。他的怨、他的恨、他的怒氣無處傾吐，當然就往最親的人身上發洩。

● 家人的關心與照顧是支持祁六新走過黑暗幽谷的力量。圖左為妻子張瑞麒，圖右為張瑞麒的雙胞胎妹妹張瑞麟。（照片提供：祁六新）

每次瑞麒來照顧他，他常常動不動就破口大罵。有時，還會把母親辛辛苦苦做的飯菜，全掃到地上。對來探望他的孩子，也是又吼又罵。嚇得孩子們跟著瑞麒到醫院時都戰戰兢兢，不敢亂說話，一句話說錯，可就是一頓責罵、罰跪，甚至被吐口水。

祁六新手不能動，無法打人。因此，每次他一生氣，就叫兩個孩子跪在他面前聽訓，暴怒未息，恨意難消時，他就朝孩子臉上吐口水，吐得兩個孩子滿頭滿臉。瑞麒看了心疼，勸他兩句，換來的是更大的憤怒，罵聲震天，幾乎驚動了整個護理站。

剛開始，醫護人員會來勸說，但是，他誰也不甩，甚至把護理人員也罵跑了，弄得全醫院的人都頭痛，卻沒有人敢管他的「家務事」。

面對丈夫的無理取鬧，瑞麒很難受，卻不知如何應對。回他兩句，他更生氣，罵得更凶，乾脆來個充耳不聞，這樣也不行。

「妳是死人啊！我跟妳說話妳聽到沒有？還是啞吧，不會說話？我是妳丈夫，聽到沒有，妳連跟我說句話都不願意啊！妳是不是嫌棄我殘廢，沒有用？妳說話啊！……」

每次看到瑞麒蹲在地上，撿拾被他翻倒的飯菜、打破的碗盤，他既煩躁又生氣：「妳滾開，別像小媳婦一樣，好像我在虐待妳，妳裝那麼可憐給誰看哪？」

瑞麒總是咬著唇，淚水往肚子裡吞，他是病人，她不想跟他吵，尤其在孩子面前。每次，瑞麒帶著兩個孩子一走出病房，委屈的淚水就不禁簌簌而下，她感傷自己，更心疼孩子。

「媽媽，爸爸像精神病一樣，我以後不要再到醫院了。」女兒小寶抗議地說。

「小寶，不可以這樣說爸爸，爸爸受傷，心情不好才會這樣。」她總是勸慰小寶。

「爸爸吐口水，臭死了，臭死了。」兒子小凱比較憨厚，沒什麼怨言，只是不斷擦著臉。

瑞麒拿出濕紙巾幫小凱擦臉：「剛剛你怎麼不擦呢？」

「我不敢，怕爸爸更生氣。」小凱天眞地望著瑞麒：「爸爸好可怕喔！」

「小凱乖，我們要原諒爸爸，爸爸是個病人，很可憐的。我們以後到醫院，要儘量聽話，不要讓爸爸生氣。」瑞麒摸摸小凱的臉頰，特別心疼他。小凱一歲多，祁六新就出車禍，這孩子幾乎沒有享受過父愛，如今，面對的卻是坐在輪椅上，暴戾、恐怖的父親。

有幾次，小寶小凱嚇得不敢到醫院，祁六新見瑞麒自己來，自然又不高興：「小寶小凱呢？怎麼又沒來？」

「他們要考試，在家裡溫習功課。」瑞麒爲孩子掩護。

祁六新一聽，立刻火冒三丈：「混蛋，是考試重要還是我這個爸爸重要？叫他們馬上給我到醫院來，要不然我就立刻坐救護車回去，我要鬧得我們全光華新村都知道這對惡子惡女，我要讓你們全都活不下去。」

「求求你！不要這個樣子好不好，孩子眞的會被你嚇壞了。明天我就帶他們來看你，行不行？」瑞麒恐懼、痛苦又無奈，只能好言相勸，讓他的怒氣平息。

瑞麒的委屈，家人都知道，尤其是瑞麒的父親，更心疼女兒的不幸遭遇。不禁勸女兒：

「妳這麼盡心盡力地照顧六新，他還對妳百般羞辱，我看妳可以考慮跟他離婚算了，何必你們兩個都過得那麼痛苦？」

「他是因爲受傷心情不好才會亂發脾氣，我想，過些日子他會調適過來的。」

「過些日子？如果妳現在不離開他，再繼續這樣拖下去，我看妳恐怕等不到那一天。」

儘管家人、朋友都這樣勸她，她還是不忍，不忍心爲了自己的幸福，而放下祁六新，眼睜睜地看著他陷入絕望，甚至步向死亡。

瑞麒知道，祁六新如此折磨家人，是因爲他心裡苦，有苦說不出，無處發洩，只好對最親近的人宣洩。

確實，祁六新折磨別人，最大的折磨還是自己。每當看著妻子帶著兩個孩子驚慌、落寞地離去，他就後悔了，心如刀割，暗自傷心落淚。

「我是魔鬼嗎？為什麼對自己的妻子、孩子這樣百般折磨？」

但是，他始終無法控制自己的情緒，像是心裡裝滿了炸藥，一個不留神，擦槍走火，就可能又爆炸起來。

有一次，瑞麒到醫院陪他，他不知為什麼又生氣了，還叫看護幫他推輪椅撞瑞麒，嚇得瑞麒奪門而出。祁六新怒氣未消，竟追到病房外又吼又叫。

「張瑞麒，妳這個狠心的女人，妳要跑到哪裡？我是妳丈夫，妳難道不要我了嗎？妳給我回來……」

護理站的人都看著他們，誰也不敢勸架，張瑞麒怕祁六新吵得整個醫院雞犬不寧，只好乖乖回到病房，任由他吼，任由他罵。

「我那一段時間，真的跟魔鬼一樣，陰晴不定、喜怒無常，誰也不敢惹我。真不知道瑞麒是怎麼捱過那段歲月的，她怎麼能有那麼大的度量與耐性，忍受我、包容我。我常想，如果今天換成是瑞麒受傷，我會有那麼大的耐心陪伴她、照顧她嗎？如果她也像我當年一樣，發瘋地虐待人，我能忍受、堅持下去嗎？」祁六新流著眼淚、捫心感動地說：「我真的很感謝老天，讓我娶到這麼一個善良、賢慧的好妻子。不論今生、來生，瑞麒都是我永遠的『唯一』。」

電話騷擾

遭受傷殘的煎熬與折磨，祁六新變得喜怒無常、難以捉摸，內心更是充滿了怨恨、忌妒、猜疑、……。一會兒感念妻子的辛勞，忽而又翻臉無情，無端地責難妻子，眞是「晴時多雲偶陣雨」。這樣的日子，往後不知道還要持續多久，賢淑的瑞麒暗吞淚水，別無他法，只有祈求上蒼的憐憫，讓六新的心境能早日平靜下來。

祁六新心智近乎變態，他一方面傷害妻子，一方面又深怕妻子會離開他，當恐懼、不安佔滿心時，他又開始做一些失去理智的事。

每天，天一亮，算準張瑞麒上班時間，他就開始電話「請安」。剛開始一天一通，後來一天五、六通，甚至十幾通，搞得張瑞麒不能安心工作，主管也對她有了意見。

沒有辦法，瑞麒只好請同事幫她擋電話，每次祁六新打電話來，都說「不在」、「在開會」、「正忙，不方便接電話。」如此一來，祁六新更生氣，覺得張瑞麒是故意躲他，不接電話。

張瑞麒一下班到醫院，又給了祁六新發脾氣的機會。

「你不要這樣嘛！你每天打那麼多通電話給我，不但會影響我工作，我們主管也會不高興。」瑞麒耐心向他解釋。

「妳上班就很了不起是不是?我連打電話跟妳請安都不行嗎?」他聽不進去，只是一味地發火、罵人。

有時祁六新打去，是男同事接的電話，祁六新心裡開始忐忑不安。「張瑞麒是不是在外面交男朋友，是不是不要我了?」

瑞麒一到醫院，祁六新就開始質問：「說，接電話的男人是誰?妳是不是有男人了?」

「你不要胡說八道好不好，那是同事啊!」張瑞麒實在被他鬧煩了，忍不住回他，「你這樣神經兮兮，疑神疑鬼，誰受得了?」

瑞麒一回嘴，更不得了，祁六新撂下狠話：「張瑞麒，我告訴妳，妳不要把我逼急了，眞把我逼急了，大家就來個同歸於盡。反正，我不要活了，你們誰也別想活。」

每天應付祁六新的胡攪蠻纏，張瑞麒眞是一點辦法都沒有。

每次，深夜離開醫院，拖著疲憊的身子回家，望著黑夜的星空，她心中便會升起無限的悲哀：「這就是我的命運嗎?我做錯什麼嗎?爲什麼上天這樣待我?」

有時，她傷心又生氣，心想：「不要理他了，他已經瘋了，無藥可救了，再也不要去看他了。」

可是，一下班，又不忍心了。「他也實在夠可憐了。」想著祁六新的可憐，張瑞麒腳步不自覺又往醫院來了。

「瑞麒不理我了！」

七十九年的五月一日勞動節，放假在家的張瑞麒，趁機打掃好久沒有時間整理的內外環境。煮好晚飯後，瑞麒帶著小寶小凱到醫院，準備與祁六新共進晚餐。

那天，祁六新不知怎麼地，心情特別煩躁，見到妻子、孩子來了，並沒有特別開心。孩子見到他，也像見到鬼一樣，畏畏縮縮地坐在一旁。

「你們是死人哪！不會過來抱抱我啊！我是你們的爸爸呀！你們幹什麼裝出一副見到鬼的模樣？」

祁六新一吼，兩個孩子唯唯諾諾地走了過去，很生硬地抱抱他。

「怎麼樣？考試成績好不好？」

兒子女兒坐在一邊嚇得不敢講話，祁六新見他們相應不理，又生氣了：「啞吧啊？我在問你們話，爲什麼不回答？」

「爸爸，你不要這樣嘛！你每次都這樣，誰還敢來看你啊！」已經讀國中的小寶，比較有個性，她終於忍不住說出心中的不滿。

祁六新聽女兒這麼說，更加生氣：「怎麼？妳還敢頂嘴，你們這些不孝的孩子，還不給我跪下。」

乖巧聽話的小凱，一聽爸爸發吼，立刻跪到爸爸面前。他也學姊姊講了一句：「爸爸，你不要這樣嘛！你每次都這樣，還有誰敢來看你。」

「連你這個小混蛋也敢頂嘴，你眼裡還有我這個爸爸嗎？」祁六新開始又罵人、又吐口水，小凱不敢再回嘴，只好裝出一副白痴的模樣，做無言的抗議。

見到兒子的傻模樣，他更生氣了。「小凱，你幹麼？裝得跟白痴一樣，跟死人一樣，你這個小王八蛋……」祁六新已經瘋了，陷入歇斯底里，「你要裝白痴是不是？好，我就讓你做個眞正的白痴。」

「小寶，拿牙膏來，把牙膏擠到妳弟弟的嘴裡。」

小寶見爸爸抓狂了，不敢再違抗他的命令，只好去拿牙膏，擠到小凱的嘴上。

這時，瑞麒實在忍不住了，她搶走小寶手上的牙膏，怒斥著：「祁六新，你這是幹什麼？你眞的要把孩子嚇得不敢來才高興嗎？你不要把自己的挫折，發洩在孩子身上，他們已經夠可憐了。」瑞麒抱著兒子，心疼不已。

「可憐？誰可憐啊？可憐的是我啊！」祁六新發瘋似地狂吼。

「爸爸，你不要這樣啦！再這樣，你過你自己的，我們全家人都不要理你了。」小寶見父親那憎惡的嘴臉，忍不住又頂了一句。

「你說什麼？混蛋！不孝女，妳也給我跪下。」小寶一跪下，祁六新又開始吐口水。

瑞麒見他鬧得沒完沒了，於是按捺心中的怒氣，好言相勸：「好了啦！不要生氣了啦！讓他們起來，你也該吃飯了。」說著，將飯菜擺到他輪椅前的小桌面上。

「誰敢叫他們起來，我就跟誰拚了。你們看我癱了，好欺負是不是？沒關係，反正我也不想活了，乾脆大家同歸於盡。」說著，把瑞麒擺好的飯菜都掃倒地上。

瑞麒見他又把飯弄翻了，不再說話，只是低下身去收拾散亂一地的菜餚。

「張瑞麒啊！妳是個最不要臉的女人，都是妳教出來的好孩子，才敢這樣頂撞我。」祁六新已完全喪失理智。

「每次打電話到妳公司，都是男人接電話，說，那些人是不是妳的相好？你這個賤女人，不要臉的女人，難道沒有男人，你就活不下去了？滾，你們這些惡魔、王八蛋，別在這裡裝模作樣，滾，滾，我不要再見到妳，我要跟妳離婚。來人啊！把這些王八蛋給我趕走，我不要再見到他們……」祁六新瘋了，眞正瘋了。

這次，祁六新鬧得實在太厲害了，鬧得病房外全是圍觀的人，大家莫不竊竊私語、搖頭嘆氣。

「祁太太，他在氣頭上，妳先帶孩子回去吧！這裡我們來收拾就好了。」好心的護士勸瑞麒先離開。

瑞麒只好牽著兩個孩子的手，準備離去。離去時，她冷冷靜靜地告訴他：「祁六新，是你趕我們走的，希望你不要後悔。」說完，她就帶著孩子離開了。

原先，祁六新以爲，會像以前一樣，吼吼罵罵，過兩天妻子又會乖乖到醫院來。沒想到，隔了一個禮拜，沒見瑞麒來。祁六新著急了，打電話回家，也沒人接電話。

沒有太太的日子

失去瑞麒，他整個生活步調亂了，沒有人爲他摳大便，只好灌腸，一灌腸就是腹瀉，拉得滿褲子、床單又臭又髒。

那一陣子的祁六新心慌意亂，心裡只想著：「瑞麒、瑞麒，只要瑞麒願意回來，我一定好好待她，再也不發脾氣了。還有小寶、小凱，你們是爸爸的乖孩子，怎麼能丟下爸爸不管呢？」

失意、消沉的祁六新，像鬼一樣，蓬頭垢面，滿臉鬍鬚渣子，眼神流露凶光，見了誰都恨，恨不得有人過來讓他狠狠地咬上一口。

母親還是會來看他，幫他打理，祁六新總想透過母親去勸說妻子。

「媽，妳去看過瑞麒了嗎？她怎麼說？還是不來看我？她眞的不要我了？」一見到母親，祁六新劈頭就問。

「瑞麒那樣照顧你，你卻一直傷害她，難怪人家傷心，不理你。我去勸過她了，她不來，我也沒辦法。」母親嘆了口氣：「這麼好的妻子都被你氣跑了，看你以後的生活怎麼辦？」

「不會的，瑞麒是愛我的，不會不理我。」祁六新安慰自己說：「媽，妳再去，去跟她說我現在很可憐，很慘，已經快死了，她心腸很好，一定會來看我，不會忍心丟下我的。」

「唉！早知如此，何必當初呢？你眞是自作孽啊！弄得老婆、孩子都怕你……」

「媽，不要說了，妳快去，快去……」說著，祁六新又急又吼。

祁媽媽離開後，祁六新心慌了。

「怎麼辦？瑞麒要是眞的不理我，我該怎麼辦啊！難道，我就要家破人亡了嗎？」

一陣寒意襲上心頭。

「每一個受傷的人，都覺得自己最可憐，最該被同情、被照顧，他所做的一切不理性的事，卻該無條件地被寬恕，因爲他是病人，他最大。其實，病人的家屬所承受的壓力、委屈、傷害，一點也不少於病人，只是他們不忍說、不願說，不敢抱怨，不想計較。」祁六新深深反省。

「其實，對自己的家人發脾氣是非常殘忍的，因爲你的家人所受的委屈又該向誰傾吐呢？我看到演藝人員趙學煌在大陸受傷的新聞，他現在的心境也一定是徬徨、無助，他的滿腹委屈和憤怒，也只敢對他的妻子宣洩。很慶幸的是，他也有個好妻子，能夠包容他、體諒他，願意陪他走過苦難。」祁六新心有所感。

咬舌自盡

三個禮拜過去，沒見張瑞麒的身影，祁六新絕望了，他想：「張瑞麒眞的不要我了，孩子也不理我，我活在這世界還有什麼意思。」

失去瑞麒和孩子，他徬徨無措，眞不知道活著有什麼的意義。

「如果我死了，對大家都是一種解脫。」

「死」，這個念頭一直在他腦海中盤旋，只是，自己全身癱瘓，連自殺的能力都沒有，怎麼死呢？他想到吃安眠藥，於是騙護士說睡不著，把每天的安眠藥積存起來，到一定的數量，再叫看護餵他吃下。

當看護的阿兵哥，誰也不敢餵他吃藥。

「我眞是可悲啊！連想自殺都自殺不了。世界上還有人比我更可憐的嗎？」

那一天，他口述，請看護代筆，寫了一封信給瑞麒和女兒、兒子。信中寫道：

親愛的瑞麒、傳蕙、傳凱：

我只不過想多一點時間與你們相處，我只不過想把一些不能想透的事情，藉著你們來抒發一些別人不能代替的感傷情懷。

或許，我的表達方式太過激烈；或許我過於大男人主義，沒有給你們適當的尊重；或許我沒有站在你們的立場，替你們著想，引起你們的反感；或許我真的對不起你們，……。

但是，萬般皆是命，半點不由人；我也不願意受傷，在了無生趣、情非得已的狀況下，我只有近乎瘋狂地復健，期望能早日康復；我爭取退休俸，期能在我死後，安定你們的生活。

假如，我是一個正常人，一些不滿、不如意的事情，都可以藉由親情、藉由工作、藉由娛樂來化解。但是我呢！我有正常人的一切慾望，但我卻沒有正常人的辦法與能力。

而你們是我最親近的人，我的一切痛苦只有向你們宣洩。

表面上看起來我是很堅強，事實上，內心深處卻是那麼的脆弱。

其實，我知道你們為了我承受許多的苦，尤其是瑞麒，為了我，忍受著旁人對妳的歧異眼光，妳委屈、悲傷的淚水只能往肚裡吞。我也想，好好地表達我對你們的愛、關心和感激，但是，我是一個自尊心強、好面子的男人，不知如何表現出温柔的一面。個性又是如此倔強，才會常常控制不住自己的情緒，對你們做出無理的傷害。

每次望著你們傷心、失望地離去，我心如刀割，後悔、自責，恨自己、罵自己。夜深人靜時，我無法成眠，腦海裡淨是你們飽受委屈、驚嚇的面容。我多麼愛你們，多麼希望你們幸福，但是，我給予你們的卻是無盡的折磨，苦澀的淚水。

親愛的瑞麒、傳蕙、傳凱，如果可以，我願意死去，以解脫你們的負擔；我願意孤獨一生，讓你們重新尋找幸福。只求能够獲得你們的寬恕與諒解。

春蠶到死絲方盡，蠟炬成灰淚始乾。

滿懷感傷，無語問蒼天。誰能告訴我答案？

敬祝

安康

深愛你們的　六新敬上

七十九、五、二十三

信寄出之後，他的心反而平靜了，沒有什麼牽掛了。

當天夜裡，躺在幽黯的床上，望著天花板，瞻前思後，想著自己的悲慘際遇，眞是不勝唏噓！這人生，確實沒什麼好留戀的了，死吧！一個念頭閃過：「咬舌自盡。」

對，這是唯一可以結束自己生命的方法。「再見了，我親愛的家人；永別了，這個不值得留戀的人世……」

他閉上眼睛，心中暗想著：當一口咬下舌頭，一定會一陣劇痛伴隨腥濃的鮮血，自嘴角汩汩流出，鮮血流過頸間，沾濕衣襟。然後，神智逐漸模糊，在昏暗迷濛的不遠處，死神揮舞地招手，那飄忽的身體，將不由自主地迎向那一團黑霧之中。

想著想著，他下定決心，把舌頭伸出，狠狠地用力咬下……。

第三章

懵懂少年時

我很感激父親在我成長過程中給我的鼓勵與支持，
並且尊重我的決定，
使我今天可以做一個對自己負責的男人。

懵懂少年時

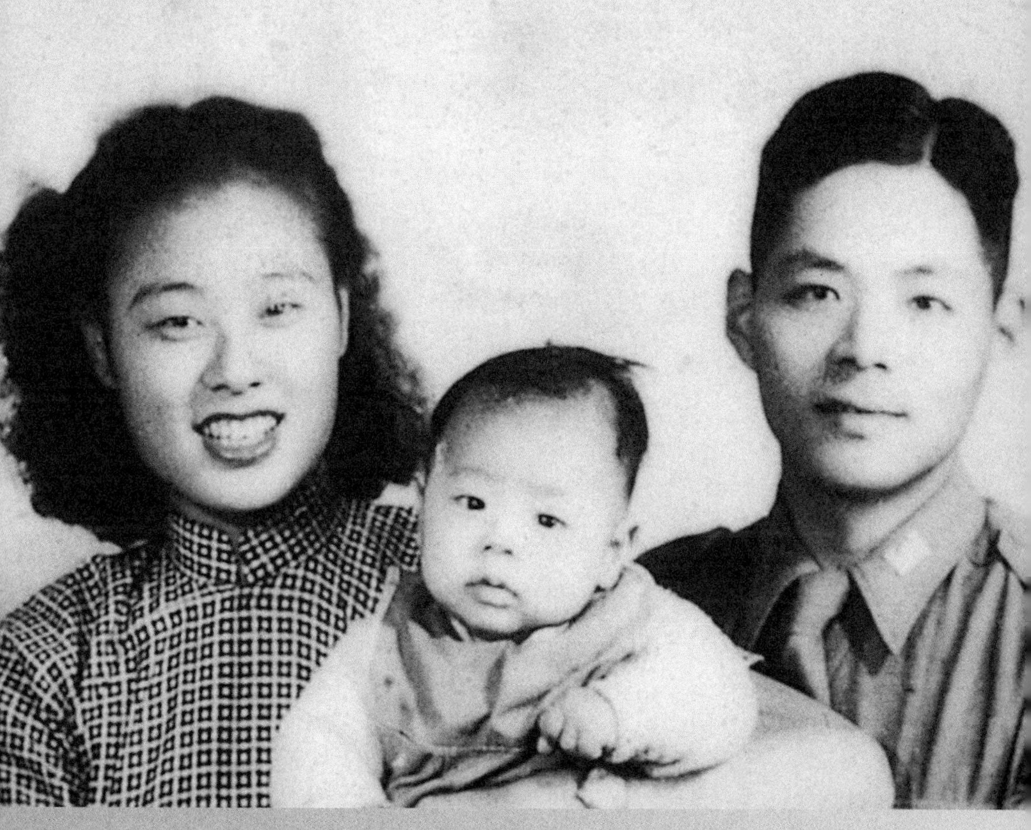

●祁六新（圖中）是祁孝賓（圖右）與王月如（圖左）愛的結晶。（照片提供：祁六新）

民國三十九年七月十七日。那是一個炎熱的盛夏，天空中沒有一絲雲影，炙熱的陽光赤辣辣地照在地面上，塵土中泛著一層薄薄的七彩油光。

這天一早，王月如就感到身子不對勁，腰酸得特別厲害，肚子也不時一陣陣地痛。「孩子可能這一兩天要出世了，最好能等到孩子的父親出差回來。」王月如心裡想著。

新竹臨時搭建的軍眷宿舍，老舊的電扇在客廳的牆角邊轉來轉去，發出隆隆的聲音。微微的風息驅不散炎炎的暑氣，王月如挺著大肚子繡著花，汗水自眉間滴了下來。

「噹，噹……」牆上的老鐘敲過十二響。

「都十二點了，該做午飯了。」王月如放下手中的針線，起身走到廚房，準備做飯。突然感到肚子一陣強烈的疼痛，這痛似潮水般陣陣襲來，一陣猛過一陣。

「哎呀！可能要生了。」月如捧著肚子，心中十分慌亂。

多災多難的小生命

丈夫在台南出任務，家裡又沒個親人在，這又是月如的第一胎，沒有生產經驗的她，不知道該怎麼辦才好。正慌著，突然想到隔壁住著一位助產士，於是忍著痛，請來助產士幫忙。

「祁太太，妳羊水破了，孩子要出來了。」助產士一檢查，趕緊準備接生的用具。

王月如又痛又慌，聽著助產士的指導：「吸氣……，吐氣……」孩子出來時，她已經是一頭一臉的汗水，人也虛弱得快昏厥了。

「怎麼不哭啊！」朦朧的意識中，月如聽到助產士焦急地說：「主啊！救救這孩子吧！」只見助產士提著小嬰兒的雙腳，狠狠地打了幾下屁股。

「哇！」小嬰兒驚天動地地哭了起來，助產士才鬆了一口氣：「哭了，哭了，哭了就好，哭了就好！沒事了。」

聽到孩子的哭聲，月如緊張的一顆心這才放下，迷迷糊糊地昏睡過去。醒來時，太陽已偏西，金黃的陽光斜斜照射進來，照在嬰兒的小臉上，顯得非常平靜、安詳。月如望著襁褓中的小嬰兒，額寬面闊、眉目清秀，心裡感到十分欣慰。「這是祁家的第一個孩子，又是個男孩，孩子的爸爸知道了，一定很高興。」

嬰兒出生幾天後，父親祁孝賓回來了，抱著襁褓中的小伙子，既興奮又高興，初為人父的喜悅寫在臉上，對妻子的辛勞更是心疼又感激。

「給孩子取個名字吧！」孩子的母親說。

「祁家的男孩，這個輩分是『六』，就叫六新吧！紀念新生命的誕生。」孩子的父親說。

六新出生後，因為母親的奶水還沒下來，只好以牛奶餵哺。沒有育兒經驗的月如，心想給孩子喝最好的，於是買了當時最貴的克寧奶粉，沖得濃濃的，以爲越濃孩子喝了越不餓。誰知小嬰兒喝了牛奶之後，幾天不大便，發高燒，急得母親趕緊找醫生，原來是腸胃不適應。幾天後，母親的奶水下來了，才開始吃母奶。

當時是七月天，天氣正熱，坐月子的月如不知產婦怕風，猛搧扇子，結果月子裡感冒發高燒，連喝母奶的小六新也跟著母親一起發高燒，住進醫院。

「可能是『台灣熱』。」醫生說：「妳回去用魚肝油跟表飛鳴餵他。」

月如回去後，趕緊買了當時最好的「雙帆牌」魚肝油和進口的表飛鳴來餵小六新，總算不再發冷發熱。望著還未滿月的小六新，因爲生病住了好幾次的醫院，做母親的心疼不已：「可憐的孩子，怎麼才出生就多災多難。」母親想著，不禁流下淚來。

父親的身影

祁六新的父親祁孝賓是陸軍官校十五期工兵科畢業，祁六新出生時，他擔任新竹工兵大隊大隊長，負責部隊許多重要的工程建設，逢山開路、遇水搭橋，幾乎是長年在外，只有到放假才回家探望家人。

幼年時期的祁六新，就已展露出聰明伶俐的一面。父親放假回家，會教他背背唐詩，沒想到才兩歲多的祁六新，竟是記憶力驚人，教過的唐詩，沒幾天就可以朗朗上口。

因爲「望子成龍」心切，四歲時，小六新就被送進幼稚班，原是希望他在學校裡學更多、更好，沒想到這個小頑皮，在學校裡調皮搗蛋、逗弄同學，讓老師頭疼不已。

祁六新的幼年時光，可以說是「居無定所」，隨著父親的工作變動，隨時搬家。因此，他們住過新竹、屏東、潮州、嘉義，一直到六新五歲，搬到台北內湖租來的房舍，才算稍稍安定下來。

童年時期，祁六新對父親的印象是片段的。印象中的父親，身材中等、面白斯文、沉默木訥，眉宇間有一股不怒而威的軍人氣質。

因爲父親常常不在家，六新的內心對父親自然有一份期待感與陌生感。

每次知道父親要回來了，平時偷懶的六新便會勤快起來，整理桌面、打掃屋子。因爲父親要求家裡要整齊清潔、一塵不染，所有的東西要物有定位，有條不紊。所以，六新連鞋櫃裡的鞋子也會重新整理，一雙雙地擺好。

盼到了父親回家的日子，祁六新一早就在門口翹首凝望，直到望見那挺直的身影走進家門，喊了一聲：「爸爸。」卻又怯生生地躲到一旁去。

「六新、玉珠、六義、六學，你們都過來。」爸爸坐在客廳，親切地喊著。

「爸爸不在家，你們有沒有乖乖聽媽媽的話？」

● 一歲時的祁六新。（照片提供：祁六新）

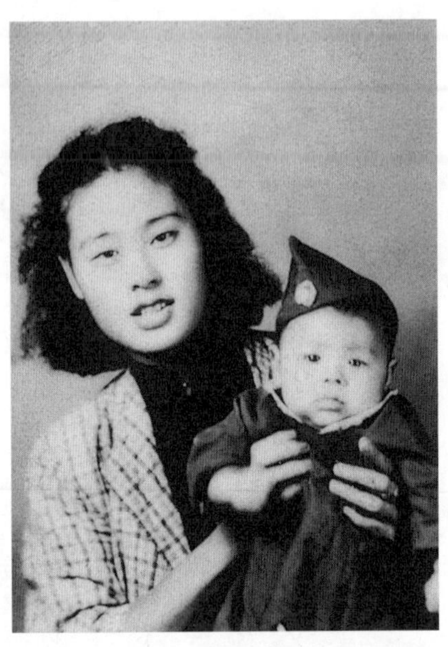

● 祁六新建中時期的全家福。圖左起為大弟祁六義、母親王月如、妹妹祁玉珠、父親祁孝賓、祁六新、二弟祁六學。（照片提供：祁六新）

弟弟妹妹猛點頭，六新雖然心虛，卻也跟著點頭。「爸爸，哥哥不乖，讓媽媽生氣。」有時，老實的弟妹會洩漏實情，父親總是以勸導代替處罰。

「六新，你是家裡的老大，應該更懂事、聽話，給弟妹做好榜樣，對不對？」

祁六新慚愧地低下頭，暗暗發誓一定要做個乖孩子，不要再惹媽媽生氣了。可是，沒多久，這個「誓言」便又忘得一乾二淨了。

祁六新九歲時，父親調任台北內湖陸軍工兵學校主任教官，家也從內湖租的房子搬到了南港的眷村——光華新村，祁家總算是安定下來，有了屬於自己眞正的家。

那一段日子，也是祁六新父子相處較多的時間，因爲父親固定上下班，可以天天回家。

雖然父親仍然很忙，但會撥出一些時間來陪他們做功課。放假時，還會帶著他們散步，到基隆河邊去看工兵訓練搭建渡河作業的倍力橋。

祁六新內心很崇拜父親，以父親爲傲。父親一生報效國家，犧牲自己、保家衛國，那軍人勇者的形象，深深地印在他的小腦袋瓜裡。

祁六新小學六年級時，父親憑努力通過考試，赴美深造。當時，出國留學是多麼稀罕、多麼難得、多麼了不起的事啊！母親帶著他們兄弟妹在基隆碼頭爲父親送行時，見父親提著行李登上巨大的郵輪，六新覺得好光榮、好驕傲。心底想，我將來長大後，也要像爸爸一樣出國留學。

「在我心目中，父親是溫文儒雅的軍人。父親從來不打我們，他對我們的管教方式都是規勸、引導、商量，他是個非常民主的父親。」祁六新回憶説。

「小時候，每次見到父親穿著草綠色的軍服，從遠處走近，我和弟妹便爭先恐後地跑到父親跟前，父親總是抱起妹妹，牽著我和弟弟們的手，就像雄壯威武的軍隊，踩著堅定穩健的步伐，高唱凱歌，慢慢地散步回家。那時候，我内心總有一種説不出的滿足感，那不是金錢、物質可以代替的。我想，這就是幸福吧！」

身兼父職的慈母

六新的母親是一位傳統的中國女性，生活簡樸、勤儉持家，家務之餘還要繡花，做外銷加工品，賺錢貼補家用。

因爲父親長年在外，孩子的教育工作便落在母親身上。隨著妹妹玉珠和大弟六義、小弟六學相繼出生，母親既要忙於家務、照顧孩子，又要忙著家庭副業，有時不免脾氣煩躁，加上祁六新特別淘氣、好吃、愛玩，常常惹來母親一頓打罵。

祁六新回憶童年的情景。「雖然母親管教我們十分嚴厲，我們仍喜歡親近母親。我記得，當年，我們一家人常常在吃過晚飯後，聽著收音機，一起做外銷加工品。工資雖少，但是一家人和樂融融，那樣的親情交融，無形中注入我們每一個人的生命裡。家，是一個生命共同體，我們一起同甘苦、共患難，奠定了往後我們兄弟姊妹互相幫助，遇到挫折互相關懷、鼓勵的手足深情。」

家住內湖的時候，祁六新有兩次差點闖入鬼門關的經驗。一次是在家裡的門前，母親正繡著花，六新和弟弟妹妹在一旁玩耍，突然，一輛卡車橫街衝撞過來，母親見狀，緊急中摟住所有孩子向旁邊一閃，才沒被卡車撞著。母親受了擦傷，六新和弟妹們則安然無恙。另一次是母親帶著他們幾個小孩到內湖金龍寺玩，金龍寺下有個水庫，水庫岸邊長滿野薑花。母親摘了幾隻野薑花，在水庫邊洗淨泥土，愛湊熱鬧的祁六新也跟著擠到水邊，因為一腳踩空，跌進水庫裡，幸虧母親一把抓住他的腳跟，才將他從水中撈了起來。

「這兩次意外事件，如果不是媽媽奮不顧身、機警搶救，早就沒有我了。」祁六新感恩地說。

調皮搗蛋的祁六新，童年歲月裡常常被修理。母親打他，他就跑，氣得母親邊追邊打。有一回，母親手邊正趕著繡花的工作，六新和弟弟玩，不知怎麼地便打了起來，頑皮的祁六新打得弟弟哇哇大哭。母親因為趕加工品已經心煩氣躁了，又聽到孩子的哭鬧聲，忍不住吼了起來：「六新，過來。」

祁六新當然不願乖乖過去，因為他知道一過去就會挨打。

「祁六新，我叫你過來，聽到沒有？」母親叫他不理，氣得起身準備打人。

六新見到母親站了起來，拔腿就跑。

「叫你，你還敢跑？」

母親心一急，隨手拿起一把剪刀就丟了出去，本想是嚇嚇他，沒想到正好刺中六新的腳，當場血流如注。頑皮堅強的六新並沒有哭，母親卻是嚇壞了。

「六新。」母親奔過去，抱起六新，焦急又後悔。

拜託鄰居看顧其他的孩子，便瘋了似地往村裡的診所奔去。診所的醫生見鐵器致傷，不敢接受。「我這裡沒有破傷風的針，妳還是到比較大的醫院去吧！」

母親抱著六新，邊跑邊安慰他：「六新，別害怕，不會有事的。」

汗水自母親的額間一滴滴，落在六新臉上。祁六新望著母親焦急、傷心、後悔的面龐，心裡很感動：「原來媽媽這麼愛我，我不該再惹媽媽生氣了。」

快樂的眷村生活

祁家搬到南港的光華新村五十五號以後，生活算是穩定下來了。祁六新精彩的童年時光，便是在光華新村寫下的。

新蓋的光華新村座落於南港，當時的南港還十分荒蕪，眷村的東面是前空軍儀隊的駐地；西面是一條小徑，小徑過去便是一望無際的稻田；南面是一片池塘沼澤地，北面則挨著現已截彎取直的基隆河。

光華新村是陸軍工兵學校的眷村（工兵學校現已南遷至高雄縣燕巢鄉，原內湖校地重新整建為東南亞最具規模與現代化的醫學中心，包含了國防醫學院與三軍總醫院）。由於地勢的高低分為上下村，地勢雖有高低，眷村裡的人們卻不分上下，大家同住在一個村子裡，和睦相處、相互照應，和樂融融。

村子裡的孩子就不像大人們那麼和諧，常以上村、下村分成兩派，每次玩遊戲就分兩邊，相互較量，玩著玩著吵了起來，打起群架，上村、下村大打一通。上、下村的孩子們雖然有所分野，但是，如果遇到村子外的小孩來挑釁，上村下村便會團結起來，一致對外。

祁六新是下村的孩子王，個子不大，膽子卻不小。每次孩子們分邊競賽，都是他帶頭衝鋒陷陣，在你來我往的陣式中也常掛彩。當然，玩到鼻青臉腫回家，不免又要吃一頓母親的「竹枝炒肉絲」。

六新挨打時，如果自認理虧，他會乖乖地挨打，被打時還裝出一臉悔悟的樣子，邊哭邊認錯，讓母親不忍心再打他。如果自己覺得有理，母親的籐條一拿起來，他會拔腿就跑，精力旺盛的他很容易就逃過了母親的追打，躲在外面，直到天黑了，母親氣消了才回家。

告發自家偷電

因爲常常挨打，機靈的祁六新會把母親準備的籐條、細竹偷偷藏起來，有時母親生氣，找不到籐條，拿起掃把也打人。如此一來，六新索性連掃把也一起藏起來，直到母親要掃地找掃把，他才心不甘情不願地拿出來。

有一回，不知爲了什麼緣故，祁六新又挨打了，頑劣的他邊跑邊回頭說：「打不到，打不到……」氣得母親一路追打，跑到牆邊，手腳伶俐的六新一下子躍上牆頭，站在屋頂上，大喊著：「光華新村五十五號偷電喔！警察快來抓喔！」

當時，因爲經濟拮据，一般家庭都會偷接外電。其實，大家都心照不宣，沒想到，祁六新竟然站在牆頭上大叫著自家的門牌，喊偷電，眞是讓母親又氣又羞。

「你這個死鬼，還不下來。」母親氣得渾身發抖。

「打不到，打不到……」祁六新見母親生氣又沒輒，更加放開嗓門，大吼大叫：「光華新村五十五號偷電喔……」

母親氣急敗壞地回家，拿出一條繩子，嘴裡念著：「你就不要踏進這個家門，否則一定剝你一層皮。」

天黑了，六新玩鬧夠了，照樣回家。原以爲母親氣該消了，沒想一進家門，就被母親一把抓住。

這回母親是氣狠了，拿了繩子把祁六新的手腳綑起來，順手拿起硬底拖鞋狠狠地打：「你再跑啊！有本事就再跑啊！我怎麼會養你這樣的孩子，丟自己家裡的臉。」

手腳被綁住了，跑不了了，打起來結實又痛的拖鞋，霹霹啪啪地落在頭上、臉上、身上。祁六新無處躲閃，只好放聲大哭，他知道這一哭會驚動鄰居，鄰家的嬸嬸心疼他，會過來勸阻母親。果然，沒多久就見到救星來了。

「哎呀！好了啦！孩子不是妳生的嗎？那有人這樣打的。」

鄰家嬸子奪下母親手中的拖鞋，將母親拉到一旁。母親一邊喘氣一邊罵著：「我怎麼會生下這樣的孩子呢？眞是氣死我了！氣死我了！」

自作自受

「我的青少年時期，雖然還不至於是問題青少年，但絕對是讓父母傷透腦筋的孩子。貪玩好吃、不愛讀書，可說是我的童年寫照。」祁六新說。

上了初中，因爲迷戀籃球，祁六新吆喝同學、鄰居自組籃球隊，還自稱爲「小哈林」隊。愛玩的祁六新，整天不是在田裡玩耍，便是在籃球場上狂奔，他的小小心靈眞的認爲自己是「哈林明星隊員」。每天放學總是留在學校打籃球，直到天黑才回家。

當時，他念的汐聯初級中學（縣、市辦初中後更名爲秀峰國中）。從家裡到學校有一大段路程，需要搭乘公路局班車上下學。那個時期的汽車票價是一塊錢，母親每天給他兩塊錢搭車。

有一天，放學後，他在學校打完球，又累又渴，眞想吃一根冰棒。冰棒一根五毛錢。他想，自己身材瘦小，搭車可以算半票，於是就拿出一塊錢，買了五毛錢的冰棒。舔著冰棒，心裡暗自讚歎自己的聰明：「哎呀！眞好吃，過癮！」

冰棒吃完了，休息夠了，便到站牌等車回家。

「小姐，我要坐半票。」一上車，他就掏出五毛錢遞給小姐。

「沒有五毛錢的票，最低票價是一塊錢。」車掌小姐沒好氣地說。

他只好悻悻然下車，等候下一班。經過了幾班車，都是相同的回答，沒有車子願意載他，這下子他慌了，眼看天色已暗，不能再等下去。

「走路回家吧！反正也不會太遠。」他安慰自己。

平日搭車覺得路程不遠，怎麼走起路來，竟如此遙遙無盡頭。天色越來越黑，天邊的星星都出來了，他獨自一個人，沿途經過一片漆黑的墳墓區，又餓又累又怕，忍不住哭了起來，邊跑邊哭。跑到了有人家的地方，實在累壞了，可憐兮兮的他蹲在一家小麵攤前哭泣。

「小孩子，你怎麼了？」麵攤的老闆娘見他可憐，關心地問。

他將自己如何貪吃買冰，如何被車掌小姐趕下車的情形據實以告。老闆娘心慈，拿了五毛錢給他：「快搭車回家吧！你父母一定要著急了。」

拿了那「救命」的五毛錢，祁六新才順利回到家。受了這次教訓，不論多麼渴，多麼饞，他都不敢再挪用車錢了。

除了貪玩、好吃，「愛現」也是當年祁六新的特點之一。因爲父親出國留學，每當提起父親，他總是頭抬得高高的，神氣活現地說：「我爸爸在國外唸書。」

初一寒假，父親學成歸國。帶了許多洋禮物回來，巧克力、糖果自然少不了，最令祁六新開心的是，父親送他一支彩色自動筆。

得到禮物，祁六新迫不及待拿到學校獻寶。

「這是什麼？借我看一下。」

「好漂亮喔！好神奇喔！」

這份新奇的禮物，吸引了每一位同學的目光，望著同學們流露出羨慕的眼神，祁六新感到很驕傲，也很虛榮。

這個借過來那個借過去，到了放學時候，同學們一個個走了，彩色自動筆卻有借無還，失去了踪影。

祁六新慌了，翻遍所有課桌椅的抽屜，找遍了教室每一個角落，就是沒見到心愛的彩色自動筆的踪跡。

傷心又氣憤的他，回到家，哭得一把鼻涕一把眼淚。他的哭訴不但沒有獲得母親的同情，換來的是一頓責罵：「你看，愛現寶吧！結果呢？給誰帶走都不知道，白白送給別人。」

留級厄運

父親自美歸國後，被派任到頭份工兵訓練中心擔任上校指揮官，又開始了抛妻離子的日子。

沒有父親在身旁督促，加上瘋狂地迷戀籃球，祁六新的功課一落千丈。六〇年代，初中還有留級制度。因爲祁六新把百分之百的精力用在玩樂上，厄運也隨之而來。

月考成績單發下來，除了體育及格外，其他都是滿堂紅。對於這樣的警訊，祁六新不以爲意，總覺得在期考拚一下，憑自己的聰明才智一定能過關。

正值青春期，雖然好動叛逆，但是他本性善良憨直。有時，他會跟著其他同學一起蹺課去打籃球、抽煙。有一回，不知誰弄來一本黃色書刊，立刻在班上造成轟動，大家搶著看。一堆人圍著看入迷了，竟沒聽到上課鈴聲，連數學老師進教室了都不知道。

「你們在看什麼？」

同學們一見到老師站在講台上，立刻一哄而散。只剩下祁六新傻傻地拿著書刊，不知所措地愣在那裡。

「拿過來。」老師一臉嚴肅地盯著祁六新。

祁六新像是木頭人一樣，一動不動。老師生氣了，走下講台，拿起那本薄薄的書刊，翻了一翻，臉色鐵青地說：「竟然看這樣的書。」

「剛剛看書的那幾個出來。」老師點了人頭，大家只好站到講台上。

「你們喜歡看別人，我就叫你們脫給大家看。站到講台上，把褲子脫下！」

同學們站在講台上一字排開，低著頭、紅著臉脫掉外褲，只剩下一件內褲子。祁六新很猶豫，他實在沒有勇氣把外褲脫下。

「祁六新，你爲什麼不脫？」老師惡狠狠地盯著他，他只好硬著頭皮，把褲子脫了，一脫下外褲，全班嘩然，接著是此起彼落的爆笑聲。原來祁六新沒有穿內褲，外褲一脫，就春光外洩了。

「那次被罰脫褲子的事件，是我這一生中最糗的事，每當想起這件事，我還是覺得很不好意思。那一次的教訓，眞叫我畢生難忘。」祁六新回憶起當年的糗事，仍不禁臉紅。「初中的我，眞是夠頑皮、夠叛逆的，難怪老師要處罰。」

每次發成績單，母親總要罵人，母親的訓話聽過就忘，老師的警告也是當耳邊風，直到初一期末成績單發下來，才知道完蛋了。留級。

留級的成績單拿回家，祁六新再也神氣不起來。母親看到成績單上寫著「留級」兩個大字，大發雷霆，當然又是一頓打罵。

父親知道他留級，倒是沒有罵他，只說：「其實你不笨，只是不用功。」爲了教他英文，父親親自製作了二十六個字母的認字卡片，一個字一個字地教。「六新，你是個聰明的孩子，只是不用功，只要認眞學習，功課很快就上去了。」經過父親耐心的教導和鼓勵，果然，第一次英文平時考就考了一百分。

雪前恥上建中

生平第一個一百分，祁六新第一次嘗到讀書的樂趣。雖然他還是愛打籃球，但是他已知道分配時間，該玩的時候玩，該唸書的時候唸書。

當時，祁家的環境並不好，並沒有多餘的房間當孩子的書房，祁六新便在浴室裡放張小桌子，躺在浴缸裡讀書。讀累了，躺下睡覺，睡醒了再讀。到了初二，他的成績已經衝到了前幾名。

初三時，祁六新的成績保持在前三名，老師對他期望很高，他對自己的聯考成績也很看重。

「我一定要考上第一志願，讓爸爸媽媽高興。」祁六新不斷提醒自己、勉勵自己。

聯考成績放榜那天，全家人圍著收音機。祁六新心情緊張極了，雖然他對自己考試成績還算滿意，卻不知道能不能如願上建中。

播放建國中學的錄取名單，全家人更是豎直耳朵，深怕哪一個名字聽漏了。聽著聽著，果然出現了「祁六新」的名字。

「哇！上了，上了……」祁六新聽到自己的名字，高興得跳了起來。「媽媽，我考上建中了。」

母親高興地摟著他：「媽媽就知道，你是個聰明的孩子。爸爸知道了，一定很高興。」

「大哥好棒喔！」弟弟妹妹也高興地抱著他。

從留級到考上建中，對於這大落大起，祁六新有深刻的體會，他說：「成功沒有僥倖，眞是一步一腳印、一分耕耘一分收穫，我的努力讓我初嘗勝利的果實，那滋味是甜美的。現在回想起來，都仍然有那份興奮與快樂的感覺。」

在物質中迷失自我

考上高中，祁六新一下子長大許多，不是個子長高，而是心智成熟了許多。他知道父母賺錢的辛苦，因此，他買一雙比較貴但耐穿的回力球鞋，球鞋的尺寸比自己的腳大幾碼，準備一雙球鞋穿三年。買制服也是一樣，都挑大一號的。他是這麼打算的：「買大一號，這三年裡長高長胖了都還可以穿。」

穿上那一身制服，他跟所有的建中人一樣，抬頭挺胸，走路有風。無論什麼時候，他都喜歡穿繡著「建國中學」四個字的卡其上衣。在升學主義掛帥的時代裡，「建國中學」四個字象徵著榮耀與驕傲，也隱藏著一份對未來大學的希望。

高一的他，依然愛打籃球，依然躺在浴缸裡看書，成績依然很不錯。有時，他在浴室裡讀書，讀到半夜，一題難解的幾何解開了，他會高興得大叫，興奮地踢翻臉盆，把全家人從睡夢中嚇醒，弟妹們總是揉著惺忪的睡眼，抱怨地說：「大哥又在發神經了。」

升上高二後，他的一位同班同學江耀東，家境非常好，因爲到過祁六新的家，見他的讀書環境不理想，便主動邀六新到他家去一起看書。

一直生活在眷村的祁六新，以爲別人的生活世界大概也是：低矮的房子，幽暗的客廳，鐵皮搭建的違章建築。到了江耀東家，他才算是大開眼界，原來有錢人家過的是這樣的生活。

江耀東的父親是一家大型水泥公司的董事，家裡很有錢，住家是座落在台北市區的一棟大別墅。祁六新第一次到江家，眞是傻眼了，寬敞明亮的客廳、皮質的沙發、豪華的酒櫃、精美的大吊燈，還有大螢幕的電視，漂亮的餐廳，現代化衛浴設備，……簡直就像是拍電影的場景。

在江家，祁六新喝到生平的第一杯咖啡。

「哎呀！咖啡怎麼這麼苦，你們有錢人眞是不會享受，喝這麼苦的東西，還不如喝杯糖水。」

這是祁六新對咖啡的評價，江耀東聽了捧腹大笑。

江耀東帶著祁六新參觀他的臥房，裡面一個大衣橱，各式各樣高級的服飾，滿滿一橱櫃。江耀東自橱櫃裡拿出幾件T恤給六新：「看看你能穿嗎？」

祁六新試了試，挺合身的，樣式也好看。江耀東見他穿得高興，大方地說：「這幾件就送你吧！」

「送我？」祁六新不敢相信，這麼高級、漂亮的衣服這麼輕易就送人，他心想：

「這就是有錢人吧！」

「走吧！我們到客廳吃一點東西。」

江耀東拉著他到客廳，搬出飲料、零食、餅乾，鋪滿一大桌。兩人又吃東西，又看電視，度過快樂又逍遙的一天。

離開江家，祁六新迷惑了，滿腦子都是江家富有、豪華的景象。「爲什麼人家那麼有錢？有錢人的生活眞是舒服。」祁六新心裡很羡慕江耀東。

往後，祁六新常常往江家跑，說是溫習功課，其實都是去吃喝玩樂。祁六新的心，不自覺地攀附在物質與虛榮上，他的成績也隨之直線下降。

母親氣哭了

高二結束，成績單發下來，又是留級邊緣，好幾科不及格，其他的也都是低空飛過。

望著成績單，祁六新心慌了：「怎麼辦？媽媽看到這樣的成績，準要氣死了。」

吃過晚飯，祁六新心情鬱悶地呆坐在一旁。

「六新，成績單呢？」在母親的逼問下，他才勉強將成績單拿出來。

「什麼？考這樣的成績？」母親望著成績單，怒火上升：「你這個沒有出息的孩子，都已經高二了，還不把成績當一回事。」

母親拿起籐條就抽，祁六新知道自己錯了，沒有回嘴也不敢反抗，只是任籐條如雨點般不停地落在身上。

「你爸爸不在家，要我好好管教你，你怎麼就這個樣子，不聽話，不知上進，難道留級的歷史還要重演嗎？……」母親邊打邊罵，邊罵邊哭。

一向堅強的母親，竟然因爲自己的成績而傷心落淚，祁六新內心愧疚不已。

母親打到手酸疲乏，把籐條一丟，氣喘咻咻地坐到椅子上：「你自己在一邊跪著，好好反省反省，再不知道振作，我也不管你了。」

「其實，母親很辛苦，父親身心奉獻國家，家裡的大小事務都落在母親肩上，在我印象中，母親是非常堅強的女性，任何情況下，我都不曾見過她掉淚，只有高二那年的夏天，母親終於被我氣哭了。那樣的場景，眞令我既震驚又後悔。」祁六新說。

痛定思痛

夜晚九點多，父親從頭份回來了，見到罰跪的祁六新，又見到坐在一旁的母親傷心落淚，急忙問：「發生什麼事了？」

「你自己看吧！」母親把成績單丟到桌面上。

父親看了看，沒說話。走到浴室，擰著一條濕毛巾，幫祁六新擦擦臉，又把那一雙紅腫的手臂、手掌擦拭乾淨。隨後，走進浴室將毛巾掛好。

祁六新望著父親這些舉動，心中莫名其妙：「難道爸爸不生氣嗎？」

父親走到六新身旁坐了下來。

「六新，你都這麼大了，爸爸也不說教了。爸爸以前也是南京金陵大學的學生，因爲國家多難，戰火不斷，動亂時期東奔西跑，失去了就學的機會，才投身軍校。你現在有這麼好的機會，可以安安定定地上學，你爲什麼不好好讀書？」

父親目光直視著六新，那眼光中沒有嚴厲的怒氣，而是平靜、祥和的慈光，六新心被軟化了，父親說的每一個字他都仔細地聽，牢牢地記在心裡。

「爸爸不跟你說什麼大道理，只是分析給你聽。你想想，建中是個好學校，你只要再花一兩年的時間，好好用功，考上大學，將來還怕沒有前途？如果你現在不用功，等到了三、四十歲後悔了，才想重新讀書，那時腦力體力都不行了，還有機會嗎？你要不要用一兩年的時間，來換你未來的幾十年？」

父親說著，拉起他的手，讓他坐到身邊：「你初中留級一年，已經比別人晚了一年，如果高中不好好拚一下，萬一又留級了，浪費的是你自己的寶貴青春。」

六新聽懂了，他下定決心，一定要好好用功，不再讓爸爸媽媽失望。

高三開學後，他婉拒了江耀東的邀請，再也不去江家溫習功課了。因爲他知道自己的定力不夠，心情容易受到外物影響。江耀東頗能體諒祁六新的心情，也沒有勉強他。

不去江家之後，六新開始留校讀書。第一次留校，看到學校開放夜讀的三層樓，二十幾間教室燈火通明，裡面坐滿了學生，大家都埋首K書，他豁然醒悟：「原來，人家都已經這麼拚了，只有我還懵懵懂懂的。」

他上進的心提振之後，確實開始用功了。有時因爲開夜車，隔天上課打瞌睡，他都會有很強烈的罪惡感：「別人都在認眞聽講，自己還在打瞌睡。」他總是責罵自己，想盡辦法驅趕瞌睡蟲，讓自己從昏懵中清醒過來。

農曆過年，才大年初二，同學就來邀他去學校讀書。他原以爲大過年一定沒有人去學校讀書，沒想到每一間教室都坐滿人。這一刺激又讓他再次提高警覺，他告訴自己：「看到沒有，那樣才叫拚，才是要考大學的樣子。」

衝刺的腳步一旦邁開，就沒有鬆懈下來。

再過幾個月就是大學聯考了，衝吧！衝過了就海闊天空了。

生命中的重要抉擇

「我在執行演習勤務時因公受傷，很多朋友、軍中的同袍來看我，都問過我一個相同的問題：『你後悔當初選擇軍校嗎？』我很肯定地說，如果時光能夠倒流，一切可以重新選擇，我依然選擇軍校。做爲一個軍人，保家衛國，這是我的榮耀與使命，我，無怨無悔。」

聯考終於結束了，祁六新覺得自己考得還不錯。放榜後，雖然考取了國立成功大學，但卻讓他有些傷心與失望。

當然，進台大是他最高的理想，如果不上台大，至少應該進師大、政大這幾所離家較近的大學。因爲他是家中的長子，總是希望就讀學校在台北，可以就近照顧家裡。

「如今，考上成大，遠在台南，離鄉背井不說，學費、住宿費、生活費，都是一大筆開銷。妹妹明年就要考大學，緊接著又是大弟、二弟，爸爸是職業軍人，薪俸有限，怎麼供得起三個孩子同時念大學。」這些問題一直纏繞著祁六新，使他沒有金榜題名的喜悅，反而陷入痛苦的矛盾與掙扎。

他在看過軍校的招生簡章，自己夠資格可以直接申請進入軍校，讀軍校四年學費全免，將來又不用擔心工作問題，如此一來，就可以減輕父母的經濟負擔。

他把這樣單純的想法告訴母親，母親並沒有反對，只說：「等你爸爸回來，跟他商量商量。」

倒是鄰居和親朋好友，知道祁六新考上國立大學不念，準備去念陸軍官校，紛紛來勸告他：「你怎麼那麼傻，別人考都考不上，你卻考上了不去念。你知道大學生多麼吃香啊！一畢業公司就搶著要。」

「就是啊！只有考不上大學的人才會去念軍校，你是不是頭腦糊塗了，怎麼會想到去念軍校呢？」

大家的好意，你一言我一語，說得祁六新心亂如麻，不知該如何抉擇。

父子深夜長談

那一夜，父親回來了，爲了祁六新未來的前途，父子倆深夜長談。

「其實，選擇軍校不見得不好，國家多難，正需要熱血青年投入保家衛國的工作。國家對軍眷的照顧頗爲周到，讓軍人可以專心職志，無後顧之憂。況且，如果有心進修深造，當軍人一樣有機會，像爸爸，一樣可以出國留學。」父親將自己的親身經歷與祁六新分享。

「六新，你的前途靠你自己決定，任何人給你的意見都只是參考，雖然爸爸也不反對你讀軍校，卻不表示你一定要聽從爸爸的話。你可以自己選擇。」

祁六新很感激父親在他成長過程中給予他的鼓勵與支持，並且尊重他的決定，使他可以做一個對自己負責的男人。

經過與父親的一夜長談，祁六新紛亂的思緒釐清了，他的眼前明明白白鋪展出一條路，選擇黃埔——陸軍軍官學校。他相信，只要肯努力，不論在哪一個領域，都能開展出自己的一片天空。

第四章

永遠的「祁第一」

軍旅生涯中，不可預期的事情隨時會發生，
軍人要訓練的就是臨危不亂的機智、膽識和勇氣。
如果沒有經過嚴格的軍事教育，
在我人生遭受如此強大的挫折與災難時，
我一定會被擊垮，
哪可能像現在這樣堅強、樂觀、自在。

永遠的祁六新

●就讀黃埔陸軍軍官學校四年級的祁六新，有「祁第一」封號。（照片提供：祁六新）

月台上的淚眼

民國五十七年八月，祁六新以大學聯招成績單申請陸軍軍官學校，很快就收到軍校的錄取通知單。到了八月底，他開始整裝，準備投筆從戎去了。

祁家的長子，第一次要離家遠行，不論是父母、弟妹或祁六新自己，心裡都有一份難捨之情。母親在爲六新打包行李時，仔仔細細地放進毛巾牙刷、換洗衣物、生活用品，小到連針線、鈕釦、指甲刀、萬金油都一一收進行李袋。

「媽，不用帶那麼多東西啦！」祁六新看母親把所有東西都往行李袋塞，忍不住地開玩笑：「我看您恨不得把所有家當都讓我帶走。」

「多帶一些怕什麼？有備無患，要用的時候就有了，晴時出門要帶傘，這叫未雨綢繆，你懂不懂？」母親有她的考慮與固執。

「車票買好了嗎？」靜默在一旁的父親，終於開口了。

「買好了，晚上十一點二十分的平快車，到高雄正好天亮。」祁六新掏出口袋裡的車票，再看了一遍。這張小小的卡紙，將改變他的一生。

晚上十點多，一家大小陪著祁六新到台北火車站，望著車站人來人往的旅客，祁六新的心情沉重了起來。從小到大，不曾離開父母身旁，如今要獨自遠行，一抹難以言喻的酸楚，湧上心口。

「既然選擇軍人，好好做，海闊天空，任你翺翔。」父親拍拍六新的肩膀，鼓勵他。六新點點頭：「我知道。」

母親爲六新拉拉衣領：「你第一次出門，什麼都不懂，個性又強，不願意跟別人溝通，小時候才會那麼常挨打。」母親說著，眼眶泛著淚光，聲音哽咽：「到了軍校，如果實在受不了，家裡的大門永遠爲你而開，媽媽隨時歡迎你回來。」

「堅定意志，接受訓練，對你將來的人生有莫大好處。」父親說：「軍校可以訓練你的獨立，困難可以訓練你堅苦卓絕的精神。有什麼想不開的，自己好好冷靜一下，想想這段路程你要學習的是什麼。」

面對父母殷殷叮嚀，六新已經紅了眼眶。一旁的弟弟妹妹，也離情依依，低頭垂淚。

嗚……。一家人，站在月台上，望著火車駛進月台，突然都沉默了下來。

「上車吧！」父親說著，把手中的大行李袋交給六新。

母親緊緊握著六新的手。「要小心照顧自己，到了寫信回來，報平安！」

車慢慢開動了，他向窗外的父母、弟妹揮別，強忍的眼淚終於決堤，一發不可收拾。

隨著家人的身影逐漸消失在月台，祁六新拭去臉上的淚水，堅定地說：「爸爸，您放心，我不會讓您失望的。」

想家的滋味

上車後，情緒久久不能自已，夜深了，他才迷迷糊糊地睡著。一覺醒來已經到了高雄火車站。

提著行李找到公路局車站，問清楚往屏東的車子會經過鳳山陸軍官校。一上車，祁六新便告訴車掌小姐：「小姐，對不起！我要到鳳山陸軍官校，不知道是哪一站，到了請妳告訴我一下。」

「大概要半個多小時才會到，到了我叫你。」

既然車掌小姐這麼說，祁六新也就放心了。他站在車掌小姐身後，過了一個小時，心裡納悶：「怎麼還沒到呢？」

「小姐，陸軍官校到了嗎？」

「哎呀！對不起，對不起，我忘了，都已經過高屏大橋了，你趕快下車吧！」車掌小姐連說抱歉，開了車門讓他下車。

祁六新站在路旁，茫然無措，面對一望無際的田野，他根本不知道自己身在何方。

此時，一列火車冒著黑煙自身旁嗚嗚而過，舉目無親的祁六新強烈地升起思鄉的情懷，不禁潸然落淚。

「少年耶！你要去哪裡？我載你去。」一輛計程車停在他身旁。

就這樣，祁六新搭上計程車，一路直奔鳳山。計程車到了陸軍官校，祁六新拿著報到通知單向站崗的衛兵詢問，才知道計程車停到了軍校的側門，一看寬廣整齊的校園，從側門走到新生報到處還有一段很長的距離。

提著沉重的行李，一路上，祁六新見到許多理著光頭，穿著短褲，紮著S型腰帶的入伍生在草坪上割草、鋤地、挖水溝。大夥兒望著祁六新竊竊私語：「你看，又來了一隻菜鳥。」

辦理報到手續後的第一件事就是「落髮」，頭髮一剃，換上軍服，祁六新的心也定下來了。

祁六新被編到「三軍四校入伍生團」的第一連第一班，他也知道他的期別是陸軍官校第四十一期。連長知道他是「放棄國立大學選擇軍校」的同學，對他頗為和氣，勉勵他：「你既然決定當軍人，執干戈以衛社稷是軍人的職責，當然，你要面對訓練，接受挑戰、經歷磨練、超越自我，才能遵守自己許下的諾言，證明自己有承受壓力，越挫越勇的決心和毅力。男子漢當如是。」

教育班長也說：「你知道以前陸軍官校大門的兩句對聯嗎？那就是『貪生怕死莫入此門，升官發財請走別路』。」

在入伍生團中，祁六新是眞正的「菜鳥」，一個普通高中的畢業生，對軍校的規矩一竅不通，不像預備班（中正預校的前身，其畢業生直接升到三軍官校就讀）的同學，已經有了三年的軍事教育基礎。

板凳坐三分之一，吃飯抬頭挺胸，走路轉彎時要轉直角。這一切他都看在眼裡，默默熟記，有樣學樣。

到了晚上洗澡時間，一堆人擠在水池邊。「嗶！」哨子聲響，洗澡開始，大家一下子脫得全身精光，打肥皀、沖水，動作迅速。祁六新傻眼了，眞是「大姑娘上花轎，頭一遭。」害羞的他不知道要不要脫，還是要等大家洗好他再來洗。

「還不快洗，待會兒要集合了。」身旁的同學好心地告訴他，他才彆彆扭扭地脫衣服，此時許多同學已經洗好穿上衣服了。

「嗶！集合。」哨子聲響起時，他才打上肥皀，眼看同學們全穿好衣服，衝出澡堂，只剩下少數幾個人。他也顧不得沖水，一身泡沫穿上衣服，趕緊出去。全連都整齊排好了，只有他最後一個，傻愣愣地站在那裡。

「下次動作快一點，趕快入列。」值星班長看他一臉狼狽相，沒有處罰他。祁六新心想：「他一定也有這種經驗吧！」

新生祁六新什麼都不懂，不會敬禮，也不懂報告，一切都還是「老百姓」的動作和習性。

當天晚上，一身肥皂，又濕又黏、又累又糗的祁六新，躺在床上，開始想家了。他輾轉難眠，反覆思考：「我這是幹什麼！發神經啊？放著國立大學不念，跑到這裡來吃苦受罪，値得嗎？我念軍校所爲何事？」他心中一片茫然，躲在棉被裡掉淚，後悔當初的決定。

「入伍訓練第一天我就受不了了，眞想回家算了。但是，念頭一轉，自己眞的那麼差嗎？眞的無法接受磨練嗎？想起離家前爸爸的叮嚀，我又不禁提振士氣。既來之則安之，既然是自己決定的路，就對自己負責任，咬緊牙關走下去。」祁六新道出當年一段想家滋味。

菜鳥的入伍生活

九月三日，三軍四校（陸軍官校、海軍官校、空軍官校與政工幹校(政治作戰學校前身）在鳳山陸軍官校舉行聯合授槍開訓典禮之後，就展開了入伍生的訓練生活。

剛開始的一段時間，祁六新總是動作慢半拍，口令還會聽錯，左轉右轉搞不清楚。

個性溫和的班長（當時教育班長都是陸軍官校三十八期學長擔任）總是安撫他：「沒關係，不要緊張，慢慢來。只要有心學習，日子久了動作自然會熟練。」遇到脾氣壞一點的班長，往往被罵得狗血淋頭：「怎麼那麼笨啊！光會讀書有什麼用？這麼簡單的動作都不會。」

祁六新在班長們恩威並施的教育下，開始慢慢適應軍校生活。

在軍中，入伍生必須嚴格遵守三句話：「是」、「不是」、「沒有理由」。有一天，祁六新出公差，經過福利社。照規定入伍生不能擅自行動，一切行動都要報告班長，當然更不能上福利社買東西吃。祁六新看福利社空蕩蕩的，有機可趁，就大膽地溜進去買了一塊西瓜。正痛快地啃著，突然見到一群班長走進來。他想：「慘了！」果然，……

「你是哪一連的？」

「報告班長，我是第一連。」

「誰叫你在這裡吃東西的？」

「報告班長，因爲天氣太熱口渴，所以……」

「還講理由。」一位班長訓斥他：「你講那麼多理由，還受什麼訓練。臥倒，爬回連上。」

祁六新被罵呆了，不敢回嘴，趕緊臥倒。當時他根本不懂什麼是匍匐前進，只能翹著屁股爬回去。

連上同學看祁六新爬著回來，都傻了眼。這位在晚點名時曾被連長特別介紹「投筆從戎」的高材生，怎麼出公差是爬著回來。

值星班長問明原因後，氣得破口大罵：「已經講過入伍生不能進福利社，你還去。交互蹲跳十個基數（一個基數跳十下），開始！」

「一、二、三……」

吃西瓜事件，祁六新被修理得很慘，他也深深體會到班長常說的名言警訓：「入伍生不是人。入伍生只有三句話，是、不是、沒有理由。」

入伍生必須接受嚴格訓練，包括基本教練、服裝儀容、生活禮節、內務規範、軍事動作等，徹底改變一個人的氣質，爲軍人事業奠定厚實的基礎。因此，一旦犯規，處罰頗爲嚴厲。

在黃埔，「操人」的方式很多，所謂的「黃埔十項」，有黃埔地震、旋轉乾坤、頂天立地……。有一回，祁六新差點被「黃埔地震」給震得窒息。

在軍中，內務的要求也相當嚴格，棉被要疊得像刀切豆腐一樣整齊，拖鞋要擺好，臉盆內的牙刷、肥皂都要按照規定的方向、角度放好。

那是一次內務檢查，同學沒按規定做好，幾個教育班長一進到寢室，立刻「鏗鏗鏘鏘」亂踢一通，地上的臉盆全被踢翻，肥皀飛過好幾個床位，牙刷、拖鞋鑽進了床底下，棉被拉扯一地，整個寢室亂七八糟，眞的像經歷一場大地震。

「嗶！還動。十分鐘整理完畢後，左手拿牙膏、右手拿牙刷，全副武裝，連集合場集合。開始。」

同學們開始手忙腳亂地撿牙刷，找肥皀，疊棉被。祁六新的牙刷被踢到左邊床底下，肥皀踢到右邊床底，床板低，趴下去臉就要貼地面了，一呼吸，鼻子嘴巴都是灰塵。撿完牙刷、肥皀，爬出來後，覺得頭暈目眩，快窒息了。

經歷一次大地震，寢室果然整齊乾淨，再也沒有人敢違反規定，亂放東西了。

美軍統帥麥克阿瑟有兩句名言：「給我一百萬，要磨滅我入伍的回憶，我不願意；給我一百萬，要我重新入伍，我也不願意。」這說明入伍訓練是極其嚴格的，非身歷其境，不能體會箇中滋味。但是，越艱苦嚴格的磨練，日後的回憶越加甜美。

不過，現在軍中講求人性化管理，不像從前「合理的要求是訓練，不合理的要求是磨練。」所以，祁六新開玩笑地說：「如果以現在入伍訓練的標準來看，給我一百萬，要我重新入伍，我願意。」

護旗事件

入伍訓練期間，有一件事是令祁六新印象深刻，他稱之爲「護旗事件」。那是陸軍官校三十七期畢業典禮的預習，三軍四校的聯合畢業典禮一起在陸軍官校舉行。

十月的南台灣，氣候仍然相當炎熱。每次的預演，學長們都是汗流浹背。畢業典禮的前一天，秋老虎發了威，地上蒸發著一股燥氣，天空沒有一朵雲彩，火辣辣的太陽毫不留情地直射地面。烈日下，每一個人的襯衫都像水淋過一樣，濕成一片。

當時，入伍生團也參加了三軍四校的聯合畢業典禮。祁六新是入伍生團第一連，聽訓時的位置很接近掌旗兵。當長官在台上講話時，祁六新突然看到一個擔任掌旗兵的學長搖晃了一下，隨即，看到軍旗被往地上用力一插，「碰！」一聲，掌旗兵直挺挺地昏倒在地。

那一瞬間，祁六新心中相當震撼，「喔！這就是軍人精神。軍旗代表一個軍隊的精神與尊嚴，對軍人來說，人可以倒下，軍旗絕對不能倒。學長在昏倒前拚著最後一口氣，將軍旗插在地面，使軍旗可以屹立不搖，他的護旗精神眞是令人敬佩。」

經過了三個月的入伍生訓練，祁六新脫胎換骨，有了軍人的模樣。在入伍結訓典禮的頒獎儀式上，祁六新意外獲獎。

當麥克風傳出：「第三名，入伍生團第一連祁六新。」他愣住了：「怎麼可能是我？」

在三軍四校聯合入伍訓練近兩千名同學中脫穎而出，對一個聯招生（高中畢業經軍校聯合招生才入學的學生，此有別於預備班直升的學生）祁六新來說，確實是一大鼓勵，也使他對自己未來的軍校生活更有自信。

永遠第一名

入伍訓練結束後，祁六新開始了正期班的學生生活。

正期班的課程主要分學年教育和軍事專精教育。學年教育，跟一般大學生一樣全年區分爲上下兩學期，課程重點有國文、英文、微積分、物理、化學、電子、電機、熱力學、軍事工程等，一星期中只有每週五下午實施軍事基本訓練。軍事專精教育主要利用寒暑假實施，教育內容有兵器操作、班排連教練、駕訓、傘訓、兵科見習、部隊實習、對抗演習等。

祁六新因爲有輕微的近視眼，所以上課都被安排較前排的位置，如此可以督促自己上課專心。在課堂上用心聽講，課後認眞複習，祁六新的學年成績相當優異，總平均都保持在九十分以上。「祁第一」的封號也開始在親近的同學們口中流傳。

有一次微積分期末考試，全連將近一半同學不及格，祁六新卻考了一百分。爲了讓不及格的同學可以順利放寒假，祁六新被任命爲小老師，幫同學輔導微積分。果然，大部分的同學都順利通過了補考，同學們很感激「祁第一」的幫忙，使大家可以快快樂樂地回家過年。

官校生涯，學科成績優異的祁六新，可說過得相當風光，當然，偶爾也有出糗的時候。

那是畢業前夕一次三天兩夜實兵攻防對抗演習。由四十一期全期同學編兩個連，組成甲乙兩軍，演習地點選在墓埔山附近。祁六新擔任演習第二夜的乙軍演習連長，任務是連防禦，在考慮任務、敵情、天候、地形及時間等因素之下，下達了包含狀況、任務、執行、行政與政戰、指揮與通信的防禦命令。

不久，無線電傳來：「請演習連長即刻至鳳林公路路口統裁組受命。」接到命令後，祁六新立刻帶著演習連輔導長及演習傳令一起出發。

當時已經是晚上九點多，天空下著濛濛細雨，月黑風高、夜風微寒，經過一大片荒草沒脛的墓地，雜亂林立的墓碑令人毛骨悚然。

本來三個人就沒什麼話說，後來大家就更不說話了，只覺得腳步不斷加快。暗夜

● 民國六十一年八月，祁六新以第一名的優異成績畢業。圖為官校聯合畢業典禮後，與當時的學指部指揮官羅本立上校合影於忠烈祠前。（照片提供：祁六新）

● 位於高雄縣鳳山的陸軍軍官學校，為國家孕育出傑出優秀的軍事人才。（照片提供：祁六新）

中，疾步夜行，只想快一點趕到目的地，走著走著，另外兩個同學腳程太快，失去了踪影。祁六新心裡有些慌了，拔腿往前衝，經過一處剛撿過骨的墓地，沒留神，一失足便跌入墓穴中。

漆黑的夜裡，四下無人，祁六新害怕極了，顧不得形象，連忙大喊：「救命啊！救命啊！」

口氣又急促又顫抖，同學聽到了，趕緊循聲找人，把他從墓穴中拉了起來。

事後，祁六新自己覺得很糗，同學們也取笑他：「哎呀！還是祁第一呢！膽子那麼小，要是眞在戰場上，你這麼一喊，早就完蛋了。」

「軍旅生涯中，不可預期的事情隨時會發生，軍人要訓練的就是臨危不亂的機智、膽識和勇氣。如果沒有經過嚴格的軍事教育，在我人生遭受如此強大的挫折與災難時，我一定會被擊垮，哪可能像現在這樣堅強、樂觀、自在。」祁六新說。

父親的驕傲

民國六十年，中華民國剛退出聯合國，國勢危難，身爲官校學生的祁六新感受尤其深刻。同年十二月六日，建中校慶，祁六新和四十二期的學弟姚強應母校建國中學的邀請，返校參加建中校慶大會。

祁六新穿著佩有官校學生榮譽帶的軍常服，氣宇軒昂地坐在司令台上，當進行到校友代表致詞時，祁六新以標準的軍事動作立正敬禮，以陸軍官校學生的身分致詞，他以自己的親身經歷做分享，並呼籲學弟們：

「國難當頭，各位是國家最優秀的知識分子，希望你們能夠懷著滿腔熱血，投筆從戎，報效國家。軍校，不但是職業更是大家的事業，發展前途無限寬廣。期望在未來反共聖戰中，每一位『建中人』都能在自己的崗位上，爲國家做無條件的犧牲，以完成反共復國的神聖使命。我謹代表陸軍官校歡迎各位加入這個行列！」

學弟們聽完祁六新的一番懇切之語，報以熱烈的掌聲。結果，隔年三軍四校的新入伍生中，竟有十幾個「建中人」，創下歷年來的最高紀錄。

民國六十一年，祁六新的官校生涯接近尾聲。

四年來始終保持第一名的祁六新，對於畢業考更是一點也不馬虎，有假期也足不出戶，待在寢室看書。

當時，祁家發生一件重大的事情。但是，爲了顧慮祁六新的畢業考試，誰也不敢通知祁六新。

就在祁六新畢業考試前幾天，母親因爲膽結石高燒不退，住院後，醫生說必須立刻開刀。當時的醫學不像現在這麼發達，膽結石開刀的危險性相當高，醫生要父親簽下開刀同意書。簽字的同時，一旁的妹妹問：「要不要拍電報給大哥？」

「不要告訴六新，他正在畢業考，如果因此而影響了畢業考成績，對六新來說會是一項打擊。讓他安心考試吧！」父親和母親做出相同的決定。

一直到畢業考結束，家人才告訴他母親住院開刀的事。知道後，他立刻奔回台北，心裡既感動又難過。他知道父母愛他之心，不願讓任何事情來影響他的課業與前途，幸虧母親平安無事，萬一，母親在這次的開刀中有什麼意外，豈不讓他遺憾終身？

畢業前夕，祁六新因爲品學兼優、熱心公益，當選爲第五屆政戰學生模範，榮獲陸軍總司令表揚。

八月二十二日，是祁六新最榮耀的一天，他以總成績第一名的優異成績自陸軍官校畢業。

此次的陸、海、空及政治作戰學校的聯合畢業典禮在北投復興崗舉行，由當時的行政院長蔣經國先生親自主持，並爲優秀畢業生頒發績學獎章，授中尉官階。

祁六新的父親應邀出席畢業典禮，看到兒子這四年來的優異表現，祁孝賓內心感到非常的欣慰：「他果然沒有違背自己的承諾，沒有辜負我的期望。」

典禮開始，司儀喊著：「受獎人員出列。」全場兩千多名與會人員，鴉雀無聲。

「起立，向右──轉。」祁六新喊著口令，聲音雄壯威武、響徹雲霄。

他和其他十一位受獎人，一一上台接受頒獎。當經國先生親自頒獎並爲受獎同學掛上績學獎章時，掌聲在靜肅之中響起。祁六新心中激動莫名，噙著喜悅的淚水，這時的他已下定決心，一片忠心報黨國，終身以軍人爲職志，爲多難的國家盡心盡力。

台下的父親祁孝賓，感到非常的欣慰。

祁六新受獎完畢，走下司令台，經過父親身旁，他向父親點頭致意，祁六新隱隱見到父親激動得眼眶泛紅，那是父親對他這四年來的肯定與驕傲。

「當初選擇官校是爲了減輕家裡的負擔，等進入官校後後，我才了解到軍事教育可以培養出允文允武的專業人士，具有優勢競爭力，是一個軍民雙生涯發展的空間。

「軍事教育不但有完整而明確的生涯規劃，訓練出忠誠、敬業、負責、耐苦、獨立的個性，更能完成修身、求學、齊家、立業、成長與報國的多項目標。軍人不只是職業，更是値得我們投注畢生精力，用心經營的事業，發展空間眞是無限寬廣。我永遠不後悔選擇當軍人。」祁六新說。

第五章

感謝相遇

十年修得同船渡，百年修得共枕眠，
會成為夫妻，是多難得的好因緣。
彼此應該相互尊重與體諒，
有什麼事好好商量、好好溝通，互換立場、將心比心。

●祁六新認為此生最幸運的事，是能夠與妻子張瑞麒共結連理。（照片提供：祁六新）

「我常在想，如果，當年張瑞麒不是嫁給我，她現在應該會過得比較幸福快樂。但是如果，當年我不是娶了張瑞麒，我現在還活在這個世間嗎？還能活得像個人樣嗎？」

提起妻子張瑞麒，祁六新眼神流露出無限柔情。他常說，這一生最幸運的事是娶了張瑞麒為妻，如果沒有瑞麒這十幾年來的照顧、陪伴，這個家早已破碎了。

一段巧妙的姻緣

當時，陸軍官校畢業後，祁六新繼續接受砲兵學校為期半年的「初級班」專業訓練。

六十二年砲校結訓後，祁六新返回母校任職，擔任學生第一連的隊職官，帶領三軍四校的入伍生團。因為是過來人，他以同理心來帶領學弟，要求自己凡事以身作則，以身教代替言教，將「愛心」獻給學生，以「純心」勉勵自己。果然，他所任職的連隊，不論是刺槍比賽、莒拳道競賽、壁報觀摩、軍歌教唱都是名列前茅。

在官校服務了一年，他考取了「留美軍官儲訓班」，接受英文的專業基礎教育。外語學校有九種語言的培訓，師資陣容堅強，祁六新獲得這樣難得的進修機會，當然十分珍惜，認眞學習，連假日也留在學校讀書。

一個星期天，他和一位中正理工學院的朱同學，在教室自修，正好校長回到學校，看到他們。

「同學，你們還在用功啊！」

「校長好！」一見到校長，他倆立刻站了起來。

「星期天也沒出去玩，是不是沒有女朋友啊？」

「報告校長，是。」

校長見他們兩人年輕有爲，是難得的青年，便說：「校長幫你們介紹女朋友，願不願意啊？」

祁六新和朱同學互看一眼，不好意思地說：「願意。」

原以爲校長只是開玩笑，沒想到校長是當眞的，幫他們約好了朋友的兩個女兒，星期天在基隆見面認識。

到了星期天，祁六新和朱同學依約來到基隆約定的地點，一看，傻眼了。兩個女孩身材高瘦，穿著一襲樸素的洋裝，臉蛋長得一模一樣，竟是一對雙胞胎。

「這是我女兒，姊姊叫張瑞麒，妹妹叫張瑞麟。」父親介紹兩個女兒。

祁六新和朱同學成也作了簡單的自我介紹。之後，詢問了雙方的年齡，因爲祁六新年紀較小，所以跟妹妹一對，朱同學則跟姊姊一對。

女孩們的父親離去後，四人同遊基隆夜市。其實，祁六新根本搞不清楚，哪一個是姊姊，哪一個是妹妹，就這樣，吃吃飯，逛逛夜市，也就結束了這一次的相親。

又過了一個星期，校長來問結果，祁六新覺得對方文靜嫻雅，秀外慧中，印象頗佳。於是，校長又熱心地安排第二次的約會。

幾次約會下來，祁六新和張小姐倆人很談得來。兩人見面、通電話，祁六新都稱對方爲「張小姐」，一直不知道跟他交往的是姊姊張瑞麒。直到有一次，祁六新寫信給「張瑞麟」小姐，接到回信時，信上說：「對不起！我是張瑞麒，不是張瑞麟。」祁六新才恍然大悟，喔！原來這段時間交往的女孩是姊姊，不是妹妹。

事後，祁六新才知道，女孩的父親當時認爲，一個女兒嫁給軍人就好了，而兩個女兒又都對祁六新印象不差。因此，決定由姊姊跟祁六新交往。

祁六新和張瑞麒交往了一段時間，彼此感覺很好。祁六新帶張瑞麒回家，父母對這個溫柔嫻靜的女孩子印象很好；張瑞麒帶祁六新回家，家人也對這個憨厚誠懇、成績優異的大男生感到滿意。在雙方家人的認同下，他倆的婚期也就定了下來。

甜蜜的婚期

原本，祁六新和張瑞麒預訂在民國六十四年四月十日舉行婚禮，因爲同年的四月五

日先總統　蔣公崩殂，舉國哀悼，軍中加強戒備，政府宣布為期一個月的國喪，期間不能有喜慶活動。因此，他們的婚期也順延了一個月。

五月十日，祁六新與張瑞麒完成了終身大事。他們選擇日月潭和溪頭度蜜月。日月潭山明水秀，草木蒼翠，倆人攜手同遊，內心有一份甜蜜的歸屬感。泛著小舟在湖心輕盪，欣賞著水鳥、雁鷗振翅起舞，兩人相視微笑，幸福淨寫在臉上。祁六新緩緩地划著槳，見妻子沉靜不語，便故意說話逗弄她。

「瑞麒，我游泳技術不好，萬一船翻了，怎麼辦？」

「不會啦！只要我們同心協力划著槳，掌握好前進的方向，一定不會翻船。萬一船眞的翻了，我游泳的技術不錯，我會救你啊！」張瑞麒生長在基隆海濱，因此，從小就練就出一身游泳的好本領。

「瑞麒，我是職業軍人，常常不在家。你嫁給我受委屈了。」

「你身為軍人，保國衛民是你的職責，我感到很驕傲，不會覺得委屈的。」

「我是家裡的長子，父母親年紀也不小了，將來這個家要靠妳多承擔。」

「你放心，我一定會替你盡到孝敬父母的責任。」

兩人划著船，溝通著夫妻相處之道，家庭生活及未來孩子的教育問題等，聊得很多，也很愉快。祁六新感到欣慰，能得此賢妻，眞是三生有幸。

● 攜手步上紅地毯的那一端，祁六新、張瑞麒就已決定一生相守，白首偕老。（照片提供：祁六新）

● 甜蜜的蜜月旅行，祁六新與張瑞麒在日月潭留下紀念。（照片提供：祁六新）

聊著聊著，天空響起了悶雷，天色突然暗了下來，烏雲密布，湖面颳起陰涼的風。

「好像快下雨了，快划回岸邊吧！」瑞麒說。

果然，兩人才一上岸，豆大的雨滴嘩嘩地落了下來。祁六新拉著張瑞麒狂奔，跑到商店的騎樓下躲雨。

「冷嗎？」祁六新緊緊摟著妻子，發現她身子微微顫抖。

「沒事。」瑞麒依偎在丈夫懷裡，內心的暖意驅走了濕雨的微寒。

兩人緊緊相擁，同時閃過了「風雨同舟」的念頭。

驟雨來得急，去得快。陣雨過後，一陣濃霧升起，整個湖面籠罩著迷濛的霧氣。又過了一會兒，烏雲散去，太陽自雲端射下一線燦亮的光芒，陽光照射在湖面上，迷霧散去，湖面閃著金黃耀眼的粼粼波光，眞是美極了。

「一切變化實在太快了。」瑞麒說。

「是啊！大自然的變化如此詭譎、奇異，人生不也是如此嗎！有時風和日麗，有時大雨傾盆，有時迷霧障眼，有時雨過天晴。只要我們倆攜手同心，相信沒有克服不了的障礙。妳看，現在不是又雲開霧散了嗎？」

「原以爲你這個職業軍人一板一眼，沒想到你的思維還挺細膩的。」瑞麒望著六新，臉上充滿著溫柔的笑容。

動手打人

甜蜜的婚假結束後，兩人各自回到工作崗位。祁六新回到軍中，張瑞麒則開始了她嫁爲新婦的生活。

因爲瑞麒在中國造船公司基隆總廠工作，離娘家很近，因此下班後，她會先回娘家，等回到南港都已經七八點了。爲此，婆婆頗有微詞，認爲女人既然已經出嫁，就應該以婆家爲重，不該常常往娘家跑。瑞麒知道婆婆的想法後，下班不敢再回娘家，直接回到南港。但是她個性內向、木訥，不知如何與一家人交談，丈夫又不在家，所以，一吃過晚飯整理完畢後，她就回到自己的房間。

星期六，祁六新放假回來，夫妻聚少離多，自然感情濃厚，如影隨形。

本來沒結婚以前，六新回家都是陪著父母家人，一起看電視、聊天，結婚之後，他總是吃過晚飯就攜著妻子回到自己房間。星期天，原本會幫忙打掃房間的祁六新，結婚後，因爲心疼妻子，都會利用假日帶著妻子去看勞軍電影。

對於兒子的變化，母親一時不能適應，總覺得六新是娶了媳婦忘了娘。因此，對兒子、媳婦有所怨言。

有一個星期天，祁六新因爲公事繁忙，不能回家。瑞麒想回娘家，又不敢跟婆婆明說，只好偷偷改了同事的結婚喜帖。明眼的婆婆見喜帖的日期有被改過的痕跡，便悄悄地搭車到基隆一探虛實，結果發現婚禮早在三天前已經舉行了。婆婆對於瑞麒的欺騙非常生氣，她沒有質問媳婦，只等著兒子回來，跟兒子告狀。

因爲母親常常在六新面前數落瑞麒，間接影響六新對瑞麒的信任。有一回，他們看完勞軍電影，走在路上，談起母親與妻子之間的矛盾。

「媽媽說妳總是喜歡回娘家。」

「我公司離家那麼近，回家看看爸爸又怎樣。」瑞麒回答得理直氣壯。

「妳總是要多花一點時間陪陪我爸媽啊！」

「我整天都待在家裡還不夠嗎？我結婚是嫁給你，又不是賣給你們家裡。回個娘家，也不行嗎？」

「回去就回去，妳幹什麼要偷改喜帖？偷偷摸摸的算什麼？」六新以質問的語氣問瑞麒。

瑞麒臉色一變：「誰說我偷改喜帖？」

「媽媽說的，她還去了那家餐廳，根本沒有人辦喜事。」

「妳媽跟踪我？我又不是犯人，她爲什麼這樣盯著我？你既然那麼聽你媽媽的話，幹嘛跟我結婚，早知道我們不要結婚算了。」瑞麒憤憤不平地說。

兩人越說越生氣，口氣也越來越差，到最後竟鬥起嘴來。當時，祁六新年輕氣盛，不知道如何處理夫妻之間的爭執，一時氣惱，竟舉起巴掌用力地甩下，瑞麒面對這突來的舉動，本能地用手一擋，「啪！」的一聲正好打到瑞麒的手肘。

「你打我？」瑞麒愣了一下，揉揉被打的手肘，傷心的淚水立刻奪眶而出：「你敢打我，我爸爸媽媽都不曾打過我，你竟然打我……」張瑞麒氣得掉頭就跑。

祁六新也被自己突來的舉動嚇呆了，他很後悔動手打了瑞麒，想追上去，又怕瑞麒不原諒他，一時愣在那邊，不知道該怎麼辦？

瑞麒搭車回基隆。母親見六新獨自一個人，垂頭喪氣地進門，趕緊問明原因。

「事緩則圓，她現在在氣頭上，不會理你的，我打個電話去她家裡替你道個歉。」說著，母親撥了電話，對方卻不接電話。

「你現在急也沒用，快收假了，你還是先回部隊，等星期六回來再登門請罪吧！」母親畢竟是見過世面，知道如何處理問題。

回到部隊，祁六新整天心神不寧，他實在懊惱又後悔，自己怎麼那麼魯莽，萬一瑞麒不肯原諒自己，那該怎麼辦呢？

好不容易挨到星期六，祁六新顧不得回家，直奔基隆，給岳父磕頭賠罪，並寫下保證書，才將妻子接回家，結束這一場「打人風波」。

「婆媳之間、夫妻之間，都難免會有意見相左的時候，應該耐心溝通，才能眞正解決問題。男人最不應該的就是動手打老婆，打瑞麒一巴掌，是我這一生最懊悔的事。十年修得同船渡，百年修得共枕眠，會成爲夫妻，是多難得的因緣。彼此間應該相互尊重與體諒，有什麼事好好商量、好好溝通，互換立場、將心比心嘛！隨便動粗，不但不能解決問題，反而會把事情越鬧越僵。到時候悔之晚矣。」祁六新深深反省地說。

第六章

職業與事業

人生在世，最可貴是從別人身上記取經驗，
克服困難，懷著理想，堅定地向前走，
經由幫助別人也幫助自己成長，
從不斷學習與教學相長，讓自己吸收更多的知識，
在有限的生命中開創無限的人生。

●軍人，不僅是祁六新的職業，更是他保家衛國的終身事業。（照片提供：祁六新）

外語學校結訓後，祁六新接任桃園一一七師防空砲兵連連長，該連配備多輛M四二型履帶自走雙管防空砲車。自走防空砲車在當時是較爲新進的武器，可跟隨部隊移動，實施機動防空，保障部隊不受敵機干擾傷害的防空戰鬥車輛。爲了驗證防空效能，部隊實施了代號爲「獵鷹」的作戰演習。

獵鷹演習險遭滅頂

「獵鷹演習」，地點在新竹頭前溪。當時，除了二輛M四二自走砲車外，另有四輛兩噸半的大卡車，二輛四分之三噸的通信車和一輛四分之一噸的連長指揮車參演。一切演習狀況都根據中央統裁的演習計劃一路推演。

當天的天候不佳，天空下著雨。天快黑時，因爲部隊車隊所佔面積相當大，爲了不擾民，祁六新便將指揮車、通信車以及兩部兩噸半的大卡車，選在河床地紮營。當時河床乾涸，根本沒什麼水，部隊紮好營後，無線電保持靜聽，以備夜間隨時應變。

半夜十二點多，忙了一天的祁六新心想：「反正明天一早還得起來開會，不用搭帳棚了，就在車上睡一宿吧！」於是，他在駕駛座旁和衣側坐而眠。

到了天快亮時忽然下起雨來了，雨越下越大，這時，衛兵慌慌張張跑來，把祁六新自睡夢中驚醒。

「報告連長，溪水越流越急，水位越來越高。」

祁六新往車外一看，哎呀！水怎麼漲得這麼快。他立刻下令：「快把所有的人都叫醒，全連撤離，動作要快。輔導長、駕駛、傳令，將槍和通信裝備帶上，趕緊移到四分之三通信車上。」

才撤到通信車，沒幾分鐘，四分之一指揮車便翻覆了。

大雨不停地地下，水流很急，水位急速上升，很快就淹到了腰際。原來是上游的水庫洩洪。眼看四分之三通信車也被急流沖得搖搖晃晃。

「通信官和所有人員帶槍和通信設備，撤到兩噸半車上。第二部卡車併排在第一部卡車邊。」祁六新下達緊急命令，四分之三通信車上的所有人趕緊帶著槍枝和通信器材，準備涉水到大卡車上。

「報告連長，裝備太重，走不了。」因爲水位太高，水流太急，每個人帶著槍和通信裝備，無法涉水。

「保障槍枝和生命安全，其餘裝備全部丟下。」祁六新知道槍是軍人的第二生命，除了槍，其餘都丟下。

第一部卡車的絞盤鐵鍊，在幾個人合力之下掛好於四分之三通信車上，然後每個人拉著鐵鍊，一步步移到兩噸半的大卡車上。雖只是幾公尺的距離，卻是舉步維艱，在急流中慢慢掙扎走過。

水位不斷高漲，沒多久，通信車也翻了。兩部大卡車上的士兵都相當惶恐，擠來擠去。這時，天色已經亮了，岸上有許多圍觀的人，看著河床上那兩輛大卡車和卡車上二十幾個人，生命危急。

「唉！難道就這樣死了，眞是心有不甘！軍人應該死在戰場，馬革裹屍、轟轟烈烈。怎麼能死在這樣的演習，眞是奇恥大辱啊！」祁六新不甘心哪！他想，無論如何不能慌亂，一定要冷靜、鎭定下來，才能度過危難。

當時，車上的年輕士兵都傻眼了。「啪！啪！啪！……」祁六新在每個人的臉上輕輕拍了一巴掌，讓他們安靜下來。

「各位聽好，兩噸半的車，四個角站四個人，每一個人注意看四邊輪胎的水位，看車輪下的石頭有沒有滾動，有沒有被掏空。如果有狀況，立刻報告！」

過了不久，另一車的士兵緊急報告：「報告連長，有一個輪胎的石頭已經被掏空了。」祁六新望著那搖搖欲墜的大卡車，心中無限苦澀：「天啊！難道眞是命該如此！」

全員安全撤離

此際，空中救援直昇機已經到了，救命的繩索從天而降。望著那繩索，祁六新內心猶豫了幾秒鐘：「我要第一個上還是最後一個上？我剛結婚，幸福的人生才剛開始，如果我最後上，萬一車翻了，我必死無疑，我死了，瑞麒怎麼辦？」

見到繩索墜下了，祁六新下定主意，軍人豈能貪生怕死？

「快，一個一個拉著繩索，趕快上。」祁六新鎮定地安排，讓士兵一個一個上直昇機。

「報告連長，這邊的輪胎空了。」左邊的士兵緊張地叫了起來。

「報告連長，這邊的輪胎也空了。」右邊的士兵也叫了起來。

大卡車慢慢傾斜，隨時都有翻覆的危險。被雨淋得像落湯鷄的祁六新心急如焚，大聲嘶吼：「快點！快點！除了槍枝，什麼都不要帶。動作快！」

等所有士兵都安全登上直昇機，祁六新最後一個拉緊繩索，當直昇機將他吊離卡車，還沒上岸，就見到卡車在急流中翻覆了。岸上的人見到最後一個撤離的祁六新安全獲救，全都高興得鼓掌、歡呼。

此次「獵鷹演習」雖然陣地位置選擇不當，且裝備損失慘重，但由於祁六新臨危不亂、指揮若定，能以部屬安危爲優先，使部隊能安全撤離，無人員傷亡。因此，祁六新不僅沒有受到上級處分，還破例被記功一次。

「當我在水中待援時，心中眞是焦急萬分！其情況有如八掌溪中的四位農民，所以當我在電視機上看到那些人被水沖走的畫面時，我是多麼慶幸當年的獲救，眞是應該感謝直昇機的及時救援以及上帝的大愛。」祁六新感慨地說。

部隊移防金門

因爲當時本島與金門外島有兩年一次換防的規定，民國六十四年九月，祁六新隨著一一七師，分梯次按照移防計劃以鐵路運輸抵達高雄，再搭乘LST坦克登陸艦，從高雄移防到金門。

移防船隊在空軍及DD驅逐艦屏衛下，經過澎湖外海，海上航行了一天，才抵達金門。見到金門海岸料羅灣由遠而近，終於，祁六新踏上了金門的土地。

祁六新的連部及一個排駐紮在南雄山外的岩石坑道裡，另外兩個排位於反空降區的碉堡內。

金門與對岸的福建角嶼距離僅二千一百公尺，從馬山觀測站用高倍望遠鏡就可以看到對岸的中共軍民的活動，若在二膽島用高倍望遠鏡，據說連廈門大學的學生在打球也都可以看得一清二楚。對岸也同樣用高倍望遠鏡觀察金門的一舉一動。因爲金門是外島，與本島的狀況大不相同，因此，身爲連長的祁六新必須特別用心。他告誡弟兄們：

「各位官兵弟兄，這裡是戰地，與在本島不同，大家在心理上要有兩點認知，第一，軍人在前線的任務是保家衛國，萬一有戰事發生，要有與戰地共存亡的決心；第二，訓練是軍人最大的福利，各位要接受嚴格的訓練，訓練越踏實，越能保障自己的生命安全。而我擔任你們的連長，一定會盡力照顧各位，除了達成任務，也要保證你們平安退伍，這是我的責任與義務。」

當時，祁六新的部隊是屬於大金門南雄的重裝師，主要的戰備任務是「屏南任務」、「反空降防空任務」、「機動打擊任務」。因爲金門是個海島，四周都是海岸，不可能把所有兵力都部署在海岸線上，因此主要戰術是：佔領點、封鎖面、控制強大的機動預備隊。

將主要任務向弟兄宣布和說明，並完成沙盤推演，祁六新便帶著全連弟兄實兵實地繞行金門全島一圈，除了偵察地形外也順道參觀聞名中外、鬼斧神工的擎天廳與中央坑道。當戰備任務與狀況都安頓好時，連隊就比較安定了。

其實，祁六新是個年輕連長，也是第一次到金門前線駐防，許多的事情都需要摸索、學習。

七〇年代，部隊仍有爲數不少的資深士官長，也就是一般人所說的「老芋仔」。祁六新一個年輕的連長，在他們心目中當然是個乳臭未乾的毛頭小伙子。如何發揮這些資深士官豐富的外島經驗，來穩定一般新進年輕弟兄們的恐懼感。此時對於資深士官的尊重、關懷、服務、剛柔並濟的領導統御，在拿捏分寸上，就變得非常藝術化了。

老兵的眼淚

尤其在金門外島的戰地，敵人近在咫尺，殺戮氣氛更顯得格外明顯。在執行戰備任務，教育訓練外，祁六新會特別注意到連上弟兄的情緒，士氣的提振，謠言的疏通，除了加強日常生活的照顧，身爲連長的他，更會配合連輔導長，在特別的日子裡給予實質鼓勵與精神慰勉。

連上有一位快退休的士官長，五十幾歲，未婚，性情冷漠，愛發牢騷。祁六新私下稱他爲「老大哥」，常常陪他聊天，傾聽他的光榮戰史，向他請益。因爲知道他喜歡看書，又見他寢室裡的檯燈昏昏暗暗，頗傷眼力，於是，祁六新便請輔導長去買了一台在當時算是稀奇的日光燈，準備生日時送給他。

老士官長生日當天，祁六新不動聲色，藉故請他來談話，並請輔導長把檯燈悄悄放到老士官長桌上，同時放了一張生日卡，寫上一些鼓勵與安慰的話語。

當老士官長談完話回到房間，看到新的日光燈，又讀了桌上的生日卡，立刻衝到祁連長房裡。一進門，「噗通」雙腳一跪，放聲大哭起來。

「老大哥，快起來，您這是幹什麼?」祁六新嚇了一跳，趕緊拉起他。

「連長，您平日對我們已經夠好了，您今天還這麼……」一個年過半百足以當祁六新父親的老士官長，竟激動得泣不成聲，眞是……。

祁六新帶人帶心，凡事以身作則。因爲要建築碉堡工事，需要碎石，所有官士兵都必須拿著斧頭、鐵鎚、鐵錐敲石頭。祁六新帶著連上的弟兄們一起敲石頭。花崗石非常堅硬，很難敲碎，有時用力過猛，碎石飛起砸傷頭臉。敲著敲著，敲出經驗了，知道在什麼角度，怎麼用力才容易把石頭敲碎，大家相互傳授技術，邊敲邊聊天，說說笑笑唱唱歌，苦中作樂，不但培養出同袍情誼，更增強了連隊團結。因此，連上的所有弟兄對於這位年輕的連長，都心悅誠服。

暗夜的砲響

當時，中共實施「單打雙不打」。實行戰地宵禁的金門，入夜後全島漆黑一片，伸手不見五指。部隊不是住在坑道內，就是住在碉堡中，而民間老百姓的燈光也都得用黑布罩起來，以免燈光外洩，成爲敵人攻擊的目標。

所謂「最好的防禦就是攻擊」，爲了保障全金門島的安全，當時每天夜晚全島都有好幾個連，著全副武裝、眞槍實彈，繞著全島夜行軍，萬一有敵軍奇襲，可以立刻反擊，加以殲滅。

有一次，祁六新晚餐過後坐著吉普車，沿著海邊公路至另一排的反空降區夜間巡視，返回時已經是夜晚十二點多。途中，突然「咻！」一顆砲彈飛了過來。他嚇了一跳：「奇怪，老共怎麼開砲了。」這才意識到當天日期是單號。

他立刻命令駕駛兵，「關掉遠光燈，改開近光燈。」

車子走了一段路，「咻！」又一顆砲彈飛過來，而且更接近吉普車，幸虧老共打的是顆砲宣彈，否則炸彈開花腦袋也開花了。

「把近光燈也關掉。」祁六新立即下令。

「報告連長，關掉近光燈就完全看不見路，無法開車。」

「你慢慢將車移到路旁，停車等候。」

雖說是車燈上半部也漆上黑漆，但是，在一片漆黑的大地上一點燈光就十分顯目，等於是射擊的標靶，足夠敵軍實施觀測射擊。於是，祁六新要駕駛兵按捺性子，直到夜深了，對岸不再有動靜，才趕緊將車開回連上。

「在戰地，眞是生死一瞬間。是先烈們犧牲流血的革命精神，才能將金門建造成固若金湯的反共堡壘。這一段期間，我也強烈感受到軍人犧牲小我，保家衛國的神聖使命與天職。」祁六新說。「身處這樣艱苦與危險的境地，才能磨練出一個男人的毅力、耐力、勇氣和決心。」

年節的死亡氣氛

在金門，每一個人都要提高警覺，隨時都可能有狀況發生，尤其一入夜，渾身塗滿迷彩的水鬼隨時可能摸上岸。據說，水鬼上岸都先把站哨的士兵襲殺，然後偷襲整個碉堡。他們將人殺死後，割下士兵的耳朵帶回去當證物。

在金門，謠言的流傳特別厲害，一件小事就可能像流行感冒一樣，傳到每個人耳裡，而且版本各異，弄得官兵們人心惶惶、心神不寧。

想家，是所有出門在外的人最普遍的現象，尤其是在外島當兵的人，逢年過節，那種「獨在他鄉爲異客，每逢佳節倍思親」的愁悶就更強烈了。雖然祁六新也想家，想念父母、弟妹，想念妻子瑞麒，但是身爲連長，他必須表現得比別人更堅強。

每到過年過節，祁六新會格外注意官兵們的情緒安撫，連上一定加菜，讓官兵們感受過年的氣氛。

民國六十五年元月，農曆春節即將到來。在外島過年不比台灣，金門島就這麼大，該玩都玩了，該去的都去了。於是，弟兄們大多窩在坑道碉堡裡吃火鍋。

接近過農曆年，金門各部隊開始加菜，讓弟兄們過一個豐盛的年，慰勞大家離鄉背井、保衛國家的辛勞。

大年夜，祁六新連上有一個阿兵哥，他是進駐在金防部司令官戰時機動指揮所，防砲車上的通信兵。因爲情緒有些愁悶，除夕會餐時不知不覺，喝酒喝了過量。這位阿兵哥平日身體就不是很好，又喝得太多，第二天一早，竟被發現昏死在坑道的寢室裡。

清晨，祁六新接到緊急電話，說有一位士兵昏死在寢室裡，被送到尙義醫院。祁六新趕到醫院時，醫生說他在幾個小時前就已經心跳停止了，在醫生、監察官、祁六新的見證下，無外傷、無他殺的嫌疑，判定是喝酒造成的心肌梗塞。

大年初一，面對士兵的死亡事件，雖然心裡感到不舒服，祁六新必須鎭定處理。因爲在外島，連長就是弟兄們的父母，一切生死大事都由連長處理安排。

祁六新帶著排長，拿著尙義醫院開例的死亡證明書，到金防部後勤指揮部辦理手續。大年初一，別人一見面就是「恭喜！恭喜！」，而他卻是要領取忠靈袋、忠靈罐，頗爲遺憾。而師部則指示由連輔導長帶著慰問信、慰問金，立刻緊急飛往台灣，將意外婉轉告訴死者家屬。

幸虧，死者家屬知道死者身體狀況向來不是很好，在軍方處理得宜、態度誠懇的狀況下，雖然傷心，卻也頗爲諒解，並同意讓死者就地火化。

就這樣，大過年，祁六新忙著幫死者入殮，舉行公祭，火化。整個年節的氣氛低迷，心情鬱悶又感傷。

移防小金門

過完農曆年，祁六新的連隊移防小金門。

小金門比大金門更接近大陸，戰地的緊張氣氛更爲濃烈。

一一七師剛到小金門報到的當天晚上，砲宣彈就打來了，正好落碉堡的門邊，祁六新出去，伸手一摸：「唉喲！還熱熱的。」

砲宣彈打過之後，老共就開始對小金門喊話：「一一七師的弟兄們，你們今天辛苦了，到達小金門的防區，我們非常歡迎你們，希望……」

祁六新心想：「老共的情報還挺厲害的，我們今天才到，他們就知道了。以後更要注意到保密防諜。」

老共對小金門心戰喊話，小金門當然也會對老共心戰喊話，針鋒相對，你來我往。因爲小金門附近的海島有一個中共的水鬼訓練營，水鬼神出鬼沒，每個官兵更是戰戰兢兢、提高警覺，隨時應付緊急情況發生。

祁六新移防小金門不到一個星期，就連續發生有人利用敵暗我明的黑夜裡丟石頭，砸得碉堡內的自走砲車「鏘鏘」作響，把所有位於掩體的卡車車燈打開，又找不到一個人影。連續幾個晚上下來，官兵們的士氣被打擊，情緒備受影響。

祁六新心想：「這樣下去不是辦法，軍心會被擾亂的。」於是，他下令士兵在天黑前全副武裝，躲在卡車底下，有的埋伏在碉堡四周，並且將碉堡內的自走砲和卡車車頭朝外，啓用車上紅外線裝置。一切分配就緒，就等哨音響起，來個甕中捉鼈。

當天，果然又來丟石頭，祁六新緊急吹起哨音，全部車燈打開，在前面的樹林裡發現兩條黑影，官兵一擁而上，抓到了兩個全身穿著黑衣的水鬼，一男一女。經過師部審訊之後，才發現他們並不是老共的水鬼，而是小金門當地住民，因爲一些不滿的情緒，才利用黑夜來擾亂軍心、製造部隊不安。

因爲祁六新的連隊是火力強大的機動單位，因此在小金門移防交接時，有一項是「軍犬交接」。上級給祁六新的連隊配了一條軍犬「小青」，協助加強警戒工作。軍犬在小金門是連隊非常得力的助手，牠們有自己的階級，小青的官階是中士，有牠自己的糧食配給。

祁六新到碉堡查哨時都會帶著小青，小青的嗅覺敏銳、氣勢勇猛，幫忙安定全連的士氣。因此，全連的弟兄們和小青都成了好朋友。在金門，很多官兵都喜歡冬天吃狗肉，祁六新則嚴格禁止連上弟兄吃狗肉，因為狗是人類最忠實的朋友。

查哨誤擊事件

在小金門，因為地形的關係，高低起伏，防衛不易，一有風吹草動，草木皆兵。尤其一入夜，沉沉的黑夜像要將整個島嶼吞沒似的，水鬼的眼眸在雜亂的瓊麻（反登陸阻止敵軍人員之天然植物阻絕）裡閃爍，撩撥著每一個哨兵緊張的神經。

當時，就發生了一件同師另一單位的副連長被自己弟兄誤殺的事件。

那是一個月黑風高的夜晚，這位副連長深夜去查哨，他查到上面這個哨時，是深夜一點多，兩位站哨的士兵尚未換班。等他查完下面的哨，沿著原路線往回走，已過了深夜兩點，哨兵已經換班了。

深更半夜，海風呼呼吹嘯，發出鬼哭神號的聲音，因為換上的兩位哨兵都是新兵，情緒相當緊張。換班時，上一班的哨兵並沒有轉告副連長在下面查哨，所以兩哨兵一看到黑影上來，立刻緊張地喊：「誰？口令。」

副連長心想，「剛剛的哨兵明明知道我到下面查哨，怎麼還問？」他忽略了哨兵已經換了班。

● 祁六新隨部隊移師金門後，常利用休假期間至金門馬場騎馬，圖為祁六新的馬上英姿。（照片提供：祁六新）

● 民國六十六年祁六新調任砲兵飛彈學校「目標獲得組」教官，攝於兵器教室。（照片提供：祁六新）

副連長沒回答，繼續往上走。「砰！」一聲，其中一位哨兵開槍了，一槍擊中副連長腦袋，當場斃命。待連上聽到槍聲，出來查探，才發現副連長被誤擊身亡。

這次「血的教訓」，使站哨的制度改變了，往後換班時間要錯開，新兵搭配老兵，一次只換一個人，交叉換班，這樣有什麼情況才能互相通報，避免不幸再次發生。

「人生在世，最可貴是從別人身上記取經驗，克服困難，懷著理想，堅定地向前走，經由幫助別人也幫助自己成長，從不斷學習與教學相長，讓自己吸收更多的知識，在有限的生命中開創無限的人生。」祁六新說。

模範官兵返台受獎

駐防金門期間，無論在政治教育、官兵組織、推行儲蓄、克難生產、軍紀安全、教育訓練、戰備整備上，祁六新都有卓越的表現，因此榮獲防區「毋忘在莒」個人模範，並接受國防部表揚。

八月二十八日，防區六十五年國軍英雄、莒光連隊、模範官兵、敬軍模範等三十一人，帶著前線軍民無限的祝福與敬意，搭機飛往台北，接受全國各界隆重表揚。

祁六新一行人在登機前乘車遊行市街，受到官兵的熱烈鼓掌，附近民衆也自動燃放鞭炮慶祝，掌聲與爆竹聲響徹雲霄，場面至爲感人。

祁六新內心也頗爲激動，他堅定地告訴自己：「軍人，不僅是我的職業，更是我終身的事業，未來，不論在任何時間、任何地方，我都一定會做個盡忠職守、認眞負責的好軍官。」

初為人父的喜悅

歲末寒冬，小金門的碉堡外月冷星稀，濕冷刺骨的寒風在淒清的夜裡呼嘯著，更使人懷念起故鄉、家人的溫情。

這幾天，祁六新心裡惦記著一件事：「瑞麒可能就快生了。」

八月底，祁六新返台接受模範官兵的表揚，利用假期返家探親，大腹便便的瑞麒就曾經提過預產期是十二月。祁六新知道，妻子生產時自己恐怕無法隨侍在旁，就對瑞麒說：「妳生產時我不在身邊，內心難免會感到孤單，但是作爲一個軍人的妻子，妳要堅強，事先把東西都準備好，時間到了包包一提就上醫院。不用擔心，媽媽會陪著妳的。」

返回小金門，忙於軍務，一眨眼，三個多月過去了，眼看再過幾天就是聖誕節，突然想起在台灣的妻子，不知道身體狀況如何？是不是要生了？

「報告連長，您的電報。」

一聽電報，祁六新心頭震了一下，趕緊打開看，上面一行字：「我已住進三軍總醫院準備待產，速返。張瑞麒。」

一接到電報，祁六新趕緊將連上的事務交代，然後拿著電報向上級請假。因爲平日表現優異，師長特別准假，並讓他搭機返回台灣。從小金門等候交通船到大金門搭機，回到台北已經第二天的下午，一下松山機場，祁六新立刻直奔三軍總醫院。

病房門一推開，望著妻子躺在床上，祁六新喊著一聲：「瑞麒，……」竟哽咽得說不出話來。

母親見他倆相對無語，打破沉默。「把行李先放下吧！六新，要不要去看看你的女兒，挺可愛的。」

女兒？祁六新這才知道瑞麒生的是女兒。隨著母親到嬰兒室外，望著裡面一個個紅臉粉嫩的小嬰兒，初爲人父的祁六新內心興奮極了。「哪一個是我女兒？」

「那個。」母親一指：「哭得最大聲的那個。」果然見到一個小女嬰張著大嘴哇哇大哭，哭聲驚天動地。「眞像你小時候。」母親微笑地說著。祁六新難掩喜悅之情：「我小時候也這麼可愛嗎？」

回到病房，母親知道他們夫妻倆一定有很多話要說，便藉故離開了。

面對生產時的痛楚，瑞麒一個人獨自承受，心中難免有所埋怨，「別人生產，都有先生陪著，只有我，一個人孤零零的，嫁給軍人，眞可憐！」

「老婆，對不起！讓妳一個人承擔了。眞是辛苦妳了，對不起！」祁六新趕緊賠罪，並且守在妻子身邊，小心翼翼地伺候著，幫忙瑞麒按摩肚子，雖然按得手酸，祁六新還一直說著：「沒關係，沒關係！難得表現一下。」讓瑞麒內心感到欣慰與溫暖。

接受砲校正規班訓練

民國六十六年一月，祁六新連長指揮職任滿，榮調訓練官幕僚職，在軍方學歷、經歷培訓下，他拎著簡單的行李，從小金門搭船返台，前往位於台南四分子的砲兵學校，接受爲期半年的「高級班（現稱正規班）」專精戰術教育。

當時的砲兵學校仍是老校舍，校舍兩旁直列著高聳入雲的椰子樹，綠葉成蔭的老榕樹盤根糾結，覆蔭著被努力維護卻仍難掩老態的魚鱗浪板的舊營房。走在通往校舍的水泥路上，整齊潔淨的營房，展現出英武的軍人本色，一切景致如昔，不同的是，這次再進砲校的祁六新，已經歷過餐風露宿的部隊生活洗禮，不再是當年官校剛畢業那個「不知人間疾苦」的毛頭小伙子。

對一名砲兵軍官而言，官校四年，取得學士文憑，也獲任中尉官階，但是，在尚未完成六個月砲校「初級班」教育前，還不能算是兵科的「砲兵人」。「初級班」教育的重點在專業技術；而「高級班」則更上層樓，著重在諸兵種協同作戰的戰術，使砲兵火力能夠靈活指揮運用，有效支援戰鬥部隊之作戰。

重新回到學生生涯，長久以來對數理科特殊敏感的祁六新，養成凡事邏輯性的思維能力。戰術課程也能很快地經由「分析」、「歸納」的方法，找到執簡馭繁的條理。但是，在他服務防空砲兵連，都是使用目標可見的直接射擊方法，對於課堂上所教授看不見目標的間接射擊方式，已略見生疏。

因爲有這方面的落差，一向求好心切的祁六新，在學習上加倍努力，以迎頭趕上。甚至在考試前，他放棄休假，當別人好夢方酣時，他半夜爬起來，以涼水洗臉，然後回到教室繼續研讀，專心一致、渾然忘我，三、四個小時一晃而過，當起床號響起，猛然驚覺，抬頭一看，天邊已露曙光。

雖然，心態上祁六新早已成熟到不再追求「永遠第一」的虛名，結訓時，他仍然實至名歸，榮登「榜首」。

砲兵發展現代化

民國六十六年八月，砲兵飛彈學校遷至台南永康，坐鎮指揮這座建築雄偉的學校是盧校長，他是一位思想新穎的領導者，急於將砲兵推向現代化。此刻，他一面擘畫未來發展的新藍圖，一面挑選能接受新觀念的年輕幹部來執行新構想。

祁六新正是盧校長優秀人才名單中的一員，當第一波令調名單送到小金門，師砲指揮部的指揮官大爲光火。

「祁六新，你這是『陽謀』。爲什麼你要請調不事先告訴我？爲什麼不用單位主官同意的『徵調』，而用上級長官命令的『令調』？你想我不會放人，是嗎？」

事先毫不知情的祁六新，當命令發布後，在小金門潮濕陰冷的坑道內被指揮官足足訓了半個鐘頭。雖然被罵得冤枉，但他也知道這是長官的愛深責切，一番好意，所以他不敢做任何解釋，只是筆直地站著，讓指揮官罵到氣消爲止。

九月，他調到砲兵學校，新職是砲校「目標獲得組」教官。「目標獲得」是盧校長五個砲兵現代化建軍——「目標獲得器材電子化、射擊指揮自動化、輕型火砲制式化、中型火砲自走化、重型火砲飛彈化」的第一個願景；除了與中山科學院合作自力生產外，有的更需要在時程上、經費上分析、比較各國的軍備，而向外國購置，因此，壓力紛沓而至。

祁六新除了負責授課，也要負責接收、測試新裝備，研究新戰術戰法，常常是挑燈夜戰，伴著裝備，和衣而眠的日子不知凡幾。

當時，和祁六新一起研究的同學有胡元傑、葉期遵，三個一起翻譯技術手冊、製作準則、修編教材到實地授課，鉅細靡遺，絲毫不敢輕忽。忙碌的程度幾乎是廢寢忘食，更不知道休假爲何物。雖然，在研究工作上獲得十足的成就感，卻也引起妻子的不滿與懷疑。

PTT（帕太太）俱樂部

有一次週末，祁六新沒有回家，仍留在砲校工作。瑞麒打電話來，劈頭就問：「你眞的那麼忙嗎？忙到連休假都不能回家。你老實說吧！你究竟是不能回家，還是不想回家？」

面對妻子的質疑，祁六新費盡唇舌解釋，不得已，只好找來胡元傑和葉期遵做證，說明始末，才免於一場家庭風波。事後，胡和葉兩人都笑祁六新是「PTT俱樂部」的會長，祁六新不甘示弱，半威脅半利誘地說：「你們兩人也加入PTT吧！否則，下次哪個人的老婆打電話來找人，我可要說，不知道，他早放假出去約會了。」

研究工作是枯燥的，但是卻能從研究成果中獲得滿足感、成就感。有時也會遇到無法突破的瓶頸，面對電腦挑燈夜戰，望著解不開的程式，束手無策，那眞是令人懊惱。

「走啦！不要再想了，死盯著電腦也跑不出東西來。」胡元傑說。

「乾脆今天都不要工作，出去吃吃飯，看看電影，讓心情放鬆一下。」葉期遵說。

「好啊！」祁六新也覺得心情煩透了，需要出去透透氣。「咱們就罷工一天，我出車錢，胡元傑負責飯錢，葉期遵買電影票，怎麼樣？」

三個死黨便放下工作，一起出去吃喝玩樂。看完電影，他們又去逛夜市，找了小吃攤吃宵夜，喝了許多啤酒。

回砲校時，已經是深夜十二點多。三個人喝得醉醺醺，勾肩搭背、說說笑笑，經過操場時，突然覺得尿急，一個人說尿急，其他兩個人也被傳染。

「跑回宿舍太遠了，憋不住了，乾脆就『尿』灑操場吧！」不知誰這樣提議。

「唉呀！咱們就做一次失落的人，做一次沒有品格的人。」三個人放聲大笑，就開始尿灑操場，然後一起踢正步回去，把所有的壓力及煩惱全拋到腦後去了。

一身酒氣，隔天醒來趕緊沐浴更衣。梳洗過後，三人馬上又鑽進研究室，繼續那個棘手的程式。不知是經過放鬆之後腦筋靈活，還是福至心靈，竟然一下子想通了，原來是卡在副程式，所以主程式跑不出來。

「哇！終於成功了。」祁六新興奮得跳了起來，與胡元傑、葉期遵抱在一起，高興得大喊。

經歷同甘共苦的情誼，祁六新與胡、葉三個人成了「三劍客」、「鐵三角」，感情更加深厚。往後，「ＰＴＴ俱樂部」常輪流作東，大家帶著妻小共聚一堂，度過歡樂假期。

贏得教學競賽冠軍

「研究發展教學競賽」是盧校長爲了提高研發教學品質的一項創舉。全校六個教官組，百餘位教官精銳盡出。經過組內的初賽，由祁六新代表「目標獲得組」參加冠亞軍決賽。

雖然，組裡幾位同學個個身負重任，忙碌不堪，卻都抽出空檔幫祁六新出點子，甚至連週末假期也陪著他另闢密室，試講演練。舉凡教案的內容、教具的準備、教鞭的使用、時間的掌握，無不一再反覆練習，在幾個「臭皮匠」吹毛求疵的嚴格要求下，祁六新的演練幾乎到了爐火純青的地步。

這次的比賽非常激烈，爭奪冠軍的對手是素有「戰術專家」之稱的趙世璋學長，要打敗他的機會幾乎是微乎其微；所以，祁六新更加戰戰兢兢。

比賽當天，他運用投影片、錄影帶，將校長的建軍理念融入講授內容。此外，他還使用新穎的科技產品輔助教學，創意啓發，生動活潑，勾勒出砲兵現代化發展的趨勢。

競賽結果揭曉，祁六新竟以零點五分的些微差距，打敗了學長，贏得此次比賽的冠軍。目標獲得組的教官們欣喜若狂，這場贏之不易的硬仗，是大家同心協力，辛苦得來的。

競賽接束後，同學們嚷著要舉行慶功宴。正逢六月十六日是黃埔陸軍官校校慶，每逢此日，黃埔的學長、學弟會共同選定一個時間、地點，大家齊聚一堂，同聲慶賀，互相勉勵，莫忘發揚黃埔精神。

席間，祁六新和組內幾個「臭皮匠」湊在一桌，算是慶功。大家情緒高昂，把酒論英雄，一說起那天競賽的情景，更是眉飛色舞。

「哈哈！咱們總算把學長幹掉了。」

「是啊！只差零點五分，多麼驚險啊！」

屈居第二名的趙世璋學長因處理公事而耽誤了聚餐時間。正當祁六新和同學們舉杯同歡、高談闊論之際，趙學長突然出現了，大家一時愣住了，神情頗爲尷尬。

「報告……報告學長，」祁六新站了起來，滿臉漲紅：「剛剛我們是開玩笑的。放肆、放肆，請學長多多原諒！」

「祁老弟，你確實是很優秀。」學長拍拍祁六新的肩膀，誠懇地說：「你能創新突破，正象徵著優秀的砲兵幹部，精益求精、不斷進步的精神，期待我們相互勉勵，貢獻更多的智慧，爲多難的國家盡心盡力。」

趙學長豁達的胸襟，如藍天白雲，令祁六新敬佩不已。

回憶起年少的英雄往事，祁六新不禁欣慰地說：「同學們的感情，是如此的眞摯，毫無芥蒂，每次聚會，總是笑談往事，把酒同歡。確實，人生如夢，面對淘盡千古人物的歲月洪流，有多少事值得計較。只要把握每一個當下，活得眞誠，活得有意義就夠了。」

第七章 攀越生命的高峰

現代e世代新新人類，
對環境的抗壓性差，如果能夠透過服兵役，
接受磨練，學習壓力調適情緒管理，
具有克服挫折的能力，
相信對他們未來人格的養成
與負責任的態度均有莫大的助益。

攀越生命的高峰

●祁六新赴美留學時期，攝於兵工技術研究中心的兵器博物館前。圖為二次世界大戰時最大的炸彈。（照片提供：祁六新）

民國六十八年四月，祁六新進入中科院。

中山科學研究院是國防部國軍武器研究發展的中心，匯集了來自世界各地的科技菁英。院區座落於桃園龍潭，廣大的園區綠意盎然，高聳的龍柏，現代化的建築物，軟體硬體一應俱全，結合生活社區，給人一種寧靜，富有發展潛力的感覺，眞是一個研究發展的好地方。

當時國防部剛向美國購進裝備，運到了中科院。祁六新在陳蘭鈞學長所領導的小組工作，主要任務是對美國RCA無線電公司提供的HR-76 LANDBASED FIRE CONTROL RADAR岸載射控雷達及美國HONEY WELL公司所提供的H-930 MOD 3 WFCS武器射擊控制系統，與美國技術人員溝通、觀摩、學習，透過美方技術人員的指導，能夠對這兩種裝備做射擊操控和一般維修。

祁六新在中科院工作期間，比較特殊的一次參觀活動，是前往陽明山國家公園，參訪空軍嵩山雷達基地。

嵩山雷達基地，位於台北縣郊的山頂上，是空軍的第一作戰管制中心（CRC）。因爲嵩山雷達基地是軍事要地，位置隱密，不對外開放，多年來一直蒙著神秘的面紗。

雷達站山頂氣候涼爽、雲霧繚繞，向山下望去，秋芒覆蓋山坡，景致優美、視野極佳。經過蜿蜒崎嶇的山路，終於抵達這個神秘基地。祁六新心情頗爲興奮，能夠參觀此基地，了解國家的空防設備與系統，也算是千載難逢的機會。

「看到這麼精密的防空系統，我對許許多多默默付出的無名英雄升起崇高的敬意，是他們不捨晝夜地堅守崗位，爲國防安全奉獻心力，才能使國人過著安全、無憂的生活。」祁六新感佩地說。

赴美深造

小時候，祁六新一直對父親的赴美深造感到驕傲。他深信，只要肯努力，自己也能開創出一片自由翱翔的藍天。

民國六十九年五月，祁六新接獲由陸軍總部頒發的出國命令，通知他前往美國兵工技術研究中心深造。望著那一紙派令，祁六新感覺自己彷彿化成一隻飛鳥，準備展翅翱翔，飛到太平洋的彼岸，展開新的學習旅程。童年的夢想，終於在努力之下實現了。

祁六新攜著美國國防部發給的旅行命令直飛洛杉磯，幾經轉機途經芝加哥，到達巴地摩爾國際機場，一到巴地摩爾，兵工技術學校已派專人接機，直接將他接到位於馬里蘭州的兵工技術學校報到，編入自動系統一九八〇年班。

兵工技術學校的校園景觀非常樸實，沒有高樓大廈，而是一座座非常堅固、結實的大型工廠，每一座工廠與武器的結構性能相互配合，所以建築物的形狀各不相同。

祁六新被安排住進軍官宿舍。宿舍裡住著來自世界各地的受訓軍官，像是一個小型的聯合國，大家相處融洽、非常熱鬧。

學校上課方式很奇特，以國家或地區將學生分成不同等級。平常大家一起上課，當講到一些新武器的發展或是戰略機密，只有美國學生和歐洲學生能留下聽課。其他亞洲、南美洲、非洲等國家的學生，就被安排旅遊，由學校派專車接送學生到著名的觀光景點參觀。祁六新開開心心跟著同學去旅遊，回學校卻不忘追蹤漏掉的功課，他會藉機向幾個交情比較好的美國同學，借上課筆記來抄，甚至全部複印下來，再加以研究。

祁六新喜歡利用假日，和同學騎著單車在校區四處遊蕩，參觀美軍的武器設備，作成研究報告。有一回，他看到一輛從未見過的新式戰車，後來，上課時，透過影片講解才知道那叫「XM1」，是非常新型的戰車，它的性能極佳，能在崎嶇的地形行走自如，速度可達七十幾英里。當它的雷射鎖定目標時，可在運動中自動追蹤目標直接射擊。

學校的軍事博物館，也是祁六新流連忘返的地方，博物館內展示著各式各樣的武器彈藥、戰車、自走砲車、火箭、飛彈等，讓祁六新大開眼界。

在美國，祁六新見識到了專精的士官教育。美國的士官制度非常健全，通常士官是眞正管理部隊的人，甚至大型工廠的負責人，也是交由士官長擔任。士官是介於士兵和軍官間的溝通橋樑，分擔軍官很多的事務，讓軍官有多餘的時間去研究戰略戰術、領導統御、去做更精密的研究發展。

此外，美國對軍人的教育訓練相當嚴格，男女混合編隊，一起跑步、上課、做體能訓練。生活上，國家對軍人及其眷屬的的照顧也相當周到，食衣住行各方面福利措施都非常好，眞正做到嚴而不苛，人性化管理。這些體認都給祁六新一些思考與啓示。

學習美國立國精神

在學校的安排下，祁六新旅遊參觀了不少地方。

有一回，他到華盛頓特區旅遊，認識了當時我國駐美的陸軍組長李珽學長，李學長素有「外交才子」之稱，對於來自故鄉的小學弟，熱情招待，令祁六新感到非常溫馨。當祁六新聽到李學長爲了爭取國家尊嚴和立場，所做的許多努力、貢獻，內心更是感動與敬佩。尤其在中美斷交之後，國家外交處境非常艱困，我國的外交人員，能夠獲得美國軍方的尊重和肯定，眞是難能可貴！

不久，幾位從台灣陸續來到美國兵工技術研究中心進修的軍官，他們是楊國強、宮旦生、俞志高。祁六新與他們三人結爲好友，戲稱是「四大寇」。他們常利用假期相邀出遊，認識、接觸各式各樣的美國文化。

美國文化的多樣性與開放性，令這群中國的年輕軍官咋舌，有一次他們到俱樂部，見識到美國的脫衣舞秀，那全裸的脫衣舞孃坦蕩蕩地穿梭舞場，倒是讓保守的「四大寇」看得面紅耳赤、目瞪口呆。

什麼是美國文化？百老匯、嬉皮、脫衣舞孃？這是過去從電影、電視得來的印象。直到有一次，他拜訪了一個美國家庭，才有了一番新的認知。

那一天是七月四日，美國開國紀念日，學校安排外國學生寄宿美國家庭，地點是賓州的PARADISE的歐裔家庭。在那裡，可見到廣大無際的田野，造型樸實簡單的房舍，馬、狗等牲畜自由奔馳在草地上，美麗的自然風光宛如圖畫一般。

祁六新寄宿的是一個德裔家庭，這個家庭中很少電器用品，一切生活仍保持著最接近自然的方式，連夜晚也是點著煤油燈。

當天，晚餐過後，大家躺在草坪上看著國慶煙火。祁六新和屋主聊天，談起對美國的最初認識，是來自電影的嬉皮、毒品、大腿舞等浮華印象，跟這裡的感覺完全不同。

屋主告訴祁六新：「你們要學習的是美國眞正的立國精神，不要學習那些奢侈浮華、虛無縹緲的東西。那些嬉皮、舞孃只是這個國家極少的一小部份，像是大浪潮中的一點漣漪，很自然就會隨風飄逝。你們可以看看這裡，人們的處事態度，對工作的責任感，人與人之間的和諧與誠懇，民主與法治，這才是美國眞正的立國精神。」

這一番話，深深烙印在祁六新的腦海裡。任何一個國家，虛華的文化表層只是皮毛，無法爲一個國家、社會、人文扎根。美國，就是因爲有這麼廣大、穩固、踏實、堅定的文化裡層，才能夠孕育出今日的富裕強國。

在美研習期間，祁六新又因爲表現卓越，獲頒學校的榮譽獎章，獎章頒發的日子是七月十七日，恰巧是祁六新的生日。生日當天接受這份特殊的「禮物」，祁六新非常高興與欣慰。他高興的是：從民國六十八年中美斷交後，自己是第一批赴美受訓的學員，能在學習成果上受到肯定，除了爲國爭光獲得榮耀外，也欣慰自己總算沒有辜負了國家的栽培。

新式武器的驗證

自美返國後，祁六新再回砲兵飛彈學校接任學生大隊長兼任教官，他將自己在美國所學習的專業知識與技術，毫不保留地教給受訓的官兵與學生。

民國七十年八月，祁六新帶著四部自走砲車，到宜蘭的兵器試驗場進行驗證實彈射擊。

該型自走砲車全名是「M一一〇・八吋自走榴砲」，這種榴砲在軍隊中是具有傳奇色彩的巨砲。部隊裡流著一個傳言：民國四十七年，中共妄想血洗台灣，對金門發動

● 美國兵工技術研究中心，研發各種新式武器。圖為祁六新（右一）與外籍軍官，合影於M60A3戰車上。（照片提供：祁六新）

● 在美期間，祁六新與來自台灣的同學攝於美國州政府法庭，圖中前排坐者，左起為俞志高、楊國強、祁六新、宮旦生，戲稱為「四大寇」。（照片提供：祁六新）

「八二三」砲戰。由於戰況陷入膠著，在美軍援助下，秘密交運金門戰地這一型的四門火砲。一發二百磅重的砲彈打到對岸，威力十分驚人，中共甚至指控我方使用了「原子彈」。不久，中共就將這場瘋狂持續射擊的砲戰，改爲「單打雙不打」，算是爲自己找台階下。

後來，又據稱美國深恐我們乘勝追擊，藉此反攻，就用口徑更大的牽引式二四○公釐加農砲，換回這四門被視爲「國寶」的自走砲。二四○加農砲雖口徑更大，射程更遠，但是它是牽引而非自走，所以機動力就差很多了。

部隊裡沒有人願意去查證這段傳說的眞實性，但是對八吋自走榴砲的威力卻深信不疑，尤其自走的能力，使其陣地佔領迅速，射擊準備快捷，打了就跑，變化莫測，肯定是能「動於九天之上，藏於九地之下」的神兵利器。

祁六新以砲校教官身分，負責訓練所有即將接裝的幹部與士兵，隨即前往試驗場，一面與美籍教官溝通射擊程序，一面指導射擊操作的各項動作。因爲他在美國馬里蘭州的兵工技術研究中心，研究的是火砲射擊控制，在實際操作上並不是非常精熟，爲了使訓練更落實，一遇到疑問，他就立即向美籍教官請教、討論。祁六新的虛心好學，深獲美國教官的信任與好感，無不傾囊相授。

M一一○自走榴砲的射程可達二十餘公里，使用「增程彈」更可達三十餘公里，其精準度更是驚人，不但是挺進破壞射擊的利器，更是全世界知名的火砲。

測試當天，當數門火砲放列陣地，一一射擊，透過雷達的標定，每一發均能落在指示的目標區內，一時間，水柱沖天，甚爲壯觀。此刻，全場頓時歡聲雷動，祁六新看到測試成功，緊張的心情才稍稍放鬆，幾個月來的努力，總算告一段落。

美籍教官一個個走過來與祁六新握手道賀，祁六新也感謝他們的悉心指導。當下，祁六新心中百感交集，一則以喜、一則以憂。喜的是國軍夢寐以求的傳奇巨砲終於通過驗證，可以成軍了；憂的是這畢竟是美國研發的武器，我國的國防武器何時才能自主，不必仰人鼻息。

有子萬事足

第一個孩子出生時，祁六新遠在小金門，讓妻子獨自承受生產的恐懼與痛苦，這是祁六新內心一直感到愧疚的事。因此，當自走砲驗證通過，獲得了幾天的假期，祁六新立即奔回家，因爲，瑞麒又懷了第二胎，而且已經臨盆。

回到家，見到瑞麒挺著大肚子，祁六新心裡無限憐惜，他隨伺在瑞麒身旁，端茶倒水、操持家務，雖然有點辛苦，但卻甘之如飴。

九月四日午餐過後，瑞麒告訴六新，她想回基隆看看她的雙胞胎妹妹，六新答應了，陪著瑞麒回基隆，並且在基隆過夜。當天夜裡，瑞麒開始陣痛，搖醒祁六新。

「六新，不行了，我肚子陣痛得很厲害，可能馬上就要生了。」

祁六新立刻驚醒，打電話叫救護車。

因爲瑞麒的產檢都是在台北空軍總醫院，所以祁六新要求救護車送他們回台北。但是，基隆市救護車的服務範圍只限基隆地區，沒辦法，只好請救護車將他們送到基隆火車站，攔了計程車，直奔台北。

一路上，夜深車稀，只有路燈巍巍矗立，爲夜行人照亮暗夜，使人感到一絲溫暖。車內，堅強的瑞麒皺著眉頭，額頭冒出一顆顆大汗珠，咬緊牙根不喊痛，只是緊緊抓住祁六新的手。祁六新感覺到瑞麒痛得非常厲害，看著妻子，突然一陣心疼，想起大女兒出生時，自己不在身邊，瑞麒又是第一次生產，沒有經驗，又沒有摯愛的丈夫陪伴，當時是多麼的恐懼與無助。

車子直奔空軍總醫院急診室，護士立刻推來擔架，將瑞麒送進產房。

當夜值班的婦產科大夫，正好是祁六新光華新村的老鄰居羅家聲，一見是熟人，祁六新心安了許多。

瑞麒在產房內待產，祁六新在產房外等候。醫院長廊空蕩蕩的，不像白日那麼忙碌、嘈雜，靜夜裡，沒有一點聲響，只有祁六新來回踱步的聲響。

「老天，請保佑瑞麒和小孩都能平安。」祁六新忍不住地祈禱著。

產房門開了，護士小姐匆匆忙忙跑出來。「先生、先生，你太太生了。」

「這麼快啊！生男的還是生女的？」祁六新不加思索地問。

「你們男生都很差勁耶，都不問太太的情況怎麼樣，第一句話只知問生男的還是生女的？」護士小姐數落了一頓，才露出詭異的笑容：「是男的啦！」

祁六新被罵得很慚愧，自己確實差勁，怎麼可以有重男輕女的觀念，只是因爲頭胎是女兒，第二胎當然希望是兒子，果然老天厚愛，讓祁六新如願地添了個兒子。

稍後羅醫生也出來了，一見祁六新便上前道賀：「祁大哥恭喜，男孩，三千四百多公克，身體很壯、聲音宏亮，一切狀況都很好。」

「謝謝你！羅大夫，辛苦你了。」祁六新忙著向羅醫生道謝，心裡充滿喜悅之情，也趕緊打電話回家向父母報喜。

瑞麒被送回病房了，因爲生產的疲憊，精力耗盡，已沉沉入睡。望著妻子安詳熟睡的面龐，祁六新感覺自己是天底下最幸福的男人，有美麗、賢慧的妻子和一對健康、可愛的寶貝兒女，人生至此，夫復何求？

獨立作戰的砲兵營

揮別校園研究發展的生活，民國七十年十一月，祁六新榮調宜蘭三〇二師一〇五榴砲砲兵營中校營長。

宜蘭位於台灣的東北部，有雄偉的高山、奇岩嶙峋的海濱沙灘、純樸自然的田野風光以及溫泉、地熱、湖泊等自然景觀。宜蘭三〇二師爲預備師的編制，除了肩負守備蘭陽平原的重任外，還負責新兵訓練的任務。當有作戰任務時，軍團重型砲兵即進駐蘭陽平原北面與南面的既設陣地形成犄角，配合龜山島上的火力構成交叉綿密火網。

師下管轄的三個步兵旅、一個砲指部及直屬的各部隊。師部及砲指部位於宜蘭，而祁六新所任營長的砲兵營及一個步兵旅則駐防於羅東北城營區。

龜山島是孤懸於宜蘭頭城外海東方十二公里，酷似烏龜的小島，它是宜蘭人精神和地理上的指標，島上面積只有二點七平方公里，除了氣象局的測候人員、醫療站及少部分的工兵部隊外，就屬祁六新這個營派出的砲兵連是最大的駐防單位。這個連的火力足以瞰制進入蘭陽平原的水道。平時除了戰備，還兼具戰備工程的任務。

年度中，龜山這個砲兵連要在工兵支援下，打通一條坑道。先由工兵安裝炸藥爆破後，部隊再進入坑道清理碎石。

那天，祁六新一個人獨坐辦公室，思索著如何準備即將來臨的基地訓練，卻不知爲何心神不寧，萬縷千絲怎麼也理不出頭緒。突然，電話鈴聲響起，龜山連長報告：「有個弟兄爆破受傷，已完成急救，現待命後送。」

祁六新問明狀況後，立即指派頭城漁港龜山連絡站，按緊急後送程序迅速派遣船隻將傷患運過來，並逕送蘭陽野戰醫院。祁六新把事情交代好後，計算好時間，就帶著營部的醫官和幾名弟兄前往醫院。

抵達醫院沒多久，受傷的弟兄就送到了，並被推進急診室。不久護理長急匆匆地跑出來：「對不起！血庫的O型血不足，請問誰是O型？」

現場的人相互看了一下，「我是。」祁六新絲毫不猶豫，立即跟著護理長進入病房，挽起袖管立即輸血。因爲及時輸血搶救，受傷的弟兄總算脫離險境，祁六新這才放下心來。

祁六新「歹勢」地說：「我不知道是否是我的血救了他，但當時只想到要急於盡我的一份心力，畢竟他是我弟兄。」

爲什麼會發生這樣的意外？事後調查才知道，原來是坑道的炸藥引爆後，一粒尖銳的碎石，如子彈般的速度貫穿了弟兄的大腿。一時血流如注，當場大夥都嚇呆了，唯獨一旁的老士官長，一面穩住軍心，一面脫下草綠色軍服，用袖管包紮止血，直到島上醫官趕到，傷勢才不致惡化。

有人說，「家有一老，如有一寶。」對一個連隊來說，老士官就是一寶。年輕人要經過一事才能長得一智，而這些老士官早已經是火裡來、水裡去，不知有多少趟了。

祁六新的營最早是由「反共救國軍」整編而來，而更早的前身則是留在閩浙與共軍纏鬥，最後才脫離戰場的游擊部隊。部隊一直傳承著強悍、桀驁不馴的特性，但豐富的作戰經驗、專業素質與臨危應變的能力，是這支勁旅的特色；尤其拚鬥不懈的團隊精神，更是足堪擔當重大責任的原動力。

這些老士官，能在逆境中生存，個個都是打落牙和血吞的硬漢子，年輕的服役弟兄，與他們朝夕相處，漸漸也受到相同的薰習。

這次的爆炸意外事件，祁六新挽袖輸血的袍澤情義，悄悄地在弟兄中傳開，不需要效忠宣誓，就已經得到全營的認同與尊敬。但是，士兵執行勤務受傷，身爲營長的他，仍然要背負「督導不週」連坐的處分。雖然如此，只要弟兄轉危爲安，他的內心也就平靜、坦然了。

軍民一家親

砲兵營是最基本的戰術行政單位，營內擁有完整的作戰與行政支援能力，具有人事、情報、作戰訓練、後勤、通信、運輸及政戰的能力。戰時執行師的直接支援、一般支援的火力任務；平時軍愛民民敬軍，做到平戰結合、軍民一家，落實「全民國防」的共識。

因此，祁六新一上任後，除了致力於任務交接、裝備整備、戰場經營、臨戰訓練外，更了解「敦親睦鄰好厝邊」的箇中道理。

羅東鎮是個民風純樸的小鎮，鎮民們性情敦厚，祁六新上任不久，即拜訪當地鎮長。一陣寒暄後，鎮長除了邀請祁營長參加建醮典禮，同時提出了一個請求：

「祁營長，我希望你們的阿兵哥能在我們大廟的建醮廟會後，幫忙我們清理場地。不知道可不可以？」

「沒問題。」祁營長自是一口答應。

一年一度的廟會，可說是地方上的大事，爲平靜小鎮帶來熱鬧與高潮。當天，祁六新受邀參加建醮典禮。地方老百姓看他身著戎裝，捻香致祭，行禮如儀，心裡自是敬重、又歡欣。

事後，祁營長親自坐鎮督導清理工作，除了將大街小巷打掃乾淨，連方圓五百公尺以內的水溝，也一併清挖疏通。

眼見阿兵哥如此賣力地幫忙打掃，鎮民們心中非常的感謝。第二天一早，鎮長帶著寺廟管理委員會理事長前來道謝。祁營長婉謝了鎮長帶來的勞軍款，卻領受了軍民一家的情誼。

除此之外，舉凡助民收割、災難救助、環境整理，風災救援，乃至鎮上游泳池的清洗，協助羅東高職的打靶課程，只要鎮民需要幫助，都能見到國軍弟兄們的身影，使鎮民們感到無限的溫暖，眞正落實了「軍愛民、民敬軍」的精神。

軍民是一體的，只要能夠落實全民國防的觀念，做到軍民合作、水乳交融，就能形成一股沛然莫之能禦的力量。

面對中共的武力恫嚇，祁六新心有所感。「有實力才有安全、有安全就有一切。實力，這才是確保國家安全和自己生命財產安全的唯一方法。中共對我們的威脅日益嚴重，一旦認爲可以吃掉台灣，它不會顧慮國際上的反對聲浪，會悍然對我們發動侵犯的。在『生存高於一切，沒有安全就沒有一切』的原則下，確立優勢國防，以實力爲後盾，才能保障台海和平，才是我們生存發展的唯一之路。」

維持戰力的砲兵基地訓練

時間過得眞快，民國七十一年七月，祁六新接任營長，在羅東北城的「駐地訓練」已超過半年了，他很快地整飭全營進入「基地訓練」前的準備，而第一關是要通過「普測」。

在陸軍戰鬥部隊服役過的弟兄，都能體會到「基訓」期間訓練的高潮。而「普測」卻是當時砲兵部隊的特色。由於砲兵是一個高度分工的專業複合體，舉凡「射（射擊指揮）、測（測地）、觀（觀測）、通（通信）、砲（火砲操作）」五大分工專長，樣樣都得精通，否則就達不成任務，甚至釀成災難。因此，必須藉「普測」，確定由官到兵，每一個人都確實符合專業要求標準。這個制度後來廣爲各兵科所採用，訓練素質也就全面提升了。

祁六新分配每一位幹部都得負責一門課程，而這門課程必恰是該幹部最弱的一環。在祁營長親自督導下，使每一位幹部面對自己的弱點尋求突破。經過一段時間的嚴格要求與訓練，大家都找到竅門，充滿信心地回到部隊進行訓練。

幾個月後，部隊終於要向砲兵「田中基地」集中，所有人員、裝備、甚至營上所養的豬隻，都要經由鐵路運抵基地。

部隊移防時，最重要的工作就是「上鐵皮」，所有的軍事裝備統統要上火車。「上鐵皮」不是一件簡單的任務，其中牽涉到許多高度技術，像是「架橋」，要將一節節的鐵運平板車，透過兩端削薄的枕木來連結，這就考驗到鋪設者的平衡感和駕駛者的穩定感，萬一不小心把車輪卡到兩節平板車的間隙裡，那麻煩就大了，還得啓動大吊車來吊起車、砲。等車、砲一輛一輛、一門一門停妥後，得用粗繩索綑綁，再用絞棒絞緊，固定車輪，使其不致搖晃滑動。

當一切準備就緒，等候鐵路局通知發車時間，忙了一天的官士兵們坐上列車車廂，已經疲憊不堪，除了幹部和警戒兵外，其他的弟兄都呼呼入睡了。

祁六新的部隊因爲事前有周密的計劃與準備，上鐵皮時不慌不亂。他帶領著部隊，一切按部就班，井然有序，天亮時刻，列車平安順利抵達田中車站。

部隊到了砲兵田中基地後，爲落實戰備訓練，強化整體戰力，所有的官兵進行一次正式的「普測」。經過普測、連營教練後，進入最後階段的「營測驗」。三天兩夜的實兵實彈營測驗，從單砲的「精密檢驗」，到全營的「TOT（同時彈著射擊）」，全營均能命中目標，一切順利，射擊效果相當不錯。

三個月的基地訓練，在滂沱大雨中結束了演習。大家根本分不出臉上、身上流著是雨水、汗水還是淚水。演習終止的指示送抵，沒有激情的歡呼，卻是數月來努力成果的總驗收，大家的辛苦終於沒有白費。

軍紀無假期

軍隊其實是一個社會的縮影，社會中有各形各色的人，在軍中也同樣有各式各樣的分子，有些素行不良的人進到軍中，不僅影響軍隊風氣，也會造成部隊戰力減低，因此，紀律嚴明就相當重要。

「軍紀」是維護部隊安全的命脈，一個部隊的精良，唯有嚴明的軍紀、才能凝聚所有人的思想、行動，使部隊成爲一支精銳的隊伍。除了嚴格軍紀的規範，幹部的統御領導、人性化的管理，也是一個部隊能否團結，提振士氣和戰力的主要關鍵。

祁六新帶兵多年，深知箇中道理。他的原則是以愛心、耐心來領導部屬，眞正做到讓「役男安心、父母放心」的良好服役環境。尤其，部隊弟兄的安全是他最重視、關注的。

在軍中，未經許可是禁止飲酒的。但是，也有少數的弟兄在情緒高昂或低落時，會偷偷溜出營區到外面飲酒。

有一回，營上有幾個阿兵哥爲即將退伍的班長餞別，利用晚點名結束，一起外出到村上的小吃攤喝酒，大伙兒興致好，酒喝多了，回營時已是醉茫茫。出來的一夥人，其中一位因爲尿急到暗處解決，沒跟上隊伍。

這個阿兵哥喝得頭昏腦脹、顚顚仆仆，一不小心掉到村里的泥塘。爬起來一身泥濘，又濕又冷。他全身泥濘，不敢回到部隊，乃私入附近一家民宅，準備找水擦拭。恰巧那戶民宅門窗未鎖，阿兵哥乃乘機潛入屋中，不料發出的聲響驚醒了婦人，一見阿兵哥，她受驚大叫，阿兵哥情急之下順手拿起桌上的水果刀猛刺那婦人的腿部。隔壁人家被夜裡突來的聲響驚醒，群起持棍，將這位衣衫泥濘的阿兵哥抓住，立刻送交警察局。

天未亮，祁六新就接到警局電話，趕到現場處理，了解事情的來龍去脈。經過調查，這位阿兵哥傷人純粹是酒醉滋事，一時情急，並無其他惡意，且所幸婦人的傷勢不重。因此祁六新代替阿兵哥向村民道歉。因爲祁營長平時的敦親睦鄰深獲村人的敬重，最後雙方達成賠償和解的協議。

這位違紀犯法的阿兵哥被送軍法審判，因爲他平日爲人忠厚老實、表現良好，所以被判處有期徒刑，並緩刑兩年。一同出外飲酒的弟兄全部受到軍紀處分。

祁六新說：「軍紀是軍隊的命脈，許多事情必須『大處著眼，小處著手』，要事事關心、時時提醒，才能做到防微杜漸，防患於未然。『大莫大於安全，嚴莫嚴於軍紀』，軍紀必須謹記在心，安全才能確保無虞。」

阿兵哥的憂鬱症

因爲軍隊的生活單調，體能的操練辛苦，受約束沒有自由，所以許多剛服役的阿兵哥，都會出現情緒不穩定的狀況。

一般來說，官兵的壓力來源各有不同，有人是因爲軍中生活枯燥乏味、時間受限、任務繁重、或是蒙受不當管教、無法適應部隊生活，而出現心理壓力。比較多的是個人的感情壓力、或是失戀、或是擔心女友移情、或是擔心家庭遭逢變故，這些恐懼、憂慮、苦悶累積久了，心理、生理便會出現問題。如果壓力沒有排除，超過臨界點，便容易情緒失控，做出自我傷害或傷害他人的行爲。

在祁六新的營裡，有過這樣的案例。一位剛下部隊的阿兵哥，對部隊的生活極不適應，因爲他的個性內向、拘謹，不容易交到朋友，心裡苦悶都獨自默默承受。又因女友在其服役期間，提出分手，造成「兵變」。他受到這樣的打擊，痛苦不堪，精神幾欲崩潰。

幸虧，祁六新早就已看在眼裡，見他食不知味、愁眉不展，便主動找他談話。閒談中，讓他盡情抒發隱藏在心中的鬱悶、愁苦，並且給予安撫和勸慰，更鼓勵他：「雙方須以『將心比心、互換立場』去思考，用理性來解決。若眞的無法挽回，記取這次感情失敗的經驗，做爲下次感情的基礎，將心中的怨恨轉化爲彼此的祝福，那不是很好嗎！」

這位阿兵哥漸漸走出死胡同。他告訴祁六新：「營長，謝謝你！我本來實在是不想活了，跟您談過之後，心裡舒坦多了。」

祁六新帶兵，沒有老兵、新兵之分，只有好兵、壞兵。因此，不容許有老鳥欺負菜鳥的事情發生。只要大家遵守紀律，守分盡責，一律都是好兵，違紀犯法的壞兵，就必須接受處罰、再教育。

開導回役弟兄

部隊裡，有一些是手臂上、身上紋龍刺鳳的道上人物，也有所謂的「回役兵」，就曾經是犯法坐牢，服刑期滿之後才回部隊服役的人。這些「回役兵」有些仍保留著過去在社會上的習性，這些人的心態不是自卑就是自大，要帶領這些人，必須有一番技巧，幹部的領導統御如果沒做好，這些人會是部隊的一大問題。

祁六新面對「回役弟兄」，都是「恩威並施」。主動關懷、主動照顧，讓他們在軍隊裡能守法守紀，使可能成爲阻力的回役兵，成爲部隊的助力。

「其實，軍隊的嚴謹生活，對一個有心改掉壞習慣的人，是很好的環境與機會。因爲服役期間，部隊制度化的作息和管理，可以讓你切斷過去在社會上的不良關係，可以斷除自己身上的不良習性，讓自己改頭換面，徹徹底底重頭做起，做一個坦蕩蕩、負責任的男人。」每次的精神訓話，祁六新都會藉機開導，希望能幫助一些曾經迷失的人，找回自己的正途。

祁六新的營裡有一位年紀較長，二十八、九歲的「回役弟兄」，爲人頗講義氣，他是營的伙房班，工作滿盡責的。

有一天夜晚，晚點名後，祁六新就到伙房去看看。只見他一身是汗，正在洗黃豆，準備磨豆漿。

「兄弟，辛苦了，有沒有什麼事情需要營長幫忙的？」祁六新拍拍他的肩膀。

「營長好！」他一見祁營長來巡視，立刻起身敬禮。

「不要太累了，坐下來休息一下，營長跟你聊聊天，不會耽誤你的工作。」

這位弟兄身著草綠色汗衫和一條短褲，手臂、大腿刺滿了龍鳳、蝙蝠，讓人看了不太舒服。

「在部隊裡還習慣嗎？」祁六新關心他的生活，用心傾聽，讓這位弟兄感受到營長的誠意。兩人親切地交談，他也推心置腹地把自己的過去告訴了祁六新，並深知悔悟地說：「少不更事、追求時髦、紋身耍酷。等到要去除標幟時，不但花錢還得受罪，還會留下永遠抹滅不掉的痕跡，眞是後悔莫及。」

「過去都過去了，不用再去想它。只要把握現在，努力規劃未來，將來的遠景還是一片光明燦爛的。」

爲了鼓勵他，祁六新讓他當班長的助手，幫助班長辦好全營的伙食。因爲這樣的鼓勵與肯定，他認眞負責，不僅把伙食辦得很好，連伙房班的內務也整理得乾乾淨淨、清清爽爽。

「好男要當兵。服兵役是國民應盡的義務，是由男孩蛻變爲男子漢的必經歷程。而部隊是社會的縮影，家庭功能的延伸，部隊教育與家庭教育若能環環相扣，合爲一體，就能形成良好的互動。現代的e世代新新人類，對環境的抗壓性差，如果能夠透過服兵役，接受磨練，學習壓力調適情緒管理，具有克服挫折的能力，相信對他們未來人格的養成與負責任的態度均有莫大的助益。」這是祁六新對所有役男的期許。

媽媽，他是誰？

七十一年十一月，祁六新帶著部隊進入砲兵基地訓練，因爲那是實兵實彈的演習測驗，祁六新一直是戰戰兢兢、戒慎恐懼，不敢有一絲一毫的鬆懈與大意。三個月的時間，祁六新整個身心都投入田中基地的訓練工作，根本忘了自己，忘了家人。等營測驗完，才想到自己已經好久沒回家了。

那天，晚上忙完軍務，立刻搭夜車趕回台北。回到家，已經深夜一點多。妻子瑞麒在睡夢中被電鈴聲吵醒，一臉惺忪地起來開門，身旁跟著一歲多的兒子小凱，小凱自睡夢中驚醒，哭哭啼啼的。

「你怎麼這麼晚才回來？」瑞麒一見是六新，又驚又喜。

兒子拉著媽媽的睡褲，揉著汪汪的淚眼，怯怯地盯著祁六新。

「媽媽，這個人是誰啊！」

祁六新見到一歲多的小兒子，長得聰明可愛，本想伸手去抱他，卻聽到兒子這麼說，頓時愣在一邊，一股辛酸的滋味湧了上來。

「他是爸爸。」瑞麒對小凱說：「你不認識爸爸嗎？照片上看過的啊！」

小凱仍用疑惑的眼光看著他，一點也沒有父子之間的親熱感。

「你先坐一會兒，肚子餓了吧！我去幫你煮碗麵。」

瑞麒進廚房去，小凱始終拉著媽媽的衣角，亦步亦趨，好像很害怕跟客廳那個「陌生人」單獨相處。

祁六新獨自坐在客廳，心中百感交集。

「唉！我爲部隊盡心盡力，所爲何來？忙到不眠不休、有家不歸，最後連親生兒子站在面前都不認識我，女兒呼呼大睡也不理我，我這樣的犧牲奉獻有什麼意義？」他突然感到無限落寞、酸楚。

那一夜，祁六新躺在床上輾轉難眠。

「瑞麒，我覺得很對不起妳，也很對不起孩子們。我爲了部隊的事，幾乎犧牲了對家人的照顧，妳會怨我嗎？妳說，我的犧牲值得嗎？」六新感到一陣心酸，不禁哽咽。

「我當時嫁給你就已經有心理準備，所以，我不會怪你冷落了我，你放心吧！」六新的自艾自怨反而使瑞麒感到不安，於是她反過來安慰六新。

「既然你選擇軍人當職業就沒有什麼好埋怨的。爸爸本身也是軍人，所以對軍人的生活你也早就知道，要當一個稱職的軍人，難免有所犧牲。今天，國家這麼栽培你，讓你到中科院去研究、學習，送你出國受訓，你本來就應該回饋國家、報效國家。選擇你所愛，愛你所選擇，生命才會過得充實、過得有意義。」

「謝謝妳，瑞麒，妳眞是個好妻子。」聽了瑞麒一番話，六新既感動又欣慰，瑞麒是如此明理又賢慧的妻子。「如果妳不能體諒我，或是吵吵鬧鬧、潑我冷水，那我就不會再眷念軍職，而想提前退伍了。」

黑夜中，祁六新握著瑞麒的手，備感溫馨。溫柔又堅強的瑞麒，是祁六新最重要的精神支柱，讓他在身心俱疲之際，猶如一個溫暖的避風港可以停泊、休憩。

對父親出言不遜

自從進入官校，因爲成績優異受到上級長官的關愛、照顧。隨後帶兵、進入中科院、留美、接任中校營長，祁六新不論學業、事業，一路走來平順，不論什麼職位，只要心有所屬，幾乎都能稱心如意，無形中，養成他驕傲自大的觀念，與人相處，難免會流露出少年得志的傲氣。

雖然，同僚間大家在表面上仍然恭維他「祁第一」，什麼事都說：「只要有祁六新在，我們就不用擔心了。」卻沒有幾個眞心與他交往的朋友。

有時，同事們在辦公室裡說說笑笑，一見到他，就立刻中斷談笑或是轉移話題，使他心裡隱隱有「高處不勝寒」的感覺。但是，他也不知道問題出在哪裡？更想不到是自己的優越感與春風得意的氣勢，在無意間傷害了別人。

他在部隊的傲氣，同時也會不由自主地帶回家中。從前，他放假回家，都會幫母親掃地，整理家務。現在當了中校營長，回到家裡，反而是母親殷切地爲他端茶倒水。

對父親的態度，也不像過去那樣虛心請教，偶而還會流露出睥睨的神情。

有一回，父子倆不知談論什麼話題，祁六新對父親的想法不以爲然，說話的態度也就顯得輕浮、傲慢。

「六新，儘管你現在的表現、績效都很好，爲人還是要謙虛，要記得『滿招損、謙受益』的道理。尤其在團體中，不要爭鋒頭，一個人再厲害，靠個人的單打獨鬥還是不行，要靠團體的力量，集思廣益，才能夠成功。絕不是把別人硬踩下去，自己爬上來。衆望所歸的成就，可長、可大、可久。如果靠單打獨鬥，把所有人都踩下去，就算起來了，也將成爲衆矢之的。」

「唉啊！老爸，有這麼嚴重嗎？」忠言逆耳，祁六新聽不進父親告誡的良言，反而嫌父親嘮嘮叨叨。

「六新，要聽爸爸的勸，樹大招風，成爲衆矢之的後，自然會見光死。不要自以爲是、坐井觀天，記住，人外有人，天外有天。何況，你現在才是個中校營長……」父親諄諄善誘。

「老爸，你說完了沒？」祁六新打斷父親的話。「什麼叫做『才中校營長』？」祁六新不高興地從椅子上站了起來，自信又傲慢地回嘴：「老爸，你放心啦！我絕對不相信我幹不起來，不要說是上校，就是少將、中將，甚至上將，只要我努力，一定可以拿得到。」他帶著挖苦的語氣對父親說：「老爸，不是三顆梅花喔！是三顆星星喔！」

父親見他執迷不悟，扳起臉孔，嚴肅厲聲地說：「祁六新，希望你不要再自滿下去了，要把眼光看遠一點，把心胸、氣度放得更寬廣。太謀取眼前的近利，將來對你絕對是很大的傷害，說不定，你的軍人生涯，就到此爲止。」

「這怎麼可能？我閉上眼睛都能做到陸軍總司令。我將來的成就，絕對不是你現在的上校退伍，我要的是三顆星，不是三顆梅花。」祁六新加強語氣地說：「是所有的梅花把角都凸出來，變成三顆星。」

見兒子故意這樣的羞辱，父親臉一沉，感到痛心。沉吟半晌，才抑制了心中的悲憤，苦口婆心、好言相勸：「六新啊！你眞的要好自爲之啊！時間和事實會證明一切。」

祁六新當下沒有覺悟、沒有反省。他不覺得自己已經深深傷害了父親，傷害了最尊敬的學長。志得意滿的他，覺得眼前的路無限寬廣，美好的人生，正等待開花結果！

「當時我已經被利慾、高階沖昏頭了，對父親的那種狂妄神態，現在回想起來都會感到深深的愧疚、汗顏。」祁六新無限地懺悔。

「躺在病床上，回想過去總總，感慨人生的無常，我以爲自己已經壯志凌雲，沒想到，竟從雲端上跌了下來。我的軍事生涯眞的到此爲止，不要說三顆星，就連父親的三顆梅花都沒拿到，我還有什麼好驕傲自大的。我不知道這是上天對我的懲罰？還是上天對我的試煉？還是上天對我的恩寵？我眞的不知道。」祁六新略帶哽咽地說。

第八章

長夜將盡

過去，我不曾領略大自然之美，不曾擁抱日月精華。
等到心扉打開，陽光、雨露滋潤著我的心房，
我看周遭一切都充滿生氣。
萬物靜觀皆自得，我從大自然的接觸學習許多，
也想通了人生的許多道理。

長夜將盡

●張瑞麒是祁六新生命中的一盞明燈，陪伴他走過漫漫長夜，迎向另一片天光。（照片提供：祁六新）

受傷七年，身心備受摧殘的祁六新，再也燃不起對生命的熾熱火花，尤其是當妻子和孩子們因受不了他的折磨而不來看他。在悲傷、絕望的痛苦深淵中，他終於選擇「咬舌自盡」，來做爲這悲慘一生的終結。

輾轉了一夜，在黎明之際，他下定了決心，伸出舌頭狠狠地大力咬下，咬下的一剎那，因爲神經反射，全身彈了起來，驚動了睡在一旁的看護，看護起身，見到祁六新口溢鮮血，嚇壞了。

「祁中校，怎麼會這樣？」看護猶豫了半秒鐘，立刻奪門而出。

這時的祁六新已經痛得昏了過去，意識悠悠忽忽，以爲自己已經到了陰曹地府。

接著是幾位護士小姐急沖沖地跑進來，撞到了東西發出鏗鏗鏘鏘的聲音：「快送到急診室，通知值班醫生。」於是，衆人七手八腳連床帶人推到急診室。

祁六新被這一連串慌亂、嘈雜、緊張的聲音拉回現實，看了衆人一眼，心想：「奇怪，我怎麼還沒死？」又看看窗外，黎明之際，天光微亮，卻已聽到早起的鳥兒吱吱喳喳地叫鬧著。祁六新突然心有領悟：「原來，我死了這個世界並沒有改變什麼，太陽依舊升起，鳥兒依舊歌唱，人們依舊工作、忙碌，誰會在乎這個世上少了一個不幸的我。」

原以爲自己含恨、悲壯地自殺，應該是天地同悲、草木爲之變色，人們將爲自己的死惋惜、感傷，結果如何？地球一樣運行，什麼也沒改變啊！

在急診室裡消毒、縫針、擦藥，幸虧他只咬斷了假門牙，才沒有釀成更大傷害。醫生、護士忙了半天，才將他送回病房。「祁中校，人生還是很美好的，看自己怎麼去看待，不要再想不開了。」醫生好意地勸他。

他沒說話，心情似乎平靜了許多。他靜靜地躺著，想著自己這幾年來，因為不甘心接受成殘的事實，折磨自己、折磨別人，到了人見人怕的地步，連同學長官也都不敢來看他。最後，連自己最親近的家人都受不了，避不見面。

「我好像是沒有靈魂的人，行屍走肉；要不就像惡魔妖怪，令人望之生畏，這樣的生活有什麼意義？我難道要一輩子這樣過下去嗎？」他不斷地問自己。

「奇蹟」出現了

傍晚時分，祁六新迷迷糊糊睡著了，昏寐之中，聽到有人開門，他瞇著眼向門口瞥了一眼，整個人立即清醒過來。

「奇蹟」出現了，是張瑞麒，帶著小寶、小凱出現在他面前。他以為妻子一輩子都不會再來，沒想到……。

「瑞麒──」他一開口，激動得哽咽了。

「對不起！都是我害了妳……，」咬傷舌頭的祁六新，每說一個字，傷口都非常疼痛。但是，他還是忍著痛，口齒不清地說了一堆話，他急著向瑞麒懺悔。

「瑞麒，我讓妳受苦了，飽受身心的折磨，是我對不起妳！我以爲……，妳再也不會理我，再也不原諒我。」祁六新說著，眼淚已流滿面頰。「我好傻，眞的好傻，因爲我已經一無所有，我害怕失去妳，眞的很害怕失去妳，所以才……。

「瑞麒，妳這樣無怨無悔地照顧我，我眞的很感激，我知道自己錯了，請妳原諒我。我保證一定不會再亂發脾氣，請妳相信我。這個家沒有妳就毀了，我也完蛋了……。」

瑞麒不發一語，只是拿著面紙幫他拭去臉上的淚水。兩個孩子怯怯地走到爸爸跟前，拍拍他的肩膀，是一種安慰，也是一種鼓勵。當然，他們的臉上猶掛著一絲驚惶，不知道爸爸會不會又突然發神經。

「小寶、小凱，乖，爸爸以前對你們很兇，實在對不起，從今以後，爸爸一定講道理，不會再又吼又叫，亂吐口水。」

「經過這件事情，我們還是要面對現實，好好走下去，再不珍惜，這個家眞的要毀在你的手裡。」瑞麒攏一攏祁六新蓬亂的頭髮，溫柔而堅定地說：「沒有人能夠毀掉你，只有你才能毀掉你自己，要好要壞，全看你自己了。」

祁六新一聽，一把鼻涕、一把眼淚地說：「放心吧！經過這次教訓，我一定改掉自己的壞脾氣。但是我是人，總有情緒不好的時候，如果我再有情緒失控的情形，妳就提醒我，我一定會克制自己。」

瑞麒幫他擦擦臉：「好啦！你也該理個頭，刮刮鬍子，洗個澡了，看你一身又髒又臭的。」

瑞麒幫祁六新簡單地剪了個髮，幫他把鬍子刮乾淨，這才像個人樣。

「小寶、小凱，等一下媽媽幫爸爸洗澡，你們幫爸爸把房間打掃、整理乾淨。」洗完澡，身心舒泰，又見兒子、女兒將房間打掃得乾乾淨淨，此時，他心情非常開朗。祁六新此刻深深感受到什麼是「至福」，不是家財萬貫，不是高官厚祿，不是權力地位，而是「妻賢子孝」，唯有「妻賢子孝」，才是人生至福。

生命重新出發

妻子、兒女重回身邊，祁六新生命有了意義。

他發現，自己的上半身比較有力氣了，於是請人重新設計腰部的「鐵甲武士」，這麼一來，他就可以練習更長時間坐在輪椅上了。

從前的七年，他幾乎不出病房，像個自閉症，窗簾隨時緊閉，讓整個病房幽幽暗暗，不知晨昏。現在，他拉起窗簾，讓陽光照射進來，房間顯得乾淨又明亮。同時，他也會請看護推著他走出病房，到醫院的院子裡曬曬太陽，呼吸新鮮空氣。

「喂！那個猾仔（瘋子）出來啊！」有些病患家屬一見到他，便會竊竊私語。他心情開朗了，也無所謂別人怎麼看他，他也知道過去那個祁六新，確實跟瘋子沒什麼兩樣，難怪別人這麼說他。

「護士小姐，妳們好！忙嗎？」經過護理站，他也會主動跟護士們打招呼。

「祁中校最近精神看起來很好喔！」

醫生、護士們見他整個人完全改變了，不再像以前那樣怕他、躲他，也會主動跟他打招呼。

當他以全新的眼光去看世界，才發現世界萬物皆美。天晴，陽光灑落葉片，閃閃亮亮，像是金光耀眼的亮片；天雨，雨絲細細密密，垂掛在屋簷，又像是透明的水晶簾子；夜裡，當他坐著輪椅遙望著那一輪明月和滿天閃亮的星斗，他才發現夜是如此神祕、迷人。

「過去，我不曾領略大自然之美，不曾擁抱日月精華。受傷前，我忙著軍務，忙著事業，忙著規劃人生；受傷後，我忙著悲傷，忙著怨恨，忙著折磨人，哪有閒情逸致欣賞春花秋月？等到心扉打開，陽光、雨露滋潤著我的心扉，我看周遭一切都充滿生氣。

萬物靜觀皆自得，我從大自然的接觸學習許多，也想通了人生的許多道理。」祁六新感性的說。

經過這段時間的思考、沉澱，祁六新個性變得沉穩內斂，心思變得細密，也學會從生活中觀察人與事之間的互動關係。他這才發現，原來自己可以過得更自在、更平凡、更美好，他不必爲了形象而活在別人的目光中，他學會將身邊的所有事情簡單化、單純化。

「祁式復健操」

心靈敞開之後，他開始認眞做復健，讓生活過得更積極、更充實。

首先，他研究練氣與呼吸法，閱讀許多的資料後，他歸納出一個結論：要使身體更加健康，最好採用深長呼吸的「腹式呼吸法」。在吸氣時，從鼻子徐徐吸氣，使橫隔膜上升，腹部鼓起，吸進大量的氧氣；吐氣時，嘴微微張開吐氣，使橫膈膜下降，腹部收縮，吐出更多廢氣。

對正常人來說，呼吸是極自然、簡單的一件事。但是對頸髓第三四五節受傷的祁六新來說，卻不是那麼容易。光是從練習到後來可以自由吸氣吐氣，就得花上兩、三年的時間。一開始，他必須請看護幫忙。「吸氣。」看護隨著口令，將他胸腔的橫隔膜往上推。待腹部充滿氧氣，他閉氣喊：「吐氣。」，看護再緩緩地將他的橫膈膜往下壓。每天練習「腹式呼吸法」，就耗費了近兩個小時。

「其實，『腹式呼吸法』就像是道家練的『丹田（丹田的位置在肚臍下方三個手指處）之氣』。因爲我是脊髓神經受傷，所以我在吸氣時，會想像成有兩團小火球自兩腳後跟，循著小腿、大腿上至尾椎，沿著腰椎、胸椎、頸椎、延腦、小腦、大腦、頭頂，經印堂（兩眉之間），鼻下人中，通過咽喉，兩胸中央，回到丹田。這時感覺丹田已經吸入八、九分滿的氧氣，然後，呑口水（生津）、閉氣，意想丹田內有一團亮光，順時針由左至右，繞著丹田轉三到六圈。吐氣時，先急速吸進半口氣，再將雙唇微張，舌尖輕放下牙齦，讓氣自齒縫間自然吐出。意念也隨著丹田循大、小腿的正面，下行到腳底，回到吸氣的原點。我經過長時間的練習，現在已經可以自由呼吸，也比剛受傷時順暢許多。」這是祁六新從許多練氣的資料中，歸納出來的呼吸法。

爲了練氣，他會大聲喊口令「立正——」、「向右看，齊——」；有時，則利用「哈哈」大笑將體內的氣呼出，心情不好時，也可將鬱悶之氣一併吐出。剛開始，別人以爲是神精病在大吼大叫，後來，聽久了，知道他在練氣，也就習慣了。

練氣的過程，祁六新的心境更加平靜，身與心都獲得了很好的調整。除了呼吸法，祁六新還自創一套復健操。

四肢麻痺的病人，失去感覺、運動功能，無法自行動作，關節、肌肉因缺乏運動，容易變得僵硬、萎縮。祁六新將在三總吸收的復健知識，再加上醫師的指導和對自己身體的了解，他請看護幫忙，每天早起、睡前，從頭、頸、肩膀、手臂、手肘、手腕、手指、髖關節、膝關節、踝關節到趾關節……等，每一個部位都有一定的運動方向，以保持完整的活動度。

每天的關節活動，不但可以防止關節攣縮，維持肌肉的張力，增加血液循環，還可強化心肺功能。

加入「中華民國脊髓損傷者協會」

接受成殘的事實之後，他決定讓身體在受限的功能、條件下，一樣活出健康、活得更好。他非常注意自己的身體狀況，常常向副院長孫卓卿醫生請教泌尿方面的問題，向外科主任王篤行醫生請教褥瘡的常識，縱使有小小狀況，他都會趕緊請護士、醫生來看，不讓其他疾病有侵襲的機會。

對任何一個脊髓損傷的人來說，一定都是驚惶、痛苦、甚至是躲在黑暗的角落，自舔傷口。

而大部分脊髓損傷者多為三、四十歲的社會中堅分子，擁有創意和豐富的社會經驗，家庭美滿、事業順利，當意外重傷成殘，當然是心有不甘，悲傷情緒難以平復。尤其是面臨嚴重的行動障礙，生理機能喪失的困擾，使得身不由己，併發症更是如影隨形、防不勝防，甚至迄今仍有許多高頸位脊髓損傷者，終身癱瘓在床，求生不得、求死不能。

同是天涯脊髓受傷人，成立了「中華民國脊髓損傷者協會」，主要是以「過來人」的經驗，交換克服痛苦障礙的心得，彼此鼓勵、打氣。

祁六新也是這個協會的會員，從協會中，不僅獲得了精神上的支持與鼓勵，更透過會訊，得到許多正確的資訊與經驗。他才知道，在坎坷的人生道路上，原來有那麼多的同路人，心裡不再感到那麼孤獨、害怕、無助。大家相互扶持、彼此安慰，增添了許多信心和勇氣。等自己自立自強，有信心，如果還能夠扶人一把，生命不是顯得更有意義、彌足珍貴嗎？

重拾舊情誼

心境轉變之後的祁六新，又恢復了從前活潑、熱情的性格。

幾年前，他還像瘋子一樣憤世嫉俗，同學根本不敢來看他，一來，就是遭他的一頓白眼，要不就是冷嘲熱諷。所以，同學即使關心他，也只敢往家裡打電話，詢問他的情況。

有一天，瑞麒來照顧他，他突然想起官校那群死黨。

「我那些同學怎麼好久沒來看我了？」

「還說呢！你幾年前那個樣子，誰敢來看你啊！一來就得碰個大釘子。」

「是啊！我當時眞的很可怕，嚇得誰都不敢接近我。」他心裡非常懊悔。

想當初受傷時，同學的殷勤關懷，那種親於手足的同袍之情，都讓自己給毀了。

「瑞麒，我想給同學寫信，妳來幫我寫。」

於是，瑞麒準備好紙筆，祁六新開始一字一字唸著：

敬愛的學長、親愛的同學及學弟們：

我是祁六新，民國七十二年因公負傷，以致頸椎折斷，全身癱瘓。時間過得真快，轉眼間已經十年了。十多年來，假如沒有學長、學弟的關懷與照顧，我今天不可能活在這個世界上，我的家庭只有四個字可以形容，那就是「家破人亡」。

這段時間，更面臨了生死存亡的關頭。一方面，承蒙謝元熙、傅應川、張書信、張樹仁、安家鈺、王詒典、張鑄勳、李賢鎧、陳宏一、戴伯特、楊建中、薛承智、葉克新、張林生、周治華、葉光輝、胡筑生、梁貫幹、孟祥越、謝煥發、陳春平、余連發、姚強、程士瑜、陸小榮、李清國、陳起翔、關關豹……等諸位學長、學弟，周建國、江銘、包天、張德浩、羅又新、楊天嘯、雷光旦、查台傳、吳達澎、李述湘、姚錫政、郭饒強、廖鐵鳴、段國基……等多位同學的鼎力相助，想盡辦法，排除萬難，終於化險為夷；另一方面，朱俊峰、舒善緯、趙向文、汪濟民、李啓聖、周書年、徐志雄、盧海生、黃可夫、曾家興、葛修邦……等同學的支持與鼓勵，才使得危機變為轉機。要感謝的人，真是太多太多，無法一一列舉。而軍中學長、學弟人溺己溺、雪中送炭的愛心精神及親愛精誠校訓的發揚，著實令人感激，更令人感動。

弟仍住台北公館國軍八一七醫院，每日按表操課復健治療。目前，手部、腰部已逐漸有力，雖然仍要忍受不可言喻的椎心之痛，但相信在您們的鼓舞之下，以一顆感恩的心，憑著無比的毅力、耐力向生命挑戰。匍匐人生道，不畏癱瘓途，結合受挫的心，受難的身，就像脊椎一樣，一節一節連結起來，迎向黃埔同學這座黑暗中的光明燈塔。

受傷期間，感受良多。能成為黃埔的一員，我真的深感慶幸與驕傲。我的一生能有這麽多學長、學弟關愛我，吾何其有幸，吾夫復何求！

最後，再一次感謝您們的關懷與照顧，感激之餘，更希望各位對身體能夠多做些投資，如此才能為國珍重，才能為自己的生命留下喝采。

時光荏苒，學長、學弟隆情厚誼，情深義重，銘刻於心，全家老小，感戴難忘。特函致意，並致謝忱！　敬祝闔家安康！萬事如意！

弟 祁六新口述
弟媳 張瑞麒代筆

許多同學一接到信，都高興地互通訊息：「祁六新活過來了。」

在國防管理學院擔任主任教官的談台成一收到信，立即趕到醫院，正巧遇到祁六新在泡澡。性急的談台成，等不及要見祁六新，他告訴張瑞麒：「祁六洗澡還怕我看哪！官校四年早就看光了。」

「哎呀！祁六，你可眞享受啊！」談台成一邊喊著祁六新的外號，一邊衝進浴室，坐在馬桶上，陪著泡澡的祁六新聊天。同學許久未見，情誼不變，那份深情，使祁六新感到無限溫馨。

同學童章明來看祁六新的時候，都會帶著自己和妻子親手榨的新鮮果汁。在柳丁盛產季節，到處有賣榨好的柳丁汁，但是他還是堅持自己動手。「自己動手榨果汁，不但確保新鮮、純味，還有同學的愛心哪！祁六新，我對你的敬意和關心，都榨到果汁裡去了。」童章明說。

同學朱俊峰的父親朱景文，知道祁六新的經歷與遭遇，非常敬佩，發願盡他一己棉薄之力，將一生積蓄成立一個教育基金會，獎勵家境清寒的優秀學生每人每月五千元，直到大學畢業。祁六新的獨子祁傳凱爲獎助的學生。朱老先生現在雖然已經往生，但其次子朱俊崗，仍繼續他老人家的遺願至今。

有些同學更是利用假日，攜家帶眷一起到醫院來探望祁六新，看著同學夫唱婦隨、子女圍繞的和樂畫面，他不禁感慨：「唉！我眞是愧對我的孩子，在他們成長的歲月裡，父愛幾乎是空白的。受傷前我總是在忙，回到家也是蜻蜓點水；受傷後，我喜怒無常，讓孩子遭受莫名的驚嚇。未來的歲月裡，我一定要盡我所能做一個好丈夫，好父親。」

駐守遠地，無法趕到醫院探望的同學，也紛紛寄來卡片和信函。祁六新非常感動，原來同學對自己是如此眞誠與關心，過去是自己把心門關上了，才感受不到這麼多的愛與關懷。

意外的驚喜

多久沒過生日了？祁六新自己也不清楚，尤其是受傷住院，整天都在跟病痛作戰，哪裡還記得生日這回事。

那天傍晚，看護推著他到戶外散心，看看球場上激烈的競賽，搶球、灌籃，個個生龍活虎，心中不禁羨慕、慨歎。

平常，這個時間是瑞麒送飯來的時間，祁六新看著她的身影，走進醫院大門，迎著她，綻露親切的笑容，他就覺得很甜蜜、很貼心。

今天，天色已逐漸暗了，怎麼還沒見瑞麒來。戶外蚊子越來越多，「或許是塞車吧！」他想，還是回房間等吧！

他讓看護推著他回房間。當時八一七醫院已經蓋了嶄新的六層大樓，祁六新的病房也移到新大樓三樓。

「你要推我去哪裡啊？」他發現電梯不是往三樓去，而是到地下一樓。

看護不說話，只是推著他往復健教室走。

「你在幹什麼？到底要推我去哪裡啊！」他見看護不應，心裡有些光火。

看護推著他走進復健教室，大門敞開，兩列人手中執著熒熒的燭光迎接著他。「祝你生日快樂！祝你生日快樂……」渾厚的生日快樂歌，在黑暗中響起。

祁六新如夢似幻，心裡一陣激動，驚喜的眼眸中已閃爍著淚光。

電燈一打開，復健室裡綴滿了繽紛的彩帶，大海報上面寫著「祁六新生日快樂！」，汽球，鮮花，還有一個兩層的生日大蛋糕，將復健室點綴得十分溫馨。

「祁六，生日快樂！」「絀八（這是同學們給祁六新的另一個外號，其意是憨厚之意），生日快樂！」聽著官校同學喊著自己的綽號，格外親切。除了同學，還有醫院的醫生、護士，瑞麒、小寶、小凱、母親，原來他們早就來了。

「你們——」祁六新哽咽，話說不下去了。他深深吸了一口氣，讓激動的情緒平復下來。

「十年了，我知道自己怎麼過的。我跟魔鬼一樣，折磨了這麼多人，傷害了摯愛的親人，敬愛的長官同學和照顧我的醫生、護士們。今天，利用這個機會，懷著一顆謝罪的心向各位懺悔，請各位原諒我過去的行爲。從今天起，我保證跟各位一樣，好好努力奮發，做我自己應該做的事。就像這根蠟燭一樣，燃燒自己，照亮別人。」說時，祁六新仍掩不住激動之情，熱淚盈眶。

說完，全場掌聲響起。大家瞎起鬨：「大嫂，親一個、親一個，給祁六一個愛的鼓勵。」瑞麒不好意思，倒是一對寶貝兒女，上前擁抱著父親，親了又親。

那一夜的驚喜，祁六新非常開心，他眞的壓根已經忘了生日這回事，沒想到，家人、同學、醫生、護士，大家這麼愛護他，給了他一個終身難忘的「生日會」。從此刻起，祁六新是眞正的「重生」了。

陳將軍來訪

八十三年端午節前夕，聯勤總部政戰部主任陳興國將軍，帶領參謀到眷村訪視，了解眷村軍眷的需要。他一步一腳印，來到了南港光華新村，因爲祁六新的母親王月如女士是南港光華新村自治會會長，代表接待陳將軍。

陳將軍到了祁家，看到祁家牆上掛著一張照片。

「這位是……？」

「我兒子祁六新。」

「這張照片是什麼時候拍的？」

「那是他自陸軍官校第一名畢業時，由蔣故總統經國先生親自頒授獎章。」

「很優秀，很優秀。他現在還在軍中？哪一個單位的？」

祁媽媽聽陳將軍問起，眼眶一紅，就將祁六新如何投筆從戎報效國家，又如何車禍受傷導致全身癱瘓，現在住八一七醫院復健的情形，簡單地敘述一遍。

陳將軍一聽，嘆了口氣說：「唉！眞可惜，這麼一位優秀的軍官。」

臨走時，陳將軍告訴祁媽媽：「明天有空，我會去醫院看他。」

陳將軍走後，祁媽媽打電話給祁六新，告訴他：「聯勤總部政戰主任陳興國將軍明天會到醫院看你。」

「媽，不可能啦！人家的官階那麼高，事情那麼多又那麼忙，怎麼會有空來看我？長官只是好意，說些安慰妳的話，妳還當眞嗎？」祁六新以不信任的口氣潑了母親一盆冷水。

第二天早晨，祁六新還在做復健，只見有人敲門，進來一位穿著軍服的人。

「學長好！」祁六新以爲是學長來探視。

「祁中校，我是聯勤總部政戰部主任陳興國。」

「啊？」祁六新一聽，趕緊改口：「長官好！」

「好！你的情形，你母親都告訴我了。現在怎麼樣？復健都還順利？」

陳將軍坐下來，與祁六新閒談，詳細地詢問他目前做復健的情形，關心他身心各方面的調適，愛護之情溢於言表，眞誠的關懷很快地就拉進了彼此的距離。

陳將軍坐了許久，才起身告辭。「祁中校，你好好養傷，國家還是很需要你。我以後有空，會常常來看你，好好保重。」

那最初的一面之緣，給祁六新留下深刻印象，陳長官對部屬的關懷，令人感動。也許是緣分，陳將軍的夫人，日後也常來探望祁六新，陳將軍的岳父、岳母也成了祁六新的「忘年」之友。

衆「星」雲集

八十三年十二月三十一日，是晉升將官的日子，當年，與祁六新同是四十一期的軍

●民國八十三年十二月三十日晉陸將官的四十一期同學，當天下午聯袂來醫院探望祁六新。圖左至右為包天、楊天嘯、查台傳、鄭禮國、張日麟、王昊、江銘。（照片提供：祁六新）

● 祁六新是同學心目中永遠的「五星上將」。圖為四十一期學生時代的實習旅長段國基，代表同學贈予祁六新「將星」。（照片提供：祁六新）

校同學王昊、包天、江銘、查台傳、張日麟、楊天嘯、鄭禮國等人已晉升少將。早上李總統登輝先生親自授階，下午，這幾顆「星」便連袂來探望祁同學。

「祁六，獻給你。」

他們送給祁六新一塊特製獎牌，上面寫著：送給最堅強的祁六新同學紀念——樂觀奮鬥、早日康復。

祁六新很感動也很意外。上午授階，下午該是各自忙碌或是接受親友的慶賀宴會，怎麼全攜家帶眷到醫院來了。

「哎呀！同學，今天是你們大喜的日子，你們應該團圓慶祝才是，怎麼全到我這裡來了？我這裡什麼都沒有，什麼都不能給你們。」祁六新開玩笑地說。

「同學啊！凡事都是緣分，也是命中注定，只要自己盡力就好了，至於能不能升到將官，那要靠天時、地利、人和的配合。今天，我們僥倖升上將官，而你還是坐在輪椅，看起來雖然有點差別，但是，在我們的心目中，你還是永遠的第一。」

「是啊！祁六，要不是你受傷，升將官哪還輪得到我們呢？」同學說。

「紐八！我們只有一顆星，可是你是我們的五星上將，以後同學的官階升到哪兒，你也跟我們一起升。」同學將代表軍人最高榮譽的軍階——「星」，獻給祁六新。

「不過，說眞的，看到同學這麼優秀，我眞的很高興，恭喜你們！」

大家有說有笑，氣氛非常融洽。臨走前，不知誰提議：「我們來合唱《黃埔校歌》。」

「好！有意義。」大家應和著。

「怒潮澎湃，黨旗飛舞，這是革命的黃埔。……」

雄渾的歌聲，唱出黃埔的精神，唱出四年同窗的記憶，唱出爲國盡忠的情懷，唱出慷慨激昂的鬥志。唱到「攜著手，向前行，路不遠，莫要驚，親愛精誠繼續永守，發揚吾校精神，發揚吾校精神」時，幾個大男人不禁潸然落淚，那是英氣煥發的英雄淚。

送走同學後，祁六新的病房突然冷清下來，他不發一語，顯得落寞孤寂。畢竟，他是人不是神，他還是有比較的心理，想起當年在官校的風光，如果不出車禍，今天光宗耀祖的祁六新必是其中之一！

「怎麼了？」瑞麒看出祁六新的心事，安慰他說：「不要想太多啦！」

「看到別人風風光光，我什麼都不是，唉！眞是無限感慨啊！」祁六新看著妻子：「瑞麒，妳會不會後悔嫁給我？」

「爲什麼要後悔？我是愛你的人，又不是愛你的官階。」瑞麒握著他的手，溫柔地說：「就是因爲你是中校我才能愛你啊！要是你升了少將，整天忙得不見人影，我想愛你還愛不到呢！」

祁六新聽妻子這麼說，頓時心胸豁然開朗。「瑞麒，謝謝妳！妳眞是我的好妻子。」

「唉！說的也是，爲什麼好事情就非我莫屬？爲什麼一定要我升將官，爲什麼一定要我當總司令？別人當也一樣可以啊！優秀人才能爲國所用，國之幸也。」

往後，每年的將官晉升，晉升的同學們當天下午都會一起來看祁六新，這成了官校同學的慣例。不僅是同學，連學長升中將、學弟升少將，也都會來探望祁六新，將這份榮耀與他共享。

父子情深

對於孩子，祁六新內心始終有一份難以彌補的虧欠，尤其是小凱，祁六新出事時才一歲多，在這之前他根本忙於軍務，沒時間回家，回到家小凱也不認識他了。出事後，因爲自己心情惡劣，對這稚小的兒子沒有半點憐惜，動不動就是責罵、罰跪、吐口水。到最後，父子之情疏離，小凱見到他，總是一臉惶恐、無辜、又畏懼。

「唉！可憐的孩子，爸爸實在對不起你！」祁六新不止一次的在心裡懺悔，總是找不到補償孩子的機會。

那天，瑞麒來醫院，跟他提起小凱。

「這個孩子越來越貪玩、愛看電視，眞不知道怎麼辦？每次我回到家裡，看他趴在桌上睡覺，功課都沒寫，我就知道一定是看電視看到我要回家，才趕緊做功課，寫不到幾行，就累得睡著了。」瑞麒發牢騷。

「我每天要上班，小寶又住校，根本沒人盯著小凱。一放學，他就跟著外面的孩子到處跑，他的個性單純又忠厚，就怕被人帶壞了。」

「要不，讓小凱住到醫院來。」祁六新突然靈機一動。「一來，他可以陪我，二來，我盯著他，可以糾正他的生活習慣，幫他複習功課。」

「可以喔！」瑞麒一聽，是個好辦法：「反正現在放暑假，又不用上學，在你這裡，免得整天瞎跑，我也放心。」

於是，他們倆跟小凱商量，小凱也同意住到醫院陪爸爸。

小凱住到醫院，給了祁六新愛他的機會。首先，祁六新幫他安排一個充實的暑假生活，其中包括打籃球、羽球、乒乓球，還有游泳。

祁六新雖然不能親自下場指導孩子，但是他請了醫院的阿兵哥教小凱，每次看到孩子馳騁在運動場，那汗水淋漓的臉龐，那歡樂的笑靨，祁六新心裡就感到非常滿足。

快樂的暑假過去了，父子間也培養了深濃的感情

「爸爸，暑假結束，我就不能住醫院了喔？」小凱已經愛上待在爸爸身邊的日子，

比起他一個人孤孤單單待在家裡好多了。

「小凱喜歡陪著爸爸嗎?」

「嗯!」小凱用力地點點頭。

「放心吧!媽媽已經幫小凱辦好入學手續，就在醫院附近的民族國中，小凱國中三年都可以住在醫院，陪著爸爸。」

「哇!太好了!」小凱興奮的抱著爸爸。

「不過，開學後，爸爸對小凱的要求會更嚴格。以後，小凱要撥鬧鐘自己起床，自己整理書包、衣物、床位，做錯事情，爸爸還會處罰喔!」

「是!沒問題。」小凱向爸爸行舉手禮，逗得祁六新也笑了。

國中入學報到，祁六新在看護的陪同下，坐著輪椅陪小凱到學校報到，小凱眞的很開心。他在當天的日記上寫著:「我偉大的父親，他雖然受傷，但還是不畏辛苦地陪我去報到，使我感動萬分，雖然父親受傷，但是他的內心還是非常堅強的。」

小凱住在醫院裡，生活非常規律，每天一早醒來，就是跟爸爸道「早安!」然後梳洗、穿衣，背著書包上學去。一放學，書包一丟，第一件事就是給親愛的老爸一個熱情的擁抱，加上一個眞情的「kiss」。然後，就是嘮嘮叨叨說個沒完，報告一整天在學校裡發生的趣聞。祁六新分享著孩子的心情，也會給予孩子一些正確觀念的引導。他非常

「享受」這種親子間毫無保留的親密溝通，有時小凱做錯事，會自行招供，除非犯了大錯，他盡量以說理代替責罰，做到嚴而不厲、責而不苛。

雖然祁六新疼愛小凱，但是，小凱做錯事，他絕對不縱容。有一天，小凱和表哥吵架，甚至大打出手，結果被爸爸狠狠地教訓了一頓。雖然小凱被罵，他還是知道爸爸用心良苦，他在日記上寫著：「今天是最不好過的一天，一整天都被爸爸罵，但是罵完都跟我講道理。爸爸自己是個病人，還要花時間照顧我，眞是令我佩服。」

小凱每天寫日記，除了記錄學校發生的事情，與父親之間的互動，也常是他日記的主要內容，有一天，他在日記上寫「一段難忘的親情」。

「自從我上了國中，便與爸爸住在醫院，每天陪著爸爸，無形中，增進了許多父子親情，從每天輔導我功課，到教我做人做事的道理，費盡了心思與精力。

從到醫院陪爸爸至今，已經快五個月了。五個月來，我從內心深處體會到爸爸的苦心與愛子深切的心。哪一個父母不是望子成龍，望女成鳳?同樣地，爸爸以無比的愛心和耐心撫育我、教導我，不是一般人能夠體會的，親情是金錢買不到的，也是最珍貴的，我要好好把握三年的親情，好好用功，在爸爸的扶持下，用功讀書，考上好的學校，以報答父母的大恩大德。

總之，當你倒下，又最無奈時，全世界都不理你，只有你的父母會幫你，可見親情是多麼聖潔與偉大。我一定要把握珍惜現在所擁有的親情，因為一失去，再也找不回來了。一定要切記。」

讀著小凱的日記，祁六新開心地笑了，笑中帶淚。雖然他不是一個十全十美的父親，但是，他給小凱的父愛絕不吝惜，而小凱也能體會父親的一片深切苦心，他感到很欣慰，他終於能夠彌補過去的缺憾，陪著孩子一起成長。

在祁六新的用心關注下，小凱身心、學業都獲得均衡的發展。對孩子的教育，祁六新不以成績好壞爲主要標準，他總是告訴小凱：「分數不能代表一個人的好、壞，它只是測驗學習的效果，所以考不好沒關係，但是，最基本你一定要盡心、盡力去讀。」

「誠於做人，精於做事，勤於讀書。」這三件事是祁六新用來要求自己的座右銘，現在，他也用這三句話來要求小凱，當成小凱在成長學習中的基準。

「親子之間親密的互動，是人生中最寶貴的感情，不是任何金錢、物質、高官、厚祿可以取代的。我以前忽略了這一點，受傷之後，才領略到這份感情的珍貴與重要。陪伴孩子，參與孩子的成長，是上天賜給我們的神聖使命，也是一種至大的喜悅。可是，許多忙於事業的父母卻忽略了它。孩子的成長只有一次，錯過了，將是永遠的缺憾，要彌補也沒有機會了。」祁六新眞誠地說。「或許有部分父母跟我一樣行動不便，或是臥病在床，但是，表達愛是不拘任何形式的，只要我們有心，孩子一定能夠體會到。在愛中成長的孩子，一定會是一個身心開朗、活潑懂事的好孩子。」

超人的啓示

民國八十五年九月一日，祁六新接到軍中的退伍令，從此「在鄉爲良民」。雖然他已幾經調適，說不得心中又是一陣感傷。當年，對著父親口出狂言：「我要的是三顆星，不是三顆梅花，是梅花的角都凸出來。」最終，自己以中校官階退伍，連三顆梅花都拿不到。一個「憧憬、理想、抱負」的事業，就這樣「無疾而終」！祁六新的內心充滿了無數個不願意，但是「不甘心」，又能怎麼樣呢？面對「它」、接受「它」吧！

人生的際遇就是如此，誰能預知下一刻呢？無常啊！

從現在開始，祁六新就是退輔會（行政院退除役官兵輔導委員會）的榮譽國民。想起「榮民」，榮民弟兄曾用鮮血保衛國家、用汗水建設台灣，若無昔日榮民弟兄的保國衛民，哪有今日的台灣成就。

「我目前雖然從軍人變成了榮譽國民，我還是會好好扮演自己的角色，把身體先照顧好再說吧！感慨什麼都是沒有意義的。」想開了，他就這樣勸自己。

雖然，祁六新努力做復健，但是，都還是生活在自己的天地裡。直到有一天，他在電視上看到關於「超人」克里斯多夫・李維（Christopher Reeve）的報導……。

美國著名影星克里斯多夫・李維，曾經以「超人」走紅全美，更以「似曾相識」裡的癡情青年令人著迷。喜歡運動的李維，在一九九五年的一次馬術競賽中意外落馬，摔傷了頸髓神經，從此癱瘓在床。

李維也曾因爲自己的傷，驚惶、失措，但是，在妻子、兒女愛心的照顧、陪伴下，他很快重新建立信心。美國政府籌措三千萬醫療基金，請了全美最好的醫生，爲他治療。雖然，他知道目前的醫學界對脊髓神經受傷的治療仍無新的進展，但他仍期待奇蹟出現。

勇敢的李維，一方面做復健等待奇蹟，一方面仍不願意虛耗生命，他參加慈善公益活動，到復健中心演講，談談自己受傷後的生命經歷。他更積極籌募「克里斯多夫・李維基金會」，爲美國癱瘓協會拍攝公益廣告，幫助美國癱瘓協會與其他殘障團體；甚至不斷與柯林頓總統通信，敦促美國政府提供充分的基金，研發解藥，以照顧並預防阿茲海默症、多發性硬化症、中風、帕金森症和脊髓受傷等病症。

看完「超人」的報導，他心裡既感動又佩服，原來，全身癱瘓還能做這麼多事。

「我沒有『超人』的知名度，可以做那麼多大事，但是，我同樣有一顆愛心，一顆願意助人的心，我可以從服務身邊的人做起啊！」祁六新告訴自己。

助人為快樂之本

於是，他開始走出病房，走向醫院大廳。

「老伯，你要做什麼，需要我幫忙嗎？」他見到一位老先生，手上拿著一張字條，左張右望，想問人卻又不敢。

「我要拿降血壓的藥啦！醫院這麼大，也不知道去哪裡找醫生。」老伯拿出那張字條，遞給祁六新。

「你還沒掛號耶！你跟著我的輪椅來，我帶你去辦。」

祁六新住院十幾年，醫院哪裡掛號、哪裡取藥、哪裡是內科、哪裡是外科，他都瞭若指掌。他坐著輪椅帶著老伯去掛號，然後陪他去候診。

「你在這裡先等一下，叫到你再進去。」候診時，他坐在一旁陪老伯聊天：「你怎麼自己來，孩子沒陪你來？」

「這幾天橘子在收成，果園忙得很，孩子們沒空。反正我身體也挺硬朗的。」老伯說著，哈哈大笑，露出一口沒有牙齒的牙齦。

陪著老伯看完病，拿完藥，送老伯到醫院門口。

「謝謝！謝謝！年輕人，你眞是大好人，活菩薩，今天眞是太幸運了，能夠遇到你。」老伯不斷向祁六新鞠躬道謝。

目送老伯歡喜地離去，祁六新心裡好感動：「只是小小的幫忙，就換來他那麼大的歡喜。能夠幫助別人，眞是一件快樂的事啊！難怪青年守則上要說『助人爲快樂之本』眞是一點兒也沒錯。」

祁六新從幫助別人當中，獲得了尊重，獲得了鼓勵自己的力量。在別人的感謝與歡喜中，他發現，原來受傷的生命也有可以發揮的空間，不一定只是躲在病房裡做自己的復健，或是胡思亂想、哀聲嘆氣、自怨自艾。

從此，祁六新走入人群，主動去幫助醫院裡需要幫助的人。這樣的生活，充實而有意義，他的生命基調也不再灰暗，而是增添了一些亮麗的色彩。

第九章

迎向另一片天光

剛受傷時，
別人會對我說一些安慰、鼓勵，甚至順從我心的話。
但是，時間久了，
我會變成對這種讚美、柔軟的話語有了依賴感，
而越依賴鼓勵、保護，就越懦弱，越站不起來。
直到我被當頭棒喝，才真正清醒，開始思索未來。

迎向另一片天光

●受傷十三年，祁六新第一次踏出醫院，重返金門。圖中由左而右為周建國、宮旦生、王樹興、徐志雄、吳達澎、江銘、查台傳、羅又新、前花崗石醫院院長孫卓卿。（照片提供：祁六新）

受傷進醫院，一住就是十三年。這十三年，醫院就是祁六新的家、祁六新的全部世界，他的接觸，除了親人和來探望的同學、朋友，就只有醫院裡的醫生、護士、病人。過去個性開朗，勇於開拓視野，做事充滿信心的祁六新，這些年來已變得保守、自閉，甚至沒有自信。

他也已經安於這樣的封閉生活，算是消極地接受現況，也可以說是積極地面對成殘的事實。總之，他的生活觸角萎縮了，他的封閉是因爲生活中任何一件事都要依賴別人，還談什麼其他的活動與接觸呢？

民國八十五年的「九三軍人節」，一群同學來到病房，大家話起當年的黃埔歲月，自是無限的懷念。看著同學一個個在軍職崗位上表現優異，祁六新一方面欣慰，一方面也有些感慨。

走出象牙塔

「喂！祁六新，你現在身體狀況慢慢好起來了，心情也走出陰霾，應該出去走走。」羅又新說。

「是啊！你不能老是待在醫院裡，把自己封閉起來，我們帶你出去逛逛，坐坐汽車、坐坐飛機，怎麼樣？」徐志雄說。

「哎呀！同學，我現在這個樣子，能在醫院到處走動已經很不錯了，還能到哪裡去啊？」祁六新自我解嘲地說。

「怎麼不能？你想去哪裡？只要你說出來，我們就辦得到，就是抬著輪椅，也一定有辦法把你抬到。」周建國拍著胸脯說。

「算了，別拿我窮開心了。同學，我連吃飯、穿衣、睡覺都要別人幫忙，一出門就得勞師動衆，怎麼出門啊？你們也知道，我兩天得摳一次大便，根本不可能出遠門。」祁六新確實對自己的行動不便有很大的心理障礙，他根本不敢妄想醫院外面的天空。

「紐八，你怎麼變得婆婆媽媽的，難道你不相信我們？放心，你只要把心情放輕鬆，一切事情都有同學在。」

「不是啦！而是……」

「別說那麼多了，快說，你最想去哪裡？」

「真的嗎？那是你們說的喔！別到時候嫌我麻煩。」祁六新見同學如此堅持，心裡有些鬆動。「好啊！要去就去遠一點，我們去金門。」

「金門，你決定了？現在金東師、金西師、南雄師的師長都是我們同學，正好可以來個小型同學會。」

「就這麼說定了。」周建國拍拍祁六新肩膀：「你什麼都不用管，我們幾個會把事情都聯絡好，你只要好好調養身體，準備出門就是了。」

同學走後，祁六新半信半疑：「同學們個個都那麼忙，眞的有空陪我去金門嗎？還是一時興起，說說讓我開心罷了？」

十月十七日下午，周建國和羅又新將機票和行程表送來。

「祁六，你看，行程都安排好了，金門那邊也都準備好了。後天一大早出發，住一晚，大後天晚上把你送回醫院，怎麼樣？」

「哎呀！同學，別開玩笑了，你們眞的要把我帶去金門？」

「機票都買好了，還能假？你這兩天準備一下，後天一早在松山機場集合。」

美夢成真

同學們走後，祁六新心情忐忑又緊張。「可能嗎？十三年了，我一直都待在醫院裡，眞的有走出醫院的一天？」雖然緊張卻又興奮，像是被禁足很久的小朋友，突然被通知要去郊遊，趕快整理行李，辦請假手續，待一切都就緒了，卻因雀躍的心情而睡不著覺。

出發當天一早，祁六新向醫院借了車子，送他到台北松山機場，另派一位看護全程隨行。

一到機場，同學們已在機場等候，大家高興地互相招呼。

「祁六，怎麼樣？開心嗎？」

「哎呀！我好像有『美夢成眞』的感覺，眞不敢相信我這樣也能搭飛機。」祁六新笑著說。

登機時，有人扛輪椅，其餘的人齊力抬著祁六新，將他抱上立榮航空。上了飛機，空服員知道有位行動不便的乘客，爲了考量祁六新座椅的舒適和方便，特別爲他安排一個前排進出方便的位置。

祁六新坐在靠窗邊的位子，很興奮地東張西望，封閉了十幾年的眼界今日重新開啓。

飛機緩緩起飛，望著機窗外蒼翠的寶島，心裡有一份很深的激動：「眞是美麗的河山。算一算，我離開金門也已經二十二年，金門不知道變成什麼樣了？」

經過四十分鐘的飛行時間，飛機緩緩下降，看到窗外的景致，一片蒼翠蓊鬱的綠林，那麼熟悉的景致。「金門，我又回來了！」祁六新在心中吶喊。

一下飛機，三位師長級的同學吳達澎、江銘、查台傳，還有花崗石醫院院長孫卓卿等，都在機場歡迎。

「歡迎你到金門。」同學們獻花，歡迎祁六新的到來。

「同學，你們幾個師長來迎接我這個中校，實在太讓我感動了，謝謝，謝謝你們！」祁六新激動地說。

大家一番寒暄。金西師的師長吳達澎同學報告上午的行程：「我們按照行程，先到古崗湖、文台古堡、酒廠、陶瓷場參觀，中午到我們餐廳用餐。」

「好！出發。」一夥人都相當興奮、開心。

舊地重遊，祁六新自是感觸良多。當年金門戰地氣氛相當濃厚，老共隨時伺機侵襲，兩岸經過幾十年的交往，戰爭氣息漸漸平緩，如今的金門已建設成一個綠色島嶼，民風樸實，像是一個世外桃源。

下午，他們一行到雙鯉古地賞候鳥，又參觀了金門的碉堡、工事地下化。置身地下化工程中，祁六新深深感受到，國軍弟兄們在前線爲保家衛國所作的辛苦奉獻，才能使金門固若金湯。

晚上，大夥兒來到江銘南雄師指揮所，由南雄師的師長江銘同學作東，請大家吃晚飯。這時，一位身著黑色運動服的人突然出現。

「宮旦生。」祁六新驚喜地喊著。

「他們打電話給我，告訴我你來了，所以我特地來看看你。」宮旦生說，神情有些落寞。

祁六新在十月中旬的新聞報導中，已得知金門彈藥車爆炸事件，當時宮旦生是後勤指揮部指揮官，全島彈藥事宜都由他負責督導，因此事件而被暫時卸職。原本官階上校，再過兩個月要升少將的他，此際心情之沮喪、難過可想而知。

晚餐時，大家都勸慰宮旦生。祁六新也說：「我們都知道，這件事情錯不在你，但是，軍中的連坐法，一定是由主官負起成敗之責。相信，很快會雨過天青的。」

「哎呀！祁六新啊！聽你說這些話我眞是慚愧。你受傷成這樣，是生命攸關的事，你都能『站』得起來，我這點小小挫折算什麼。」

宮旦生在大家的鼓勵下，心情轉爲開朗，餐桌上大家把酒言歡，把不如意的事都拋諸腦後。

重登太武山

當夜，夜宿金東師，金東師的師長查台傳同學已經完成隔天一早登太武山的準備。

第二天一早，祁六新做完復健，查台傳已將車子準備好，載著大夥兒到太武山下。因爲車子不能直上太武山，必須下車登山，這時祁六新感到爲難。

「同學，我又給你們找麻煩了，我這輪椅怎麼上山啊？」

「你放心，我們能上，你就能上，就是推著抬著輪椅，也一定把你推上山。」

大夥輪流推著輪椅，山勢雖然不陡，但是推著輪椅還是頗爲吃力，同學們輪番上陣，大家推著祁六新沿著玉章路(紀念劉玉章將軍擔任金防部司令期間開鑿此路而命名)慢慢上山，欣賞美麗沿途的景致，聽著晨鳥啁啾，心情十分舒暢。

其實，這些師長級的同學，大可請屬下年輕力壯的阿兵哥來幫忙推輪椅，但是他們卻自己捲起袖管，揮著汗水，輪流推著輪椅，有說有笑，深摯的情意流露在彼此的言談之中。

祁六新一方面感動於同學的盛情，一方面又爲自己給大家帶來麻煩感到愧疚。

「同學，眞是對不起！因爲我讓你們勞師動衆，還得這麼辛苦爲我推輪椅。」

「祁六，什麼話嘛！再這樣說就太見外了。」

「是啊！這不像是過去的祁六新喔！」

「看到『毋忘在莒』了嗎？紲八，怎麼樣，我們還是把你推上來了。」

見到了太武山頂「毋忘在莒」的勒石，祁六新眞的很興奮，登高望遠，山下數里景物歷歷，山風徐來，拂面清爽，祁六新深深呼吸，頓時覺得心境開朗。

「同學，謝謝你們，我眞的不敢想像，我還有登上太武山的一天。」祁六新興奮激動，感謝、感動又感恩。

「唉！我要是不受傷多好，也能跟你們一起打拚，爲多難的國家盡一份心力。」望著對岸的故國山河，祁六新不禁有所感慨。

「祁六，不要這樣說，雖然你受傷了，只要你恢復以往的信心，憑你的堅強毅力，相信一樣可以做出許多有意義的事情。」同學們鼓勵著他。

大家在「毋忘在莒」勒石前合影留念，隨後，又參觀了海印寺，才回到金東師用早餐。

與中將共餐

參觀完上午的行程，中午抵達花崗石醫院，由孫卓卿院長做東。孫院長與祁六新是舊識了，孫院長原在八一七當副院長兼泌尿科主任時，祁六新就常常請教他有關泌尿科方面的問題。如今，他鄉遇故知，備感親切。

孫院長請大夥兒在高坑吃牛肉全餐，這一餐飯，三個師長，一個指揮官和花崗石醫院院長全到齊了，眞是「衆星」雲集。

筵席之間，餐廳老闆見這位方頭大臉、頗具威儀的「客人」坐主位，雖然他坐著輪椅，但是師長們和院長都殷勤地爲他倒飲料、挾菜，一定是一位身分特殊的將官。老闆在上菜時，忍不住問祁六新：「你一定是中將，對不對？」

「我是中將？你爲什麼這麼說？」祁六新莫名其妙。

「你是中將，所以你一來，金門三個師的師長都到齊，連孫院長也來了。」

衆人一聽，並不解釋，只是哈哈大笑。祁六新也覺得好笑，解釋著：「老闆，你弄錯了，我不是中將，我是中校。」

「不可能，如果你只是中校，這些師長都那麼忙，怎麼有空來陪你吃飯，還爲你挾菜、倒酒？你一定是中將，沒錯。」老闆還是堅持己見。

大夥兒笑著對老闆說：「沒錯，他是我們心目中的中將，只有他來了，才能把我們聚到這裡來。」

祁六新眞的被老闆逗得啼笑皆非，不過，他內心感觸很深。確實，眞正的情誼不在官階大小，雖然自己只是個小小中校，這些已經升上『星』級的同學，卻絲毫沒有怠慢他，同學對他的禮遇和照顧，連飯店老闆都看在眼裡，怎不令人感動呢？

成立「聯合就診服務中心」

自金門回來，祁六新眼界打開了，信心恢復了，整個人更加開朗積極。

他除了主動在醫院協助一些病人掛號、領藥，更成爲同學和同學眷屬的就診代辦中心。同學們只要一通電話，他就會把掛號的事情處理好，有時是同學的眷屬，突然生病了，他也會盡力安排妥當，讓同學們沒有後顧之憂。他常想，「同學們對我那麼多的關心和幫助，我僅能在這些小事上回報。」

八十六年的清明時節，天氣乍暖還寒，感冒的人特別多，醫院掛號大廳擠滿了就診的病人。

那天，祁六新依慣例，做完復健操後，由看護推著輪椅到醫院大廳，看看有沒有人需要協助或幫忙。突然見到一個熟悉的佝僂身影，孤單跛行地走進醫院大門。

「那不是以前我們陸軍官校校長嗎？」

祁六新心頭一震，見校長拄著楞杖，行動吃力的樣子，趕緊上前問候。

「校長好！我是您的學生，陸軍官校四十一期學生祁六新。」

「喔！祁同學，你好，你怎麼會在這裡？」

校長聽說祁六新是官校四十一期的學生，自是備感親切，但是學生那麼多，又事隔那麼久，因此校長對祁六新的遭遇毫不知情。

祁六新將自己十幾年前車禍受傷的事情，簡單地報告一下。校長聽完，一聲嘆息，不勝唏噓。

「校長，您哪裡不舒服？我請弟兄幫您掛號。」祁六新請身旁的看護去幫校長排隊掛號。

「您怎麼一個人？家裡的人怎麼沒有陪你來呢？」

「家裡的孩子們個個都忙，何況，我只是感冒，不是什麼大病，自己上醫院就行了。」

兩人正說著話，突然櫃檯一位老榮民扯著嗓子，大聲嚷嚷，不知道在爭辯什麼？

「校長，您先坐一下，我過去看看。」

原來，這位老榮民事先已經電話掛號，卻找不到他的名字，他的家鄉口音又重，年輕的護士小姐不知道他在說什麼，老榮民越說越急，嗓門也越來越大。祁六新知道狀況後，請弟兄去幫他重新掛號，然後帶他去等候門診。

見到這樣的狀況，祁六新突然閃過一個念頭，爲什麼不在樓下的就診中心成立一個「聯合服務中心」。

有了這個構想，在當月醫院的「榮譽團結委員會」會議上，祁六新就將這樣的想法提出，獲得醫生護士們的熱烈響應，院長也非常贊成，甚至請祁六新當顧問，居中協調辦理。

祁六新先選擇一個適當地點，然後提出完整的構想與計劃書，因爲他個人行動不便，便向醫院申請一位弟兄，專門負責「聯合就診服務中心」的電腦連線、掛號等事宜。院方派了台大研究所畢業，正在服役的楊登傑協助祁六新籌設「聯合就診服務中心」。楊登傑學生時代就經常到麻瘋病院當義工，非常有愛心、耐心，與祁六新合作無間，籌備兩個多月，「聯合就診服務中心」就掛牌正式成立。

民國八十六年六月十六日，八一七醫院的「聯合就診服務中心」成立，由純任義工的祁六新和楊登傑負責。服務中心的服務項目包括電腦語音掛號、協助查詢各科醫生看診時間、問題解答、換零錢、供應茶水等項目。

服務中心一開張便門庭若市，祁六新和楊登傑身穿深藍色背心，上面寫著「請問我」三個醒目的大字，成了病患們的指引明燈，解決他們在偌大的醫院裡瞎轉瞎跑的苦惱。

病患相扶持

「聯合就診服務中心」成立後，祁六新成爲醫院正式的義工，除了白天在服務中心幫忙，晚上時間，他也會作病房探視，看看那些住院的人，與他們閒聊、打氣。

陳興國將軍的岳父王星齋老先生，中風住院榮總治療五十天，後來轉到八一七醫院來做復健療養。祁六新一有空，常常到王伯伯的病房探視，陪他聊聊天，抒發病苦的鬱悶心情。

說來，祁六新和王伯伯、王伯母已經是舊識。幾年前陳將軍來看過祁六新，之後，陳夫人和她的父母也來探望祁六新。王伯母是虔誠的基督教徒，非常有愛心，她來醫院探望祁六新，教他禱告、唱聖歌。王伯伯偶爾到醫院看病，也會順便帶韮菜盒子或是小籠包之類的點心來給祁六新吃，他們眞誠的關懷，讓祁六新深受感動。

王伯伯住到「八一七」之後，祁六新常常帶著切好的水果到王伯伯的病房，陪老人家聊天，聽老人家叙述「當年勇」，紓解寂寞的情懷。有時，祁六新心情不好，王伯伯反過來勸他，王伯母則教他唱聖歌，病房裡充滿溫馨歡樂的氣氛。

如果天氣好，便讓人推著輪椅到戶外，兩張輪椅併坐，看人打球、欣賞夕陽、談天說地，人生的愁苦便在笑談中淡化了。

陳將軍夫人王明娟回憶起父親住院那段日子，非常感謝祁六新，她說：「當時，我在國小任教還未退休，沒有辦法全天候在醫院照顧父親，幸虧有祁六新的陪伴與幫忙。每次，我到醫院，見父親和祁六新談得有說有笑，我就感到特別欣慰。有時，見母親在病房裡教他們一起唱聖歌，那畫面眞是溫馨，就像是一家人。祁六新能夠把自己的苦，轉化爲對別人的關懷與付出，眞的很了不起，我們眞的都很感謝他、敬佩他。」

祁六新自己多年來住院的深刻體驗，相當清楚住院病人無奈、愁悶的心情。因此，細心的他，總是爲住院的人準備一點小小的驚喜。

在八一七服務十多年的蕭其華護理長，談起祁六新，總是豎起大拇指：「祁中校的樂觀、開朗、熱心、細膩，有時我們都自歎不如。」

祁六新常常以自身爲例，安慰其他病患。護士們心情不好時，也常常找他傾訴，他常說的一句話是：「我都能走過來了，你有什麼走不過來的？」每次跟他談話，總會受到他幽默、快樂的性格感染，心情也隨之好轉。

蕭其華又說：「祁中校雖然是個大男人，他在照顧其他病人時，有很細心的一面，我自己本身就是個受惠者。我在八一七生產時，祁中校一直在產房外陪著我的家人。等我生產後回到病房，祁中校帶著鮮花和切好的水果，來『慰勞』我這個辛苦的媽媽，我眞的好感動啊！我的家人都還沒想到這麼多呢！」

為自己出征

曾經在開刀房擔任護理長的郭麗蓉回憶說：「我們常看到祁中校在八一七的一樓到五樓來回奔波。因爲，有時在一天的時間裡，他要照顧不同的同學眷屬，幫他們處理門診和住院治療等事項。要是遇到眷屬開刀，他幾乎是全程參與協助，讓同學無後顧之憂。他對病人的牽掛與照顧，猶如自己的親人，無怨無悔，他的表現眞的令我們做護士的都感動。」

同學朱俊峰的母親中風，雖然是坐著輪椅，但是每到過年她一定要朱俊峰推著輪椅送她到醫院看祁六新。朱媽媽每次一來，握著祁六新的手，彼此說一些鼓勵的話，內心感到特別溫暖。施與受之間，祁六新覺得自己受到的關懷，遠遠超過自己的付出。

早在民國八十四年，祁六新在同學臧幼俠和獅友卓文賢、凌文欽的介紹下參加獅子會，成爲台北市自強獅子會的一員。

八十六年十一月，有六個自強獅子會齊聚台東，召開頒獎受贈儀式，國際獅子會三〇〇F區第四專區主席卓文賢，特地邀請祁六新參加大會，並在大會上做一場演講，將他感人的生命故事與獅友們分享。

祁六新接到電話，又驚又喜，心想：「我雖然走出象牙塔，到金門一遊，那是毫無壓力的旅行。這次到台東參加大會，要對那麼多獅友們做演講，我行嗎？」

他戒愼恐懼，沒有信心。他打電話給劉湘濱學長，劉湘濱是官校四十期第一名畢業，各方面表現都非常優秀。祁六新告訴學長自己內心的惶恐，學長回答他：「老弟啊！不要有壓力，以平常心來面對，越沒有得失心，你就會講得越好。你不需要有太多的潤飾，只要將自己的故事眞實陳述，就是一場非常感人的演講。再者，你要以專家自許，受傷是你的眞實經歷，只有你能了解這些年來刻骨銘心的體驗。所以，這方面你是專家，可以提供大家很寶貴的生命經驗。」

學長如此鼓勵，他忐忑不安的心稍稍安定。但是，他還是沒有把握。他又打電話給同學楊國強，楊國強鼓勵他：「你絕對可以，你一定要恢復你的信心，只要恢復自信，就能夠講得很好。這是一次很好的機會，重新激發你的潛能，創造生命的另一次生機。……受傷這十幾年，把你折磨得對任何事情都惶恐不安，對自己一點信心都沒有，以前那個祁六新都不見了，難道你願意一輩子就是這樣？」楊國強最後以近乎嚴厲的口吻來責問他。

另一位用「激將法」來激勵祁六新的是前陸軍總司令陳廷寵的夫人，陳夫人也幾乎是以「罵人」的口氣對他說：「你再這樣軟弱、膽怯下去，對得起誰？對得起你的媽媽、你的太太嗎？如果你連這點接受挑戰的勇氣都沒有，乾脆去死算了，我們誰也不理你了。」

經過一番刺激，祁六新的鬥志被激醒了，他決定「為自己出征」，讓生命重新出發。

陳興國將軍的岳母王伯母知道祁六新要去演講，也鼓勵他：「你一定會有很好的表現，放心的去，我會為你禱告。」

就這樣，祁六新再一次踏出醫院，搭乘飛機飛往台東。他以「在寒冷的幽谷中，找到了我的春天」為主題，在台東文化中心做一場演講，這是他受傷十四年後第一次公開演講，現場反應相當熱烈，許多獅友、獅嫂們聽到祁六新的「真情告白」，都不禁潸然落淚。

「剛受傷時，別人會對我說一些安慰、鼓勵，甚至順從我心的話。但是，慢慢久了，我會變成對這種讚美、柔軟的話語有了依賴感，而越依賴鼓勵、保護，就越懦弱，越站不起來。所以，陳夫人、楊國強對我的當頭棒喝，眞是一棒子把我打醒，讓我重新思考自己未來的人生。」

解開父女心結

祁六新心境的轉變，最大的受惠者當然是家人。孩子們感受到他的改變，心理上慢慢接受他，親近他。尤其是小寶，對待父親的心態也有了極大的轉變。

以前，祁六新脾氣乖戾、暴躁，小寶根本不敢讓同學知道他有一個受傷癱瘓的父親，只要同學們一提到父親，她都是含糊其詞地帶過。因爲，父親受傷已經夠可悲的，更何況受傷的父親還是個心理不正常的人，這樣丟臉的事如何向同學啓齒？那一陣子，她根本不想理會父親，如果不是母親押著她，她一點都不想到醫院來「受罪」。

當祁六新態度改變，對家人和顏悅色，以愛相待，妻子、孩子也不再怕他。

那天，小寶來醫院，告訴祁六新：「爸爸，我快要考護士執照了，你陪我去行天宮燒香拜拜好不好？」

「去行天宮？」祁六新眞的沒想到小寶會主動要求他陪她去燒香、祈福，表示他們親子間的關係已慢慢改善，她對父親的恐懼與疙瘩，已漸漸放下。

「我去的話，大家都會看著妳殘廢的爸爸，妳會不會覺得很沒面子？」

「看就看嘛！我自己覺得好就好了。」小寶很率直地回答。

祁六新看看女兒，女兒長大了，懂事了，知道包容和接納受傷殘障的父親，能夠以健康的心態去面對別人異樣的眼光。當下，他內心十分感動，就像是他第一次聽到小凱邀請他去參加學校的園遊會一樣的激動。孩子願意將自己殘障的父親介紹給同學、老師認識，表示他們心理上並不以殘障的父親爲恥，反而以有這樣一位偉大的父親而感到驕傲，祁六新眞是非常高興也很欣慰。

週末，祁六新、張瑞麒帶著小寶、小凱到行天宮，瑞麒和孩子們去燒香拜拜，祁六新則坐在中庭等候。一會兒，小寶小凱各抽了一張籤，來找父親解釋籤詩。

祁六新以正面的角度爲小寶、小凱解釋籤詩的意思，說得頭頭是道。

「爸爸，你看，我們後面排了一排人，正等著你爲他們解釋籤詩。」小寶小聲地說。

祁六新抬頭一看，果然排了一列人。好啊！索性當一次「祁鐵嘴」，爲人解籤。

回程，兩個孩子都很興奮，一來求了個好籤，二來看父親充當解籤師，覺得很好玩：「爸爸，想不到你還眞會蓋，就算那個人抽到下下籤，你都可以把它解釋成好的意

● 陳興國將軍岳父王星齋（右一）、岳母王慕陶（左一）與祁六新（左二）。

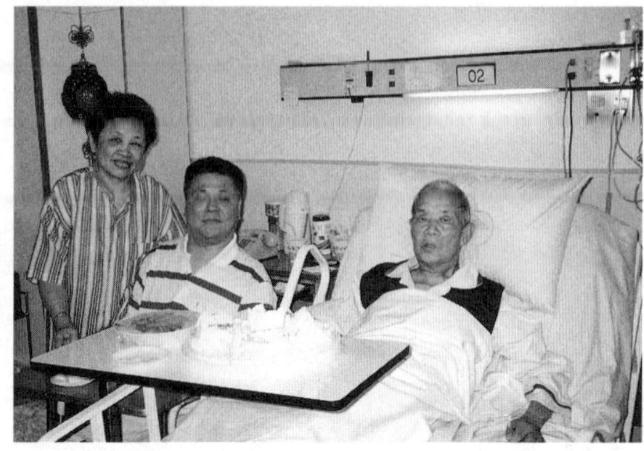

● 陪伴妻兒至行天宮燒香祈福。

● 受傷後第一次應邀赴台東演講，圖為當時的國際獅子會300F區專區主席卓文賢夫婦親自至機場貴賓室迎接。（照片提供：祁六新）

思。」

「宗教是一種心靈與精神的寄託，目的都是勸人爲善、行善積德、廣結善緣，當你心存善念、心向光明，自然能夠得到庇祐與幸福。其實，所有事情都是一體兩面，你可以往光明的一面看，也可以往黑暗的一面想，就看自己願意以什麼角度去看待。」「祁鐵嘴」如此解釋宗教。

祁六新告訴孩子們：「有時，遭遇挫折，不見得是壞事，它可以激勵你奮發上進的勇氣。比如說考試，一次考壞了也不一定不好，或許正是刺激你更加努力用功的動力。跌倒過的人，知道痛的感覺，他下次一定會更加小心，不會讓自己再次跌倒。」

遺憾還諸天地

當祁六新重新活過來，並且積極地面對人生挑戰，他的勇敢精神與毅力傳遍軍中上下，長官、同袍莫不稱讚、佩服。

華視軍聞社莒光園地拍攝「奮鬥人生系列」，祁六新被選爲此系列的主角人物之一。

八十七年三月二日，攝影小組扛著攝影器材來到醫院，進行爲期三天的採訪、錄影，祁六新平靜的生活，頓時忙碌了起來。

節目中除了呈現祁六新個人樂觀、奮鬥的一面，也採訪了祁六新身旁的親人、同學和醫生。張瑞麒當然是故事中重要的主角，個性內斂、樸素的瑞麒，面對鏡頭有些緊張、靦覥，但卻是那麼坦誠、眞摯，夫妻之間的深情摯愛，不必透過太多的言語形容，卻已表露無遺。

外科主任王篤行認爲：「就頸髓神經受傷的病人來說，能夠恢復得像祁中校這麼好，實在是奇蹟。這完全是靠著他超人的毅力與堅強的求生意志，才可能達到的成果。」

裝甲兵學校校長楊國強中將接受訪問時，如此陳訴他心中的祁六新：「在美國接受訓練時，祁六新的個人氣度和積極進取的精神，都是我們學習的榜樣，尤其他樂觀開朗，更是我們同學歡笑的中心。國際軍官來自亞洲、歐洲、阿拉伯，大家都以他馬首是瞻，可以想像他的前途是無可限量的。但是，受傷後，他連一隻蚊子停在臉上都沒有辦法趕走，這種絕望是平常人難以想像的。」

「現在，他將自己的苦難昇華爲助人的力量，我們以往對他的同情都已轉化爲尊敬。祁六新的偉大在於他的胸襟，在於他克服挫折的歷程；他的偉大在於多出一份關懷；他的偉大在於對他人關懷的一份堅持。」

祁六新自己在面對鏡頭時，則說出了至情感性的話：「車禍受傷，對我的人生旅程

來說，是一個很重大的遺憾，現在，我願將這遺憾還諸天地。如今的我，已學會了如何肯定自己，如何尊重別人，如何在失敗的時候調適自己。我以一顆感恩的心、喜悅的心，在自助、人助、天助下，在無怨無悔的感召下，憑著無比的毅力、耐力，向命運挑戰，匍匐人生道，不畏癱瘓途，結合受挫的心，受難的身，期望自己做到殘而不廢，廢物利用。

「因此，在目前神經醫學尚不可能復原的狀況下，我只有從消極中積極地接受成殘、成癱的事實，坦然地面對它，調整我的人生方向、修正我的人生目標了。那就是——雖然，我不能掌握生命的長度，但是我總可以掌握到生命的寬度與亮度。雖然，我不能夠站起來，但是我總可以坐著、甚至於躺著，一樣唱出生命的樂章。在自助、人助、天助之下；在自尊、自重、自愛之下，『愛我所愛、做我當做』。絕對不是目前時下所流行『只要我喜歡，有什麼不可以』、『爲所欲爲』的想法與作法。說實在的，我不要永恆，我要的只是——真實的片刻。活在當下，活在現在。真的，除了病痛的折磨與垂死的掙扎外，其它什麼困難、什麼挫折，我都可以接受。我不要天堂，我要的只是——和大家一樣過著平凡、踏實、健康、快樂的日子。

「『愛我所愛、做我當做、活在當下、活在現在』這就是我認爲最幸福、最快樂的事情。」

八一七醫院院長孫卓卿說：「六新身體雖然殘障，但是他在醫院裡所做的貢獻，絕對不會比任何一個正常人少。這是非常值得我們去學習的。」

「奮鬥人生」系列「遺憾還天地，愛心播人間」節目播出之後，獲得各界很大的迴響，感動了無數電視機前的觀衆，鼓勵的信件如雪片般地飛來，有人寄來偏方、草藥和祖傳祕方，甚至更有人登門拜訪，願意義務爲他做民俗療法。

輔導吳奇隆

八十七年三月，八一七醫院住進了一位閃亮的明星——霹靂虎吳奇隆，造成醫院一陣騷動。

吳奇隆因爲右邊肩膀關節有習慣性脫臼，在榮總、三總開完刀後，住進「八一七」療養。正在服兵役的他，本來可以申請免役，但是因爲受「盛名之累」，大家又見他在螢幕上能打能翻，更不相信他的右肩眞有習慣性脫臼的宿疾，沒有醫生願意爲他開立病歷證明。爲此，吳奇隆很鬱悶，整天待在病房裡生悶氣。

有一天，祁六新接到一通電話。

「祁老師，我是吳奇隆，聽醫護人員提起過您，我可以來看您，跟您聊聊嗎？」

「可以啊！隨時歡迎，如果不是你打電話來，我還想親自去拜訪你呢！」祁六新親切地說。

就這樣，掛上電話，吳奇隆來到祁六新病房。兩人一見面，一臉鬱卒的吳奇隆，頗有怨言地說：「爲什麼醫生們都不相信我，我明明眞的有慣性脫臼，卻沒有人願意爲我開立證明，好像我在說謊一樣，難道明星就不會受傷？」

「哎呀！帥哥，先不要抱怨。你看，你是多麼的幸運，父母給你生就這麼好的身材、臉蛋，先天條件就高人一等，你應該知足惜福。」

「可是，我說的是事實，爲什麼同樣是慣性脫臼，別人可以申請免役，我就不行？」

「或許，成爲明星多少有點盛名之累，醫生們考慮也就比較多。吳奇隆，你應該站在別人的立場想想看，將心比心，如果今天你是醫生，你會怎麼做？是不是也會考慮的比較周密？」

兩人聊了一會兒，吳奇隆對祁六新也滿好奇，於是，祁六新放了「奮鬥人生」錄影帶給他看，看完之後，吳奇隆的態度與反應就不一樣了。

「祁老師，跟您比起來，我的傷眞是不值得一提。」

「沒什麼。我只是想告訴你，不管你現在能不能馬上除役，你都應該先把心情安定下來，積極地做復健，讓你受傷的手臂能儘快復原，畢竟，健康是一輩子的事。至於醫生的想法，可以慢慢溝通，讓彼此更了解，沒有解決不了的問題。」

「祁老師，在您的面前，我感到很慚愧，實在沒有資格抱怨，我覺得自己還是相當幸運的。」吳奇隆眞誠地說。「我聽您的話，會好好做復健。」

在往後的日子裡，吳奇隆眞的一改沮喪的心情，安心踏實地爲了自己的健康，努力做復健，成效斐然。

活得更好

祁六新遠嫁美國的妹妹祁玉珠和在美大學任教的妹婿倪其良，利用假期帶著孩子回國探親，來到醫院探望祁六新，見到祁六新堅強、樂觀的精神，非常佩服。

祁六新向妹婿詢問美國對頸髓神經受傷的治療情形，妹婿告訴他：「即使美國權威的神經外科醫生，到目前爲止，對頸髓神經完全受損的傷患也是束手無策。」

祁六新聽後，並沒有太大的失望，他心裡已經接受了現況，既然不能掌握生命的長度，就好好展現生命的亮度和寬度，盡其在我，把握當下就好。

民國八十七年十一月十二日「醫師節」，在醫師節的表揚大會上，祁六新這位熱心的義工獲頒獎狀，並獲邀做十分鐘的專題報告。當天大會，有一個電動輪椅的贈送儀式，那是「八一七」眼科主任李德孝訂製一輛電動輪椅送給祁六新。

「希望電動輪椅能更增加祁中校的活動力，使他有更自由、靈活的行動，可以發揮更大的力量，幫助更多的人。」李德孝說。

有了電動輪椅，祁六新的活動空間更大了，他可以有獨自行動的自由，不需事事依賴別人。長期失去行動自由的祁六新，如今稍稍掌握了一點「自主權」，可以隨心所欲地行動，眞是開心極了。

有時，他會跟醫生們開玩笑：「我這輛車不輸給你們賓士、BMW喔！你們的車是四輪，我這輛車也是四輪，你們的車有ABS，但我有自動煞車系統，怎麼樣？很帥吧！」

祁六新的自我調侃，逗得醫生護士們笑彎了腰，大家都說：「祁中校啊！我們對你眞是沒話說，你能保有這麼樂觀、開朗的心情，苦中作樂，眞是了不起！」

不作繭自縛、不自尋煩惱、不庸人自擾，祁六新覺得每天都過得很開心、很有意義。

每天，祁六新開著他的「車」穿梭醫院，服務大衆，有人找不到看診的地方，他可以馬上帶路。他歡喜的笑臉，走到哪裡都散播著快樂的訊息。

一天，在醫院大廳，有一位媽媽帶著一個四、五歲的小朋友在候診，小朋友對祁六新的電動輪椅相當好奇，竟然動手去扳動操縱桿，輪椅頓時往前一衝，祁六新嚇了一跳，頑皮的小朋友竟哈哈大笑。

孩子的媽媽一面向祁六新道歉，一面訓斥孩子：「叫你乖乖坐著，爲什麼不聽話，你不聽話，將來就像這個叔叔一樣坐輪椅，不能走路。」

祁六新一聽，傻眼了，怎麼會是這樣。「我不是因爲不乖才坐輪椅的呀！怎麼會是因爲身體的殘障，而成了惡人？」

「這位太太，對不起！我必須跟您解釋一下，我不是因爲不乖才坐輪椅。我是爲了保家衛國，因公才受傷的，絕對不是因爲不聽話而受傷。向您『報告』一下，希望您能『口下留情』。」

那位太太一聽，慚愧得面紅耳赤，立刻說：「對不起！對不起！我知道你是做義工的，我們都很敬佩你，我只是嚇嚇這孩子，讓他不亂動而已。」

「其實，我說這番話，並沒有要自抬身價的意思，只是要糾正那位太太不正確的思維與言論。因爲，一個殘障人士的心靈往往很脆弱，如果一般人不注意，一兩句無心之言，很可能已深深刺傷別人。我已經想通了，走出殘障的陰霾，所以可以不怕挫折、不怕刺激，健康地應對這些話。但是，有些人如果還在調適階段，很可能因爲這樣的刺痛，使他再度縮起觸角，回到自己封閉、陰暗的世界，不敢再接觸人群。」祁六新認眞地說。

心寬天地闊

心情愉快，一年容易又過年。八十七年不知不覺已近尾聲。

除夕夜，祁六新接到砲校的同學胡元傑的電話，說移居加拿大的葉期遵夫婦回國了，邀祁六新元旦一起到木柵貓空喝茶。

「祁六新，咱們PTT已經十幾年沒聚會了，聚一聚吧！」胡元傑說。

「好啊！」祁六新爽快地答應。

元旦一早，胡元傑和葉期遵夫婦相約到醫院向祁六新拜年，然後一起開車往木柵。

元旦假期，許多人都返鄉過節，台北市街道路寬車稀，車流通暢無阻，很快到了木柵郊區。開往貓空的山上路上，空氣清新、草木清香，令人心曠神怡。

「哎呀！空氣眞好！忙碌的都市人應該多到山裡走走，呼吸新鮮空氣，身心多麼舒暢啊！」整日待在醫院裡，難得有機會外出，祁六新眞像是放出籠子的鳥兒，快樂得不得了。

「奇怪的是，偏偏有人一放假，就窩在家裡打牌，勞命傷財，還樂此不疲。」胡元傑說。

徐徐山風襲來，杯中的澄黃茶液散發著淡淡的清香，閒坐山中，遠離塵囂，好不逍遙。好友們促膝閒談，眞是人生一大樂事。

「祁六新，這次回來，看到你活得這麼好，眞的很高興。又像是我們當年認識的祁六新了。」葉期遵說。

遠眺山下高樓鱗次櫛比的台北市景，祁六新若有所思。

「有時我會想，如果我不受傷的話，我的生活一定會跟現在不一樣，但不見得會更好。像我過去的個性那麼好強，慾望與追逐之心一定會隨著既有的成就節節上升，活在這種名利的追逐上，或許會更有錢，更有地位，但不一定更快樂。」

望著天空輕輕浮移的白雲，祁六新滿足地說：「我已經安於平凡生活，透過殘障的啓示，了解了生活的目的和生命的意義，我也從中充分享受到心靈成長的喜悅。雖然這一路走來備極艱辛，但是，我活得有價値，每天都快樂、踏實。」

家是安全的避風港

農曆春節，祁六新回到南港光華新村。母親特地做了一桌他最愛吃的菜餚，慶祝全家人回家團聚。

對家，他有一份熟悉的親切感，也有一份久違的疏離感。這十幾年以醫院爲家，他已經爲「家」重新下了定義。什麼是家？「有親人在的地方就是家」。所以，雖然常住醫院，只要和母親、妻子、孩子來到醫院團聚在一起，醫院就有了家的感覺，家的溫馨。

農曆春節過完，祁六新又回到醫院過他的忙碌義工生活。

三月初，妻子瑞麒來醫院告訴他：「這個月的二十一日是母親的七十大壽。」

祁六新恍然大悟：「喔！媽媽已經七十歲了。」

對祁六新而言，他的生命能夠重新出發，一方面是堅強的妻子的照顧，母親的關懷也是他走出幽谷的另一個強大助力。

「辛苦的媽媽，可憐的媽媽，爲了我的傷，這十幾年就這樣忙忙碌碌地過了，我都沒有機會對媽媽有什麼回報。」祁六新感慨自己。

「我們好好計劃一下，爲媽媽做七十大壽。」瑞麒提議。

於是夫妻倆開始商量，計劃送母親什麼禮物，在哪裡聚餐，餐會中要有什麼活動。

母親生日當天，祁六新和弟弟們在陸軍聯誼廳爲母親設筵慶生，感謝偉大母親的辛勞。

祁六新送母親一對小的水晶仙鶴，雖然價錢不貴，但表示祁六新祝福母親壽比仙鶴的孝心。同時，還在筵席中說的一番感恩的肺腑之言。

「十幾年前的車禍，差點奪走了我的生命。雖然僥倖活了下來，但由於脊髓神經嚴重受損，全身癱瘓，連一隻蚊子停在臉上都沒有力氣去驅趕，那種無助、無奈、無望，旁人難以感受。都虧媽媽一口水、一口飯、一口藥餵我，日夜無休，陪伴我一步一步走過來。媽媽無私無我的愛，照拂我、激勵我，讓我有重新活過來的勇氣。永遠的母親，永恆的母愛，我不知道該如何報答您，但是，我要告訴您，我愛您，一輩子都感恩您！」說完，祁六新自己已經聲淚俱下。

祁媽媽聽到兒子的「眞情告白」，更是感動、高興地紅了眼眶。十幾年的辛苦算什麼，只要孩子一天一天地好起來，就是再苦再累也値得。

祁媽媽也感性地說：「媽媽爲了孩子所做的一切，都是無怨無悔、無欲無求，只要孩子活得健健康康、快快樂樂，我就很高興了。媽媽不求你們什麼物質的回報，只要你們好好注意自己的身體健康，平平安安的，我就很高興了。人生最大的不幸就是白髮人送黑髮人，只要孩子不比父母早走，就是最大的孝順，我知道你們都很孝順，一定會保重自己。」

不滅的愛

祁媽媽這一番話，道出了全天下父母親的心願，父母對孩子的付出，不求孩子有什麼物質回報，只要孩子平安、快樂，就是做父母的最大幸福。

曾經，祁媽媽對年少得志、意氣風發的祁六新抱著很大的期許，她了解兒子的個性，只要他下定決心，沒有做不成的事情。他的軍旅生涯一帆風順，一步步往高遠的理想目標邁進，祁媽媽相信，如果沒有意外，軍人子弟祁六新，一定能夠在軍事生涯上光耀門楣。

意外發生了，祁媽媽傷心、懊惱過，如果不讓祁六新當軍人，就不會發生這不幸。但是，她也很快拭乾眼淚，因爲，她知道祁六新需要媽媽的照顧，她知道張瑞麒更需要婆婆的協助，沒有太多的時間可以悲傷。

爲了祁六新，堅強的祁媽媽不知流了多少淚，跑了多少地方，遍尋西醫、中醫、神醫和各式民間療法，只要「聽說」，有一點希望，她都不願放棄。一切都落空了、失望了，但她依然樂觀、開朗地陪伴在兒子身旁。

如今，看到兒子在顚仆的人生旅程中找到了另一個方向。祁媽媽笑了，雖然眼眸閃爍著晶瑩的淚花，她還是笑得很眞誠、很開心……。

第十章

做我當做

我沮喪過，也曾經想放棄治療，但我終究走過來了。

我希望自己的生命歷程，可以鼓勵別人，熱愛自己的生命，不要輕易浪費或喪失掉自己的生命，應該好好掌握自己未來。

想一想，我們的生命還有哪些可以發光發熱的；

其實，就在一念之間，不但可以戰勝病魔，更可以跨越生命。

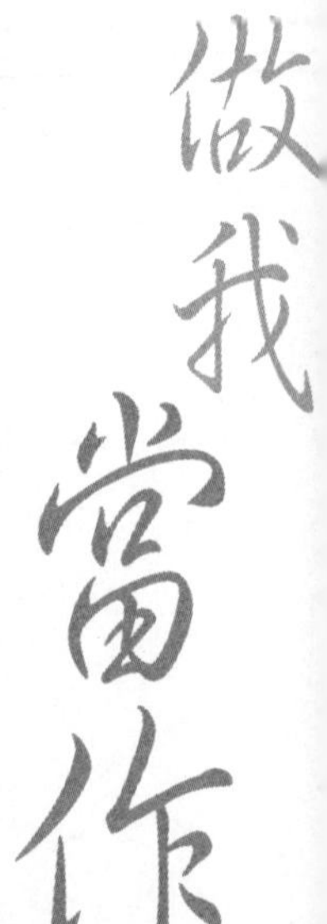

●祁六新榮獲「第三屆全球華人熱愛生命獎章」，與其他獲獎人合影。右起為周大觀文教基金會創辦人周進華、祁母王月如、國大代表湯紹成、祁六新、宋芳綺、執行長趙翠慧、作家曹又方、醫師高瑞和、林明賢、陳邦泰及其家人。（照片提供：祁六新）

民國八十八年，八一七醫院（現改爲台大醫院公館分院）因爲國軍「精實案」的調整，面臨被裁撤的命運。五月二十八日，祁六新搬「新家」，轉院到國軍松山醫院（原空軍總醫院）。這次轉院的心情，與十幾年前截然不同，現在的祁六新樂觀、開朗、積極、主動，他心裡所想的是：「到了松山醫院，看看自己能爲醫院和社會大衆做些什麼。」

他一顆明亮、喜悅的心，滿懷著服務熱誠，希望能爲醫院、爲同學、爲社會大衆，盡自己微薄之力。

慈愛的大家長

剛從陸軍系統的八一七醫院轉到空軍系統的松山醫院，祁六新心裡有些不安。他想，松山醫院是空軍醫院，對陸軍出身的他，會不會有軍種的歧視？

住進松山醫院，才發現自己的顧慮是多餘的。松山醫院的院長、醫生、護士對病患都是一視同仁，親切和善地照顧。空軍的大家長——空軍總司令陳肇敏將軍，對住院的傷患官士兵更是囑咐悉心照料，逢年過節，陳總司令都會親自探視。

對於祁六新，陳總司令早有耳聞，他與夫人親自來到祁六新的病房，親切問候，彷彿對待自己空軍子弟一樣的眞誠關切。

對於長官的親切關懷，祁六新心中有無限的感恩。他感到「得之於人者太多，出之於己者太少。」他發願，只要住在醫院一天，就要當一個盡職的義工，歡喜心、甘願做，盡己所能幫助需要幫助的人，把自己所受到的愛與關懷，毫無保留地奉獻出去，讓愛可以傳布得更廣、更遠。

住院最近幾年來，他的病房裡人來人往，常常像是開同學會。每年歲末，同學們都聚到他的病房裡，共同緬懷年輕時期的英雄往事，也彼此期勉未來。離別前，大家齊聲合唱黃埔校歌，唱得大夥慷慨激昂，熱淚盈眶。

有一回，幾個軍校同學聚在祁六新的病房裡，一談起祁六新，一個個鐵錚錚的男子漢，竟都紅了眼眶，笑中帶淚。

談台成十八年來，一年三大節一定來看祁六新，未曾間斷。他說，祁六新在三總那一段日子，因為覺得復原有望，所以還努力復建。一轉到八一七，整個人就完了，覺得人生無望，進入了生命中的黑暗時期。八一七的後半段，又開始走出谷底，奮力向上。「我看祁六的變化，就像是佛家講的，先是看山是山，再就看山不是山，最後又回到了看山是山的境界，開悟了！」談台成開心地說。

鄭大平說：「我每次來看祁六新，都會握著他的手，他的手從冰涼，到微溫，到有熱氣，不斷在進步，那是努力復建的結果。祁六新有超乎尋常人的意志力，雖然也有沮喪的時候，但是，他總是看起來那麼樂觀、好強。在八一七時，看他穿著『請問我』的背心，到處幫助別人，我們身爲同學的，都爲他感到驕傲。」

個性比較內向的朱俊峰，一說起祁六新，就不禁哽咽。

「記得第一次來到醫院，見到昔日健壯的同窗，躺在床上，任由病魔摧殘及折磨，離開醫院時，除了暗自流淚，就只有衷心向上帝禱告，希望他能有所轉機，蒙主得救。」朱俊峰說，「之後，每次到醫院，都看到他在進步，在同學的眼中，祁六新被醫生認爲是個奇蹟，他一直努力在締造自己生命的奇蹟。他在同學的心目中，是大家的『精神領袖』，尤其在每個人的人生旅途中，遭逢重大挫折或打擊時，每每會求教於祁同學，他會給人一股安定的力量，使人重新燃起希望的火花。」

同學心目中的精神領袖

不只是朱俊峰，幾乎所有來看祁六新的同學，在祁六新面前都是強忍內心的悲傷與不捨，一走出病房，淚水就決堤了，大家不忍他所受的苦，又敬佩他在逆境中求生存；勇氣與毅力。

「祁六新幾度經歷生死交關，當他掙扎於生命的低潮期時，他選擇了樂觀奮鬥，將自己生命的價値，用來激勵自己，用來鼓勵別人，這是重要的抉擇，一旦決定，他就堅持不懈，一直到今天，這是非常令人感佩的。」羅又新感動地說。

祁六新受傷時，羅又新的三個孩子都還小，他們常常跟著爸爸來看祁叔叔。如今，孩子們都長大了，還時常惦記著祁叔叔。他們出國前，都來看祁叔叔，向祁叔叔辭行，祁叔叔不但給他們很多勉勵，而且也給他們每人一封勉勵的信，要他們在國外有困難時，常拿出來看看，不要忘了祁叔叔的叮嚀。

羅又新對孩子說：「你們都是祁叔叔看著長大的，你們要好好謝謝祁叔叔。到了國外讀書，一定會碰到很多困難、挫折，當你們遇到困難時，想想祁叔叔給你們的教誨，祁叔叔在這麼困難、挫折的環境下，都能夠有這麼堅強的表現，那你們所遇到的困難跟祁叔叔一比，根本微不足道。」

剛從大陸回來，就到醫院來探望祁六新的周建國，提起祁六新，不禁豎起大拇指：「祁六新的精神，對年輕人來說是很好的鼓舞，他在中學時的求學階段，也曾經遭受挫折，但是當他下定決心、奮發向上之後，他就不再鬆懈下來。進入軍校後，成績一直是非常優異，以他第一名的畢業成績，他可以選擇文職，念到博士學位再回軍校教書。但是，他沒有，他很執著要報效國家，要在國防尖端科技上貢獻國家。他實在是一位非常有智慧、非常有能力的人，可以說是軍校學生的典範。

「受傷十年後，當祁六新走出黑暗的象牙塔，投身於醫院的義工行列，他開始積極服務同學們的親眷，協助處理掛號、看病、住院等事宜，讓同學在個人的崗位上，戮力以赴報效國家，沒有後顧之憂。祁六新是黃埔的勇者，他非常熱愛國家，將青春奉獻給國家，捍衛家園。雖然，他今天不能走在原來要走的軍旅之路，但是，我們所有同學的心，革命之情，永遠不變。」周建國說。

祁六新表示：「我沮喪過，也曾經想要放棄治療，但我終究走過來了。我希望自己的生命歷程，可以鼓勵別人；熱愛自己的生命，不要輕易浪費或喪失掉自己的生命，應該好好掌握自己未來。想一想，我們的生命還有哪些可以發光放熱的；其實，就在一念之間，不但可以戰勝病魔，更可以跨越生命。」

軍眷們的後勤司令

除了「精神領袖」，祁六新還有個外號叫「後勤司令」。關於這個稱號的由來，同學臧幼俠解釋：「近期的學長、學弟，只要是認識祁六新的人，家裡不管有誰生病，他們的眷屬、子女都會主動找祁六新幫忙，對他的依賴非常重。所以，眷屬們都私下稱他爲『後勤司令』。」

臧幼俠補充說明：「『後勤司令』的另一個重要身分是『緊急聯絡人』。」

有一回臧幼俠的太太生病住院，病歷資料須塡寫緊急聯絡人，臧幼俠的女兒臧文倩毫不猶豫地寫了「祁六新」，她說，眞正發生緊急事故時，找爸爸根本來不及，找到祁叔叔就放心了。

話說某一個寒流來臨的夜晚，凌晨一點多，祁六新被電話鈴聲驚醒，話筒的那端，傳來一個女孩哭啼又著急的聲音。

「祁叔叔，我是臧文倩，妳要救救我媽媽，我媽媽吐得很厲害，人都昏迷了，叫她都叫不醒，我不知道該怎麼辦啊！」

「爸爸呢？」

「爸爸去看部隊，根本找不到人。」

「不哭，不哭，不要緊張。」祁六新鎭定地說：「妳現在打一一九叫救護車，只要把證件帶好，其他什麼都不用帶，儘快把媽媽送到祁叔叔這裡來，祁叔叔在這會安排、準備一切。妳動作要快！」

祁六新掛上電話，趕緊打電話給內科的周貝倫醫生，將緊急情況告知。已經就寢的周醫生一聽，立即打電話通知醫院急診室做好準備，並通知檢驗科、放射科，自己穿好外衣，火速趕到醫院。

等臧文倩將媽媽送到醫院，只見醫院大廳燈火通明，寒風中，祁六新坐著輪椅在大門口等候。那當下，臧文倩緊張的心情才算穩定下來，心想：「媽媽有救了。」醫院急診室的擔架也早已準備好，一接到病人立即送到急診室。

等臧太太病情穩定下來，臧文倩跟媽媽說：「媽媽，昨天夜裡天氣那麼冷，祁叔叔還親自在大廳門口接我們，我眞的很感動。」

因爲這樣的驚險經歷，臧文倩很自然地將「緊急聯絡人」寫了祁六新。「因爲，就算可以聯絡得到爸爸，爸爸也未必能夠馬上趕回來處理。像媽媽這一次生病，要不是祁叔叔，我眞的不知道該怎麼辦。」臧文倩說。

另一次的半夜緊急事件，發生在羅又新的兒子羅光武身上。

也大概是半夜一點多，羅光武突然高燒到四十一度。當時，羅又新在台東負責漢光十一號演習，這次演習是由李登輝總統親自校閱。擔任地面砲兵部隊指揮的羅又新，明明知道兒子高燒不退，卻也無法向上級請假返家。當下，羅又新只好打電話請祁六新幫忙，祁六新一口答應：「羅又新，不要擔心，光武的事我一定會處理好，你只要好好把任務完成就行了。」

羅光武在祁六新的安排下，送急診、打點滴、住院。等羅光武的高燒退了，祁六新再趕緊打電話向羅又新報平安，羅又新一顆忐忑不安的心總算放下了。羅又新事後非常感謝地說：「我眞的很感激祁六新，當時如果不是他的緊急處理，我眞是放心不下。」

難怪羅又新的母親說：「祁六新住在哪個醫院，我就到哪個醫院看病。」從以前的八一七醫院到現在的松山醫院，少有例外。

祁六新服務的對象不僅是陸軍眷屬。有一回海軍官校總隊長郭文中的女兒郭姿佑持續高燒不退，當時正在左營準備「旭海操演」的郭文中，左右爲難，趕緊打電話向祁六新求援，透過祁六新的幫忙、協助，郭姿佑也很快得到妥善的照顧。

經過了這幾次的案例，祁六新「後勤司令」的稱號慢慢傳開來，「緊急聯絡人」的頭銜也不脛而走。有些人乾脆把掛號證放在祁六新那裡，需要看病掛號，只要一通電話，祁六新就會幫忙處理。

「大家稱我『後勤司令』，實在不敢當。我只是『後勤傳令』而已。」祁六新謙虛地說：「我沒有辦法站在第一線爲國家盡忠效命，我只能當後勤的支援部隊，只要能夠幫上忙，讓同學、同袍弟兄們無後顧之憂，我就感到很開心，人生也顯得有意義。」

受聘為「心輔顧問」

祁六新不僅是一位熱心的全職義工，他更是一位很好的傾聽者，心理輔導師。

早在「八一七」時期，祁六新就是很多護理人員傾訴、諮詢的對象，因爲祁六新雖然行動不便，他的腦子可是一等一，對事情的分析、判斷都相當精確，再加上他個人在病苦中體驗、淬煉出來的生命智慧，往往可以給人很好的意見與看法。

到了松山醫院，他受聘爲「心理輔導顧問」，一些想不開的病患，透過醫生的轉介，都被送到祁六新病房，接受「輔導」。

「其實，我不敢說自己能夠『輔導』別人，我只是將個人的眞實經歷現身說法，與他們分享，鼓勵他們能知福、惜福，保重自己，尊重生命。」祁六新說。

有一天，某單位指揮部一位郭姓排長，因爲感情失意想不開，自三樓跳樓自殺。郭排長被送到醫院時，腰椎受傷，必須緊急開刀處理。當時，他意識淸醒，死意堅決，說什麼也不肯開刀，只是大吼大叫：「不要管我，讓我死。」

骨科主任魯子全見傷患情緒不穩，不願接受治療，只好轉介給祁六新。

推著擔架，傷患被送到祁六新的房間。郭排長大聲嚷嚷：「推我來這裡做什麼？我說什麼也不開刀，讓我死吧！」

「你想死啊？看完影片再死吧！」祁六新放了華視軍聞社拍攝的「奮鬥人生」錄影帶。

他看完仍不發一語，但是，情緒似乎穩定了一些。

「喂！老弟啊！」祁六新說。

「我看你是研究所畢業，氣質又好，應該是學問很好。雖然你的學問好，但是，你的生命教育不好，一點點小挫折就想不開，未免有失男子氣概。」

郭排長一聽，臉一沉，不說話了。

「活給他看」

「男女交往，本來是十分幸福、羅曼蒂克的事，爲什麼會發生變化呢？一定是彼此之間有不適合對方的的原因或理由。就算感情談不成，也沒有必要因愛生恨，傷人或自殘啊！感情是自私的嗎？難道我得不到，任何一個人也就別想得到？如果是這種自私的想法，那不是愛，而是佔有。

「今天，男女雙方分手了，不願分手的一方，便以死來作爲懲罰、報復，那最是愚蠢不過的事。你以爲，你死了，對方會因爲難過、自責而痛苦終身嗎？別傻了，想想，她都已經變心了，還會在乎你的死活嗎？所以，你死不死，跟她根本無關。如果你眞的想懲罰她，就應該好好活著，活得神采飛揚，活得比從前更好，讓她懊惱自己有眼無珠，讓她後悔離開你。記得，是要『活給她看』，而不是『死給她看』。別鑽牛角尖了，轉個念頭，海闊天空。」

郭排長只是默默聽著，沒有回應，偶爾點點頭，表示認同祁六新的說法。

「現在還想死嗎？」祁六新問。他沒答話。

「弟兄們，把窗戶打開，把你們排長推到窗邊。」祁六新冷冷地說。

「祁長官，你想幹什麼？」

「你不是想死嗎？你從三樓跳下來沒摔死，我這裡是四樓，應該可以摔死你，摔不死，至少可以把你摔得頸椎斷掉，像我一樣全身癱瘓。」

「不要啊！祁長官，饒了我吧！我不想死了，我願意開刀。」郭排長終於想通了。

疏通精神壓力

一位在馬祖服役的阿兵哥陳姓戰士，因爲高血壓、情緒不穩，被送到馬祖北竿醫院治療。在北竿醫院時，又喝銅油、鹽酸，兩度自殺未遂，最後被送到松山醫院，住進精神科病房。

陳戰士家境富裕，父母對愛兒十分嬌寵，養成他嬌生慣養、佔有慾強的習性。到了軍中，面對嚴格的紀律與一視同仁的軍事訓練，他自然不能承受這樣的壓力，於是出現種種狀況。

送到松山醫院，陳戰士情緒還是非常不穩定，恐懼和憂慮造成他精神崩潰。

精神科主任呂昭林醫師，將他轉介給祁六新。他在母親的陪同下，一到祁六新的心輔室，他就焦慮不安，渾身發抖，好像害怕又被送回部隊。

「我不要回去，我不要回去……」

只見他雙手不斷地搓揉，在病房裡忐忑不安，喃喃自語。祁六新沒說話，先聽他傾訴，讓他把心裡的壓力說出來。等他情緒慢慢穩定之後，祁六新才開口。

「我不是長官，也不是老師，我什麼都不是，只是你的好朋友，我們有緣相識嘛！今天早上，我在走廊上碰到你爸爸媽媽，跟他們聊天，知道你的狀況，所以我也想跟你聊聊天，用心傾聽你說話。」

話匣子一開，兩人從下午二時談到晚上七時，陳戰士心情平靜不少，對祁六新多了一份信任感。

此後，陳戰士有空，會自己到祁六新的病房找他聊天，情緒也漸漸好轉。住院一段時間，他的病情穩定了。出院時，他來到祁六新病房，以標準的敬禮姿勢向祁六新行禮，並且大聲地說：「祁老師好！謝謝祁老師的照顧，祁老師再見！」

腰髓受傷的婦人

吳玉蘭，宜蘭鄉下的一位六十多歲，兒女成群的樸實婦人，跟著鄰居搭乘遊覽車到台北旅遊，遊覽車在台北市郊意外翻車，吳玉蘭腰椎受傷，傷勢頗爲嚴重。送到松山醫院開刀，醫生斷定爲完全受損型，下半身癱瘓，恐怕終生得坐輪椅。

吳玉蘭的家屬一聽到這樣的不幸消息，簡直不能接受，六個孩子在病房外焦躁不安。一方面不敢讓母親知道實情，一方面又擔心母親下身癱瘓，將來得輪流排班照顧母親；個個情緒惡劣，不知如何是好。

住院復建一兩個月，吳玉蘭覺得下半身一點感覺都沒有，開始懷疑自己的傷勢。「我是不是再也不能走路了？」吳玉蘭問丈夫，丈夫不敢據實以告。

「我如果眞的得一生坐在輪椅上，大小便都要靠人家，那我還不如死了算了。」一想到可能要終生坐輪椅，吳玉蘭淚眼汪汪。

對勤奮、勞動慣了的鄉下婦女來說，不能下田工作，幫忙家務，是一生最大的遺憾和痛苦。吳玉蘭整天哭哭啼啼，鬧得老伴、孩子們不知怎麼辦。

骨科的魯子全醫生，又想到了祁六新，或許祁六新可以開導開導她。

接受殘酷事實

那一天，吳玉蘭的六個孩子，在祁六新的房間裡排排坐，沉默不語，心情相當低落。

「醫生已經告訴你們，你媽媽的眞實情形，你們要有心理準備，如果你們自己都不能接受，你媽媽怎麼能接受？她怎麼活得下去？」祁六新說。

祁六新將癱瘓之後，所有可能發生的心理方面，生理方面的問題，統統告訴他們，六個孩子一聽，面面相覷，臉上有了爲難的表情。

「你們的媽媽只是下身癱瘓，至少她的手還能動，能夠自己吃飯、洗臉、梳頭。我呢，我是全身癱瘓，連擦個臉都要靠別人幫忙，跟你媽媽比起來，我是不是更不幸？」「媽媽一癱瘓，我們就得輪流照顧她，我們都有家庭，有小孩要照顧，哪有那麼多的時間來照顧她。」坐在一旁女兒說話了。

「就算你媽媽未來的日子，都要坐輪椅，你們有六個兄弟姊妹輪流照顧媽媽，一人照顧一個月，半年也才輪一次啊！這樣的負擔會很重嗎？我呢？我的太太、媽媽是每天都得照顧我，但是，我的家人並沒有因此而嫌棄我、離開我，我還是活得好好的呀！」「好啦！大家分攤啦！」兒子也開口了。「人家那樣都沒話說了，我們至少還有六個人可以輪流替換。」

出院前一天，六個孩子推著輪椅送吳玉蘭到祁六新病房，這時吳玉蘭的丈夫也來了。

「阿嬸啊！妳還很好啊！雖然腳不能動，但是手還能動，雙手萬能，妳要做家事，做加工都還可以呀！妳現在不能下田工作，正好享享清福。天氣好時，妳還是可以『自己』坐著輪椅到外面散散心，看看田野，跟鄰居聊聊天，生活還是可以過得很好啊！」

祁六新以自己作爲比較對象：「阿嬸，跟我比起來，妳實在幸運多了，至少上半身還能動，我是連自己吃飯都沒辦法，如果妳換成是我，怎麼辦哪？」

吳玉蘭經過祁六新的開導，終於想通了，不再那麼悲觀。回到家裡也能夠調適自我，生活還是過得很踏實。她時常從宜蘭會打個長途電話來給祁六新，聊聊天，心情更加開朗。

醫生也需要輔導

不只病人需要輔導，醫生也有情緒低落的時候，有時也會主動找祁六新輔導。

因爲松山醫院是軍醫院，負責外島醫院的支援工作，所以每隔一段時間，醫生們都會抽籤輪調到外島，駐地門診三個月。

家醫科的趙醫生抽籤到馬祖外島的東莒醫院，心情相當沮喪。因爲年輕的趙醫師去年剛結婚，今年太太生下一個小寶寶，初爲人父的他，一想到要「拋妻棄子」三個月，眞是百般無奈，千萬個不願意，每天看診提不起勁兒。

有一天，在醫院長廊，祁六新碰到趙醫生，見他精神不太好，親切地跟他打招呼：「趙醫生，最近還好嗎？」

「唉！別說了，眞是運氣不好，抽籤要到東莒。祁老師，你比較了解法令，能不能幫我想想辦法，看看可不可以緩一些時間再調外島去。」趙醫生說。

當晚，趙醫師帶著太太一起來找祁六新。原本是希望透過祁六新提供意見，是不是可以寫個申請，說是太太剛生產，小孩太小，目前不適合離家，暫時不用輪調。

「好啊！我也來幫你想想辦法。」祁六新順著他的心意說。「不過，我想從另一個角度來看這個問題。如果，今天調外島的不是你而是另一個人，那個人打了報告暫時不去，而使得你提前去外島，不知你會如何？」

「我當然不同意呀！」趙醫師篤定地說。

「對啊！將心比心，你不想去東莒，那麼誰想去呢？除非你能找個願意去的人，我可以替你設法換一下。但如果沒有人願意，我們又如何把己所不欲強加於人呢？」

趙醫生看看太太，無話可接。

祁六新反過來安慰趙太太：「趙醫生去到外島，因爲想念妳，常常給妳寫信，這種小別勝新婚的感覺，也滿甜蜜的嘛！你們的感情會更好。況且，妳有什麼事需要幫忙的，可以隨時找我，我一定會幫忙的。」

「我也在外島待過，那是我一生中最珍貴的回憶。況且，你只去三個月，當成是人生難得的一次經驗，你可以帶著書去，工作不忙時，可以好好享受獨自沉思、淸靜閱讀的生活體驗。那裡的自然風景美麗，空氣清新又沒有噪音，就像是個海上仙鄉，絕對比你待在台北有意思。其實，這種機會眞是千載難逢喔！」

聽祁六新說完，趙醫師的心裡踏實許多，懷著接受的心情出發，一晃眼，三個月過去了。

一回到台灣，趙醫師帶著新鮮海菜送給祁六新，一臉興奮地說：「祁老師啊！我眞的很高興，正面的想法，使我的心胸變得開朗，沒想到外島的生活那麼逍遙自在，三個月在不知不覺中，這麼快就過了。如果不是我太太催我，我還想志願再留三個月。

「我一生都不會忘記，躺在外島醫務所前的草坪上看流星雨，擁抱天地，那麼美的星空，那麼近的距離，眞是人生難得的體驗啊！一輩子都忘不了。」趙醫師說，臉上漾著喜悅的笑容。

無性之愛

祁六新輔導的對象眞是五花八門，各式各樣，連婚姻不幸福，性生活不美滿也來找他。

有位張女士是婦產科周東鵬主任轉介的。張女士四十五歲，丈夫比他大十歲，育有一兒一女，家境小康，生活美滿。但是，因爲與丈夫之間的性生活不協調，鬧得兩人關係不佳，到婦產科來就診。婦產科周主任爲他們夫妻兩人做檢查，發現兩人生理上沒有毛病，可能是心理出問題，所以轉給「祁老師」，讓祁六新幫他們做做心理輔導。

張女士了解了祁六新的情況，以懷疑的口氣問他：「你這樣全身癱瘓十幾年，你太太怎麼受得了？十幾年都沒有性生活，她怎麼能忍受？怎麼沒有離開你？」

祁六新告訴張秀美：「夫妻之間，美滿而愉快的性關係，在於溝通、協調，相互了解自己所扮演的角色。人類的性生活，並不僅限於某些性器官，而是涵蓋了整個身體。夫妻之間長久穩定的親密關係，也不僅僅在於性方面，單純的擁抱、愛撫、親吻，都是一種肌膚之親，同樣可以帶來快慰和滿足。就算有一方性功能有了障礙，只要有愛，有關懷，有理解，一樣可以達到很好的交流。」

經過祁六新的開導，張女士對丈夫多了一份包容，少了一份苛責，夫妻重新建立美好的親密關係，婚姻生活的問題也就逐漸改善了。

「雖然我輔導別人，我也有心情不好，需要調適的時候。每當我情緒不佳，我就會獨自到五樓的嬰兒房，看看那些剛出生的小嬰兒，紅通通的可愛小臉蛋。有的酣睡，有的哇哇大哭，有的吸吮著小手，眞是人生百態啊！有時，我會到一樓的花園，去看看池裡的鯉魚悠閒地游來游去；有時，到籃球場看人打球；有時，坐在停車場，看著松山機場，飛機起飛的雄姿，凌空而過，心境隨之轉爲開朗。每天的生活都過得很充實，很有意義，總覺得時間不夠用。」祁六新說。

獲國際獅子會頒獎

獅子會創立於一九一七年美國芝加哥，至今已有八十四年的歷史，全球會員達一百四十餘萬，是當今世界最大的國際公益性服務社團。它是以服務社會，造福人群，提倡世界大同，發揚人類博愛的精神，爲最終的目的及理念。一九七八年台灣擴展爲三〇〇複合區，祁六新是屬於三〇〇—A2區的台北自強獅子會榮譽會員。

民國八十八年六月二十日，中、日、韓國際獅子會召開聯合大會。祁六新坎坷的人生旅途，正是獅子英雄的最佳寫照，他行善積德、廣結善緣的義舉，更是獅子精神的實踐。在中、日、韓國際獅子會中，祁六新獲頒「宏揚關懷心，展現獅子情」的匾額。

同年的八月十日，國際獅子會青少年交換（ＹＥ）活動營在台北兄弟飯店舉辦，祁六新受到國際獅子會，中華民國總會三〇〇複合區理事長、總監議會議長黃照雄和前國際理事李枝盈及前總監王錫淵的邀請，出席兄弟飯店活動營的閉幕典禮發表演說。

當天，來自世界各地的獅友及各國學員共聚一堂，新知舊識相聚，會場行影穿梭、寒暄問候，場面十分熱絡。祁六新上台時，下面還鬧哄哄的，根本沒有人注意到這個坐輪椅的人在幹什麼。

「大家好！」祁六新宏亮的聲音，將台下的目光稍稍聚集。

隨後，他沉默了。因爲，台下氣氛仍是哄鬧、熱絡，他知道自己講什麼根本沒人在意。

大約有幾分鐘時間的靜默，大家對台上這個演講者感到好奇，「怎麼坐在那裡老半天，卻不說話呢？」於是，走動的人靜坐下來，喧嘩的聲音也漸漸平息。

這時，祁六新才開始進入他的演說正題。

或許是他的形象引人注意，他的故事感人肺腑，原本不在意的聽衆，漸漸凝神注目，專心傾聽。

「……住院期間，獅子會給我深刻的印象，那就是——這個『家』的感覺眞好。它讓我學會了，在苦難中成長，不再怨天尤人。更學會了，在順境成功的時候，也要懷著一顆感恩的心、喜悅的心，去珍惜目前所擁有的一切。對一切事物要存好心、說好話、做好事、給好臉，相對地就是給自己一份最大、最永久的快樂。在逆境失敗時，更要懷著一顆定、靜、安、慮、得的心；萬物靜觀皆自得的心；先捨再得的心；想想過去、想想現在、想想未來。對一切事物都要從自己檢討起，從自己溝通起，從自己愛起。如果，實在想不通、想不開的時候，想想一枝草、一點露，天無絕人之路。想想你的腳下，還有一個癱瘓殘廢的祁六新，我都能夠做得到，你有什麼理由，什麼藉口，你說你做不到！」

前國際理事謝震忠是位知名翻譯家，在演講前看過祁六新的中文講稿，深受感動，當場承諾爲他做英文直譯，使得現場許多外國獅友，可以聆聽到如此動人的生命故事。祁六新演說到一半，台下有些獅友已經開始流淚，互傳面紙。

當祁六新說：「最後，我謹以復建了十六年的敬禮動作，來表達我對各位的謝意、敬意與誠意——敬禮——」全場掌聲雷動，大家紛紛起立，熱烈鼓掌。

有些國外的獅友們更是熱情地上前擁抱祁六新，甚至許多人在會場高呼——「Lion's spirit is proud of you！（獅子精神以你爲榮！）」「Welcome to my country！（歡迎到我的國家！）」

一場至情感性的演講，感動了來自世界各地的獅友，祁六新也從獅友們熱情的回應中，更加建立自我信心。

八十九年四月，祁六新再度受到獅子會總監王錫淵邀請，隨同青少年伸展委員會主席段瑞琪、少獅委員會主席張文深、台北市自強獅子會會長高武成……等獅友，一起前往台北土城少年觀護所，參加「國際獅子會青少年系列活動」，與少觀所的同學同樂，祁六新則代表台北市自強獅子會發表演講。

演講當中，祁六新一再強調：「現在的社會，物質生活上可說是一日千里，精神生活上卻是一落千丈。黑槍毒品的氾濫，搶殺飆車的橫行，道德觀沉淪，價值觀更是扭曲。就拿大哥大、大姊大來說，平日胡作非為，結交黑白兩道的朋友，自以為四海之內皆兄弟。一但出了問題，朋友們鳥獸散，不但沒有人幫你，還可能落井下石。有些死刑犯，要將他們的器官捐出，遺愛人間，但是病患還不敢接受呢！各位帥哥、美女，你們說，這樣的下場不是可憐又可悲嗎？你們願意自己是這樣的下場嗎？記住，早知如此，何必當初？寸金難買『早知道』。」

祁六新說得真誠深切，台下的同學們聽得頗有感觸，眼眶中閃著盈盈淚光。

會後，少觀所的副主任握著祁六新的手說：「祁老師啊！您今天的演講，對同學有很大啟發，你知道嗎？只要有一個人徹底悔悟，社會就多了一個好國民，減少了許多社會成本。只要有一個人受感動，就是功德無量，更何況你感動的不只一個人。希望下次還有機會邀請您來演說。」

民國八十九年十二月，祁六新更榮獲國際獅子會總會長 Dr. Jean Behar 頒贈「人類服務貢獻獎」，由中華民國國際獅子會現任總監顏志發轉頒。

百年空前大災難

民國八十八年九月二十一日，深夜一時四十七分，台灣發生百年來的最大震災。

當夜，祁六新已就寢，在睡夢中被搖醒，櫃子上的擺飾也紛紛掉落地面。「地震！」一個念頭閃過，隨後就是一片天昏地暗。幾秒鐘後，醫院的緊急發電機哄哄作響，陸續恢復供電。

夜闌人靜，這突來的強震，讓人感到十分不安，醫院裡籠罩一股凝重的氣息，祁六新也起床，坐上輪椅到醫院外查看，醫院的值星官、勤務隊隊長到醫院各處檢查。

隨後，有人收聽廣播，報導臺北市八德路的東星大樓倒塌，需要緊急支援與救護。松山醫院立即成立醫療團隊和救援部隊，把一切急救器材設備、藥品、發電機、擔架都準備好，醫療救護人員也分成三批，不待命令，在副院長潘文中、前醫療部主任譚光還、前醫勤組長王文生，和勤務隊隊長王玉仁帶領下，立即出發，趕往現場，成立臨時救護中心，加入急救的工作。

清晨五點多，第一批的醫療隊回來，補充醫藥器材和救護人員，顧不得喝水、休息，又立刻出發。

祁六新看著國軍弟兄們忙進忙出，雖然心裡著急，卻又幫不上忙。只能陪同行政組長潘宏興、衛保組長曾國慶到醫院各處看看，並到地下室巡視鍋爐間的運作是否正常。

不久，受傷災民陸續送到醫院，整個醫院陷入一片忙亂之中。在院長郭蓉安坐鎭指揮下，一切救護工作井然有序，傷患都能獲得很好的急救處理。

他看到國軍弟兄們無私無我，全心投入救災工作的英勇表現，令人感到敬佩與驕傲。雖然軍服已經溼透，但是，救人的心仍在沸騰；雖然心情沉重，沒有人喊累，沒有人叫苦，只要能從坍塌的瓦礫中，救出一個生還者，就十分振奮。

一天之中，看著這麼多震災受傷的民衆被送往醫院，祁六新內心有很深的感觸：「世間無常，人的禍福就在旦夕之間。這些人原本是在最安全的家中就寢，怎會料想到，一個地震，死傷慘重，甚至天人永隔。」

九二一地震發生已近一週，松山醫院的緊急醫療站，仍是每天二十四小時，不眠不休地工作，希望能搶救任何一個能生還的生命。祁六新身爲松山醫院的一員，雖然不能直接參與救援工作，但是，仍然發揮他的輔導專長，到各病房探視受傷民衆，安撫他們受驚、受創的身心。

一些剛服役的年輕國軍弟兄，平常不曾經歷這樣的場面，在救難工作告一段落後，開始有心悸、噁心，夜裡做噩夢的情形出現。祁六新也會找機會與他們閒聊，告訴他們：「你們是在做功德喔！你們幫忙救人、搬運殘缺不全的屍體，都是善行，即使是罹難者，也會對你們心存感激，他們只會保佑你們，不會害你們。」

「雖然我是退役軍人，但我仍以身爲國軍爲榮，所謂『養兵千日，用在一時』，當國家遭逢此百年來的重大災難，我看到國軍弟兄不畏辛勞、挺身爲民的昂然義氣，也看到國家新一代的生機。我眞是由衷敬佩，與有榮焉。」祁六新激動地說。

面臨截肢命運的女生

東星大樓救出受傷民衆中，有一位高中女生，她的腳被水泥磚塊壓傷，送到醫院時腳已發黑，醫生最初斷定組織壞死，可能要截肢。

一個花樣年華的女孩，面臨截肢的命運，眞是痛不欲生，她不吃不喝，也不願接受治療，說寧願死也不願截肢。整形外科主治醫師王篤行接下這個病人後，先請祁六新去開導她。望著一張年輕秀麗，哭花了的臉，祁六新也感到心疼。

「小妹妹，先不要那麼悲觀嘛！王醫生醫術很高明，他一定會盡力救妳，或許不用截肢也不一定。但是，妳要先保重自己才行啊！妳不肯吃飯，沒有很好的抵抗力，妳腳上的傷會越來越嚴重，到時候不截肢都不行了。」

女孩一聽，止住了涕淚，睜著汪汪淚眼望著他。

「左邊的牆倒了，可以閃到右邊；右邊的牆倒了，可以跑到左邊，就算整棟房子都倒了，也還可以重新蓋起來。人不怕遭遇挫折，就怕失去面對挫折的勇氣和信心，我從前所受的傷勢比妳還嚴重，還不是勇敢活過來了。」

聽了祁六新一番話，女孩乖乖接受治療。在王醫師高超技術與耐心醫療下，竟然逐漸好轉，不用截肢。女孩高興得不得了，出院時還來跟祁叔叔說「拜拜」。

祁六新「以己之苦，解人之憂」的精神，讓所有與他相處過的人，都不禁發自內心敬佩他。

松山醫院的僱員馮珊妮，因爲火災墜樓，摔傷手臂神經，造成右手的痲痺。起初，她也非常傷心，無法接受這樣的事實，但是，當她聽到祁六新的故事，深受啓發。她說：「祁老師給我最深的感受是他的熱力，他每天好忙喔！忙著幫助別人、照顧別人。他以一個傷者的立場去安慰另一個傷者，感同身受，最能鼓勵傷者重新站起來，迎接另一種型態的人生。祁老師將他這份愛心發揮出來，讓我們身邊許許多多的人，在無形中受惠。」

受到祁六新的精神感召，馮珊妮也加入了松山醫院義工的行列，雖然手臂受傷，行動不像從前那麼俐落，但是，只要有心，一樣可以服務大衆。

服務於國軍松山醫院的內科部主任王德芳醫師說：「人性最可貴的就是苦難中互相幫助，祁大哥不但自己走出病苦的折磨，還能自立自強走出病房，在醫院當義工，幫助其他病人，這是最美麗的人性光輝。」外科部主任蘇忠仁醫師也這麼說：「祁老師給我們的印象是笑咪咪的，眞像是『彌勒佛』。其實，他自己也有病痛，但他總是用爲善最樂、樂在其中的心，去幫助其他病患，他的精神眞値得我們敬佩與效法。」

活出生命的深度

祁六新勇敢堅強、樂觀進取的生命故事，傳遍軍中，他以自己的生命經歷爲主題的精采演說，更是有口皆碑。軍中各級單位紛紛邀請他蒞臨演講。

八十九年二月十四日，祁六新應邀到陸軍總部演講，陸軍總司令陳鎭湘上將率領副總司令、參謀長、主任各一級主管及陸軍總部全體官、士、兵、員、生一起到大禮堂聽祁六新演講。

面對上千名聽衆，祁六新不覺得特別緊張，因爲，他不認爲自己是做「專題演講」，而是做一場生命經驗的「分享」。他侃侃而談自己十七年來的傷痛經歷，許多弟兄們聽得感動莫名。有些士兵，平常喜歡發牢騷，聽了祁六新刻骨銘心的經驗分享，反倒慚愧自己「人在福中不知福」。

這場演講，陸軍總部的電視製作中心全程錄影，拷貝成錄影帶，發送到全國陸軍各連級以上的單位，作爲心輔工作參考的教育影片。

這是一次相當成功與震撼的演說，對官士兵弟兄士氣的鼓舞，影響深遠，造成的迴響也相當熱烈。陸軍忠誠報連續三天的社論都以祁六新爲主題，探討生命的意義與價值；中國陸軍畫刊也對祁六新做了「專題報導」。

八十九年六月二十四日，祁六新因爲服務熱忱、勛勞卓著、激勵士氣、官兵備受感召，於三軍軍官俱樂部榮獲「八十九年傑出校友」校友楷模獎。

祁六新越來越忙碌，他的演講行程幾乎排滿了。

陸軍總部演講結束後，祁六新馬不停蹄地到龍岡陸軍士校（現爲國立陸軍高中）、新竹湖口裝甲兵學校、中壢龍岡六軍團司令部、桃園八德化學兵學校、桃園空軍基地、台北市團管區司令部、陽明山情報學校、淡水動員管理學校、內湖國防醫學院、國防部大禮堂勤務指揮部、國防部青邨幹訓班、宜蘭金六結新訓中心、礁溪明德訓練班……等，做巡迴演說。

聯勤總部固定每隔一兩個月，就會邀請祁六新到總部爲新進的官士兵演講，這些官士兵在分發到各單位前，也一定會先看過祁六新「奮鬥人生」的影片，以此來激勵士氣。祁六新更是現身說法闡述：「軍旅生涯，或許任務繁重、或許枯燥無味、或許不能隨心所欲，而讓你不能適應環境。但是，無論如何終將過去，老鳥、菜鳥，舊手、新手只不過是轉眼間的事。假若每個日子只會等吃飯、等放假、等退伍的『三等』歲月中，年輕將會留白，青春將會不在。假若除了執行保國衛民的神聖任務外，每日能利用瑣碎的時間，處處留心皆學問，終身學習，多讀點書，適應一些人際關係，學習壓力調適情緒管理，生涯規劃準備未來。眞的，服役訓練有助成長，奮鬥不懈才能迎接勝利！相信，軍旅生活將是充實美麗而最值得回憶驕傲的呢！」

有時，遇到新兵情緒低落時，勤指部指揮官雷又台就會以祁六新的故事來勉勵士兵：「想想祁中校，自己的挫折就不算什麼了。」

除了軍中之外，祁六新還應邀到民間各學校、醫院、監獄、台北市政府、消防局演講。忙碌的生活，使他常常覺得時間不夠用，越是如此，他越加珍惜時光。他常說：「把握時間，就是珍惜生命。」

榮獲「熱愛生命獎章」

八十九年初，「周大觀文教基金會」發文到教育部、國防部……等各單位，建議推薦適當人選參加「全球華人熱愛生命獎章」徵選活動。國防部收到文後，就函請全國各醫院、各單位推薦，國防部總政戰部便推薦祁六新給「周大觀文教基金會」。

基金會創辦人周進華，一收到祁六新的資料，第二天立即到醫院探望祁六新，看完媒體介紹祁六新的錄影帶，周進華感動又激動：「祁先生，您的生命故事是最動人的生命教材。」

四月初，祁六新從數百位徵選者中脫穎而出，當選「第三屆全球華人熱愛生命獎章」。五月二十四日，祁六新與其他十四名得獎人應邀參加「周大觀文教基金會」在圓山飯店舉辦「第三屆全球華人熱愛生命獎章」頒獎前的記者招待會。

因為祁六新無法到屏東參加正式的頒獎典禮，基金會特地提前頒贈獎狀、獎座給祁六新。祁媽媽還特地準備了一大束鮮花獻給兒子，令祁六新又驚又喜，感動得熱淚盈眶。

記者會中祁六新以一篇簡短、感性的演說，道盡十七年來的辛苦奮鬥歷程，各報章雜誌、電視台記者朋友們，都將他們的鏡頭焦點，集中在祁六新身上。會後，許多電視台紛紛採訪祁六新，為他製作精緻的個人專輯。祁六新的故事被媒體大肆報導後，得到的迴響相當熱烈。鼓勵、讚歎的卡片、信件如雪片般，再度湧進松山醫院祁六新的病房。

許多熱心的民眾寄上祖傳祕方外敷傷藥，希望對他的傷勢有所幫助；媒體記者寄上卡片和製作的錄影帶，以表示敬佩之意；還有一位孝順的媳婦叫李佩軒，看了祁六新的報導，寫信給祁六新：

我的婆婆身體不好，一年內動了幾次大手術，身上有人工膀胱，人工肛門各一。她常哭泣，甚至覺得活得痛苦，沒有尊嚴。我向她提及您的故事，但覺得自己描述的不夠清楚，無法令她震撼。因此，想請問您是否有出書？或有什麼方法能把您的故事向她重新敘述，使她堅強一點。謝謝您！敬佩您的　李佩軒　89.8.25

● 祁六新應邀至淡水動員管理學校演講，題目是「愛我所愛、做我當做、活在當下、活在現在」。（照片提供：祁六新）

● 祁六新受邀至陸軍總部演講，演講前，陸軍總司令陳鎮湘上將及各級主管在貴賓室對祁六新關懷備至、慰勉有加。（照片提供：祁六新）

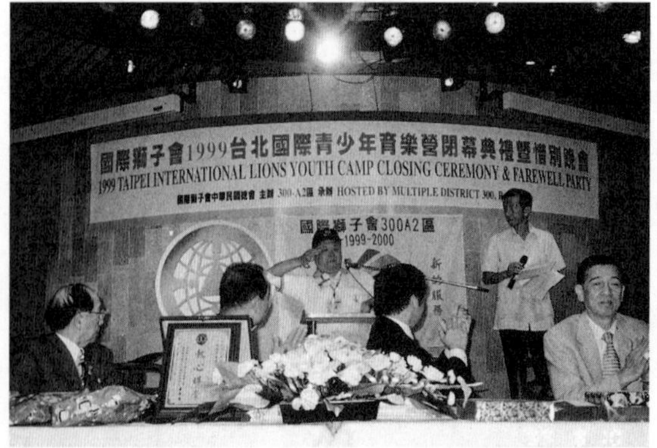

● 祁六新應邀赴國際獅子會一九九九年台北國際青少年育樂營閉幕典禮演講，贏得國際人士熱烈迴響。（照片提供：祁六新）

一直默默耕耘、付出的祁六新，其實並不在意自己得獎不得獎。但是，透過「熱愛生命獎章」的肯定，經由媒體的報導，使自己的奮鬥故事，能夠間接鼓勵、幫助更多的人，他也感到很開心，很欣慰。

「最令我感到意外驚喜的是，我在建中的同學趙華福，從美國打越洋電話給我，他在電話裡興奮地說：『你一去軍校，我們就斷了音訊，今天終於連絡上了。』原來趙華福的弟弟，在上海東森電視看到我的報導，打電話給移民美國的趙華福，這條斷了三十幾年的音訊才接通。另一位建中同學郭祥舟也是從電視上看到報導，才得知我目前的訊息。」祁六新興奮地說。

付出是一種快樂

千禧年，四月二十二日，台北榮總「同心緣聯誼會」感恩年會，在曾令民醫師的策劃下，爲一群曾經是乳癌病患的病友們舉辦了兩場知性與感性的演講，一場由台北榮總傳統醫學科主任陳方佩主講「乳癌與傳統醫學的養生哲學」。另一場則邀請祁六新主講「愛我所愛，做我當做，活在當下，活在現在」。

面對台下那麼多遭受癌症病魔侵襲的病友們，祁六新很心疼，他誠摯地說：「當醫生宣佈您是癌症的患者，剩下的日子不多，您一定不能接受，沮喪、消極、自暴自棄，甚至怨恨，爲什麼是我？我還年輕，我還有很多事沒有做呢！

「醫生一定給您很多建議，是嗎？其實一個病人，最好的醫師是自己。對於疾病，您越怕它，它越接近您；您越面對它，它反而離您遠遠的。坦然面對疾病和死亡，反正都得死，與其傻傻地等死，還不如趁著沒死之前，多做一點有意義的事情，趁活著的時候，發揮生命的價値。

「發現癌症以後的生命雖短，但最起碼能夠自己掌控，多做一些自己想做，自己喜歡做的事情，『活在當下，做您當做』。一切順乎自然，良性循環的結果，說不定『奇蹟』就到。就像我利用自己殘餘的生命，儘量地做一些有意義的事，我每天都會過得很充實。甘願做、歡喜心。該來則來、該去則去、歡歡喜喜、死亦何懼、死而無憾。假若各位患友認爲我還不錯的話，我寧願把我的傷痛跟您交換。」

說到這裡，祁六新停頓了一下，台下馬上有人揮手，有人搖頭，有人說：「你比我們還可憐，我們才不要跟你換。」

祁六新笑了一笑，接著說：「眞的，時間從不停止，也從不回頭，人生只能享用一次，錯失了，只能懊悔，徒增遺憾。珍惜時間、善用時間、就是掌握生命。有花堪折直須折，莫待無花空折枝。」

說完，台下反應錯綜複雜，笑的笑，哭的哭，還有些病友上台擁抱祁六新。

事後，「同心緣聯誼會」會長龔華和全體「少奶奶」乳癌的病友一同致贈感謝獎牌給祁六新，上面寫道：「**六新老師：您殘而不廢的毅力，教導了我們走過死蔭幽谷的步履；您熱愛奉獻的精神，爲我們重譜了生命全新的樂章；您的一生，是一則美麗動人的傳奇。**」

這樣的互動，讓祁六新在幫助他人的同時，也注入不少生命的勇氣與活力，讓他感受到，能夠付出是一種快樂，能夠助人是最大福氣。

從老芋仔變祁大哥

與人之間的互動，祁六新深深感受到，「誠心」是一顆友善的種子，當你細心播種、用心灌溉，會開出意想不到的花朵。在輔導「勵友中心」的同學過程中，祁六新就看到人性中那純美、善良的種子已經發芽了。

勵友中心是專門輔導受法院裁定「保護管束」的青少年，透過個別諮商行爲矯正輔導，使犯案少年重新認識自己，再次出發。

那是一個週末下午，勵友中心的同學，在輔導老師吳碧貞的帶領下參觀松山醫院，醫院的政戰部主任嚴癸山，提議請祁六新與同學座談，給他們一點心理輔導。

醫院社服部張絲零、王芝婷便陪同吳老師，帶來一大批同學到祁六新的房間，雖然年紀輕輕，卻一個個像是行遊四海的老大，一副吊兒郎當的樣子。當他們見到祁六新，立刻流露出輕蔑的神情。

「吳小姐，妳帶我們來這裡做什麼？」有人問。

「就是來看這個殘廢的老芋仔啊？」

「八成又要念經了。」

一個個交頭接耳、東張西望，不屑、不耐煩的表情堆滿臉上。

祁六新對這些孩子的表現並不介意，他知道如何去應付這些「毛頭小子」。他開朗地笑著，跟他們寒暄。

「各位帥哥、美女，你們自己找位子坐，桌上有飲料、餅乾、水果，不用客氣，大家隨便取用。」

大家一聽，氣氛輕鬆了一些，男男女女各自找了位子坐下來。

「你們放心，我絕對不會跟你們說教，也不想改變你們什麼，大家輕鬆地聊聊天，不用太拘束。來，我們看看電視好啦！」

祁六新放「奮鬥人生」的影片給他們看，看到一半，他們詫異地說：「咦！裡面那個不就是這個老芋仔嗎？」

「對啊！就是他，就是他。」大家七嘴八舌，對劇情討論了起來。

看完電視，大家突然都不說話，一下子安靜了起來。

「沒錯，那電視上的人就是我。我受傷十七年了，你們其中，有幾個可能還沒有出生呢！怎麼樣，我沒受傷前，看起來也滿神氣吧！不過，我不像你們那麼厲害，年紀輕輕就敢幹一些驚天動地的事情。」

祁六新一說，有幾個比較懂事的孩子慚愧地低下頭。

「你們的年紀也跟我的兒子差不多，你們可以把我當成父親，或是當成大哥，叫我老芋仔也沒關係。我只是你們的朋友，把自己的經驗跟你們分享，也聽聽你們的故事。」祁六新隨便點一位同學：「同學，你要不要談談你自己啊！」

同學們開始熱絡起來，坦承敘述自己爲什麼會犯錯，也說出了心中的懊悔。

「這位長官，我明年就要入伍了，當兵會不會很累啊！」一位林姓同學是其中年紀較大的男孩，他很關心自己即將面臨的入伍問題。

祁六新將當兵應有的心理準備、如何適應，軍人應有的責任、義務都一一告訴他。

「祁伯伯，我犯過案，以後會不會留下污點，人家會不會瞧不起我？」

「要別人看得起你，首先你要先自重、自愛，要看得起自己。人非聖賢，每個人都有犯錯的時候，只要你誠心改過，家人、朋友、社會大衆都會接納你的。」

心門敞開，彼此間有很好的互動，談論的話題越來越多，氣氛也越來越熱烈。

本來預計一個半小時的對談，一談三、四個小時，欲罷不能。

「祁大哥，我們以後還可以來看你嗎？」離去時，好幾個同學問起。

「當然可以啊！歡迎你們有空來找祁伯伯、祁叔叔、祁大哥。」

第二天，幾個同學相約又到醫院，他們有人拿著一顆芭樂，有人拿著一粒蘋果，有人提著一袋小蕃茄，有人拿一朵玫瑰來送給「祁大哥」。

還有人聯名寫卡片寄給「祁大哥」。上面寫著：

——您的分享令人得到激勵，這是我在祁大哥身上看到的，感受到的，再次謝謝您！

——祁大哥，你真的很棒哦！

——願神祝福您，讓您的經歷成為許多人的幫助。

——再次感謝您，熱情誠懇、毫無保留地和我們分享。謝謝您的鼓勵，願我們的成就，可以成為禮物送給您！

榮獲「敬軍模範」

民國八十九年六月二十一日，國防部總政治作戰部特地舉辦了一場表揚茶會，主任鄧祖琳上將，親自介紹祁六新平時的義行事跡，頒贈「心理輔導顧問聘書」，敦請他爲國軍心理輔導的義工。

目前，祁六新亦受聘於聯勤總部、陸軍總部、國防部、國防醫學院……等機關、學校的心輔顧問。除了到各單位演講，其餘時間他仍是松山醫院盡職、熱心的義工與心輔顧問。勵友中心的同學們，每個月都會來他這裡「聊天」。

他的房間裡，掛滿的各式各樣的獎狀、獎牌、感謝狀以及到各地演講，長官、同學、青年朋友的合影照片。這是受傷後的祁六新，近十年來，爲自己走出一條新的希望之路，受到的掌聲與鼓勵，令人振奮。

民國八十九年的「九三軍人節」，祁六新當選全國「敬軍模範」。敬軍模範們除了參加在國軍英雄館所舉行的表揚大會之外，更受邀到總統府介壽廳，由陳水扁總統親自召見。祁六新在妻子張瑞麒的陪同下，接受這份榮譽與表揚。他誠心地將這份榮耀獻給瑞麒，是瑞麒愛心、耐心的陪伴，才會有今日「脫胎換骨」的祁六新。

那天，祁六新的車子抵達總統府，當他的輪椅被抬下車，正準備推到總統府接待室，立刻有便衣憲兵跑過來跟他打招呼：「老師好！」

「咦！你怎麼會認識我？」祁六新驚訝地問。

「老師，我們在國防部聽過您的演講，都非常感動。」

進了總統府，裡面穿著制服的憲兵也舉槍敬禮，向祁六新問好。

祁六新內心感受頗深：「如果我沒有受傷，我今天可能是身著軍服的將軍，進入總統府接受憲兵行禮。但是，我今天只是一個癱瘓的老百姓，卻還能夠受到如此熱情、眞誠的禮敬、尊重，更是備受肯定，格外珍貴。」

「祁老師，我們聽了您的演講，都深受感動。面對人生的挫折或困境，弟兄們也都以您的精神爲標竿。」另一位便衣憲兵說。

祁六新聽了，感到很欣慰，也很有成就感。

「老兵不死，只是換個地方，換個『事業』，繼續學習，繼續服務社會，貢獻國家。」祁六新感恩、自信地說。

迎接新世紀的來臨

二十世紀末，是一個動盪不安的年代，全球性的政局動盪、經濟蕭條、道德淪喪、人性腐化，令人感到世紀末憂慮與不安。尤其是，現代二十一世紀e世代年輕人的心態趨向「功利主義」，都是希望輕鬆、速成、多金，造成整個人生觀、價値觀的扭曲。家庭、社會教育都只注重電的、電子的科技教育（electric、electronic），而忽略了更重要的生活、生命的人本教育（education）。祁六新只要有機會對年輕人演講，一定是苦口婆心，諄諄善誘。

祁六新常常以「定、靜、安、慮、得」來提醒自己，勉勵別人。

對同屬e世代的小寶和小凱，祁六新也常常告誡他們：

「其實，任何的動盪、挫折，都是一個過渡時期，只要大家穩住自己的『心』，安心踏實地學習、工作、生活，沒有什麼好徬徨的。

「你們的爸爸是殘障，不可能給你們很大的助力，我們家也沒有祖產，可以讓你們坐享其成。你們要自立、自強，確定了自己的目標、理想，就要腳踏實地、按部就班，一步步朝自己的目標邁進，而不是想要凌空跳躍，一蹴可及，否則，終有一天會摔下來的，跳得越高就摔得越重。記住爸爸的話，人生最甜美的果實，是用自己的汗水灌溉，辛勤耕耘，而獲得的豐收。」

「爸爸，您會不會認為受傷癱瘓是您一生最大的遺憾？」有時，孩子會這麼問他。

「我過去曾經這麼認為，現在不會了。因為當我走出去時，別人看的不是我的輪椅，而是我這個人。我這個人值得別人肯定時，即使坐在輪椅上，一樣受人敬重。」祁六新自信、自重地說：「小寶、小凱，你們要記住，當你們的行為處事受人欣賞、肯定時，別人不會因為爸爸坐輪椅而瞧不起你們，反而更加尊重你們。當你們自己表現不佳，受人詬病時，別人就會以有個癱瘓爸爸來挑剔你、嫌棄你。」

在祁六新的教誨開導下，兒子、女兒都懂得做好自己的生涯規劃。個性忠厚樸實的祁傳凱，克紹箕裘，也效法父親選擇軍校作爲自己的人生目標。個性活潑開朗的祁傳蕙，從馬偕護校、長庚護專畢業後，希望能到國外學習彩妝、造型，面對龐大的出國留學費用，她決定先本著自己專業，到醫院工作幾年，存夠了錢，再出國發展自己的興趣和理想。

祁六新對於小寶、小凱懂事、負責的做事態度，感到很欣慰。

在舊世紀結束，新世紀來臨的倒數時刻，祁六新對自己、對家庭、對國家會有什麼期望？

二〇〇〇年的最後一天，全球的人們都以歡欣、興奮的心情等著讀秒計時。

祁六新與妻子瑞麒也在電話中一起迎接新世紀的來臨。

「瑞麒，從我受傷到現在，妳不曾在我面前掉過一滴眼淚，妳眞是一位勇敢、堅強的好妻子，爲了我挑起一切重擔，陪我走過黑暗的生命隧道，走過無情的風風雨雨。我眞的好幸運，能夠娶妳爲妻子。瑞麒，妳是我的唯一，我眞的很感謝妳，我該用什麼來回報妳呢？」祁六新在電話裡感性地說。

「夫妻之間，說什麼感謝、回報，只要我們一家人能夠快快樂樂在一起，我就很滿足了。」

瑞麒問祁六新：「新世紀的來臨，你有什麼願景？」

「對於國家、社會，我期望國泰民安、風調雨順；對於家庭，我期望我們的一家人和樂、圓滿；對於個人，除了知福、惜福、造福外，我當然希望二十一世紀，醫學更爲發達，有特效藥的發現，使脊髓神經受傷的人，有重新站起來的一天。妳呢？瑞麒。」

「我的想法很單純，平安就是福。期望我們一家人都健康、快樂、平安、幸福。」

當牆上時鐘響起，病房的窗外也傳來慶祝跨世紀的煙火聲和鞭炮聲。

「HAPPY NEW YEAR！」祁六新不禁興奮又激動地說：「瑞麒，謝謝妳！謝謝妳！感謝在人生每一個重要的、特殊的、關鍵的時刻，都有妳陪伴！我覺得自己很快樂！很平安！很幸福！眞的！」

「我也是。」電話那一端，瑞麒也因爲感動、激動，眼眸閃著喜悅的淚光。

此時，祁六新的心中也反覆響起那一句一直支持著他這一生的話：「匍匐人生道，不畏癱瘓途——活著眞好！」

一切的紛紛擾擾、風風雨雨，都隨著二十世紀消失了。

當跨世紀的鐘聲敲響，二十一世紀展開扉頁，願人們懷著平和、誠摯、友善的心，爲自己、也爲別人寫下——感恩！祝福！

祁六新大事紀

39年7月17日……出生於台灣新竹。
48年6月……九歲時，祁家搬至台北南港光華新村，生活總算安定下來。
54年8月……考上第一志願建國高級中學。
57年9月……進入陸軍軍官學校就讀。
60年12月6日……受邀至建中校慶大會，代表校友致詞。
61年8月22日……以第一名成績自官校畢業，由蔣經國先生親頒績學獎章。
63年7月……就讀外語學校，結識妻子張瑞麒。
64年5月10日……與張瑞麒完成終身大事。
64年8月……部隊移防金門。
65年8月28日……六十五年國軍英雄模範，搭機飛往台北，接受表揚。
65年12月22日……長女祁傳蕙出生於三軍總醫院。
66年9月1日……調任台南砲兵學校教官，參與砲兵現代化研究發展。
68年4月……服務於中山科學研究院。

69年5月……赴美馬里蘭州兵工技術研究中心受訓。

69年7月17日……榮獲美校方頒發榮譽章。

70年2月……接任砲兵飛彈學校大隊長兼教官。

70年8月……擔任新式武器驗證安全官。

70年9月5日……長子祁傳凱出生於空軍總醫院（現爲國軍松山醫院）。

70年11月1日……調任宜蘭師師砲兵中校營長。

72年1月21日……師指揮所演習，因公負傷，住進三軍總醫院。

72年8月10日……三總治療告一段落，轉入國軍八一七醫院。

76年11月2日……父親祁孝賓過世。

79年5月24日……萬念俱灰了無生趣，咬舌自盡。

85年9月1日……軍中退伍，成爲「榮譽國民」，從此在鄉爲良民。

85年10月19日……走出象牙塔，搭機前往金門參訪。

86年6月16日……爲八一七醫院成立「聯合就診服務中心」。

祁六新大事紀

86年11月……應獅子會三〇〇F區專區主席卓文賢之邀，赴台東做第一場正式演講。

87年3月2日……華視茁光園地節目採訪，拍攝「奮鬥人生系列」——

遺憾還天地，愛心播人間。

88年3月21日……母親七十大壽。

88年5月28日……八一七醫院裁撤，轉至國軍松山醫院。

88年7月23日……「勵友中心」青少年來訪，實施個別經常性諮商矯正輔導。

88年8月10日……國際獅子會YE活動營閉幕典禮，應邀至台北兄弟飯店演說。

89年2月14日……至陸軍總部演講，全程錄影，作爲心輔工作教育影片。

89年3月21日……受邀至國防部陽明山青邨幹訓班心輔老師講習，專題演講。

89年4月12日……「國際獅子會青少年系列活動」，台北土城少年觀護所專題演講。

89年4月22日……應邀至台北榮總，感恩年會專題演講「活在當下，做我當做」。

89年5月24日……獲頒「第三屆全球華人熱愛生命獎章」。

89年5月19日……聯勤總司令頒發獎狀，並聘爲心輔顧問。

89年6月5日……應邀至致理技術學院演講。

89年6月21日……獲參謀總長陸軍一級上將湯曜明頒發「心理輔導顧問聘書」。

89年6月24日……獲頒陸軍官校「八十九年度傑出校友」，校友楷模獎。

89年7月12日……應邀至國防大學內湖國防醫學院演講。

89年7月26日……應邀至國防部大禮堂專題演講。

89年9月2日……當選全國「敬軍模範」，陳水扁總統召見合影留念。

89年9月16日……受邀至強恕中學演講。

89年11月15日……陸軍總司令頒發獎狀，榮聘爲心輔顧問。

89年11月30日……國際獅子會總會長Dr. Jean Behar頒贈「人類服務貢獻獎」。

90年2月3日……應邀至基隆市文化中心演藝廳專題演講。

90年2月22日……應伊甸社會服務基金會邀請，現身說法，向「自殺說NO」緊急記者會。

國家圖書館出版品預行編目資料

活著眞好：輪椅巨人祁六新／宋芳綺著. --
第一版.--臺北市：遠見天下文化，2001〔民90〕
面；　公分. --（社會人文；157）

ISBN 957-621-831-4（平裝）

1. 祁六新-傳記

782.886　　90003614

活著眞好

輪椅巨人祁六新

作　　者／宋芳綺
總 編 輯／吳佩穎
美術編輯／項海萍
封面設計／李錦鳳
封面圖片／祁六新、吳佩穎提供
全書照片提供／祁六新
出 版 者／遠見天下文化出版股份有限公司
創 辦 人／高希均、王力行
遠見・天下文化・事業群　董事長／高希均
天下文化社長／林天來
天下文化總經理／林芳燕
國際事務開發部兼版權中心總監／潘欣
法律顧問／理律法律事務所陳長文律師　　著作權顧問／魏啓翔律師
社　　址／台北市104松江路93巷1號二樓
讀者服務專線／(02)2662-0012　傳　　真／(02)2662-0007；2662-0009
電子信箱／cwpc@cwgv.com.tw
直接郵撥帳號／1326703-6號　遠見天下文化出版股份有限公司
電腦排版／東豪印刷事業有限公司
製 版 廠／東豪印刷事業有限公司
印 刷 廠／中康彩色印刷事業股份有限公司
裝 訂 廠／中原造像股份有限公司
登 記 證／局版台業字第2517號
總 經 銷／大和書報圖書股份有限公司　電　話／(02)8990-2588

出版日期／2021年9月23日第一版第14次印行

定價／350元
ISBN：957-621-831-4
書號：GB157

天下文化官網　bookzone.cwgv.com.tw

天下文化
BELIEVE IN READING